卓越工程师系列教材

高速铁路动车组
运用管理与行车组织

主 编 左大杰

副主编 徐 伟 李 敏

科 学 出 版 社

北 京

内 容 简 介

随着我国高速铁路的快速发展，铁路动车组已经成为我国铁路旅客运输的主要工具。本书正是为了适应新形势下高速铁路人才培养与人员培训需求而编写的。

本书包括高速铁路动车组运用管理、行车组织两方面的基本理论与方法，主要内容包括动车组概述、修程修制、运用计划、乘务组织、调度指挥、行车组织等方面。为帮助读者理解以上基本理论与方法，本书选编了部分和动车组运用管理与行车组织有关的典型案例，供读者参考。

本书可以作为高速铁路相关专业本科生、研究生和相关铁路设计院及研究院的参考用书，也可供从事动车组运用管理、行车组织等相关工作的工程技术人员参考。

图书在版编目(CIP)数据

高速铁路动车组运用管理与行车组织 / 左大杰主编. —北京：科学出版社，2014.12
卓越工程师系列教材
ISBN 978-7-03-042860-8

Ⅰ.①高… Ⅱ.①左… Ⅲ.①高速动车-铁路行车-教材 Ⅳ.①U266

中国版本图书馆 CIP 数据核字 (2014) 第 304350 号

责任编辑：于 楠 / 封面设计：墨创文化
责任校对：贺江艳 / 责任印制：余少力

科学出版社 出版
北京东黄城根北街16号
邮政编码：100717
http://www.sciencep.com

成都创新包装印刷厂印刷
科学出版社发行 各地新华书店经销
*
2015 年 2 月第 一 版 开本：787×1092 1/16
2015 年 2 月第一次印刷 印张：13 1/4
字数：340 千字
定价：39.00 元

"卓越工程师系列教材"编委会

主　　编　蒋葛夫　瞿婉明
副 主 编　阎开印
编　　委　张卫华　高　波　高仕斌
　　　　　彭其渊　董大伟　潘　炜
　　　　　郭　进　易思蓉　张　锦
　　　　　金炜东

前　　言

截至 2013 年年底，我国高速铁路（含既有线提速）运营里程已经突破 1.1×10^4 km，动车组已经成为我国铁路客运的主要工具。铁路动车组在运用管理、行车组织等方面与机车牵引的旅客列车有很大不同。

本书得到了西南交通大学教务处规划教材的立项资助。

全书由西南交通大学左大杰担任主编，中国铁路总公司运输局调度部技术处徐伟、武汉铁路局调度所李敏担任副主编。其中，第一篇由西南交通大学左大杰编写，第二篇第五章由西南交通大学文超编写，第二篇第六章由中国铁路总公司运输局技术处徐伟编写，第三篇由武汉铁路局调度所李敏编写。

在编写过程中，中国铁路总公司运输局车辆部韩激扬，广州铁路集团公司调度所周治衡等提供了部分参考资料。

在资料收集、调研和写作过程中，得到了中国铁路总公司运输局调度部，中国铁道科学研究院，京沪、郑西高速铁路公司，武汉铁路局动车基地、广州铁路集团公司动车基地等单位有关领导和专家的大力支持和热忱帮助。在此，谨向他们表示诚挚的谢意。

本书参阅了大量的国内外著作、教材和学术论文，在此谨向这些文献的作者表示深深的谢意。

由于本书涵盖内容较多，而且我国动车组运用管理和行车组织的相关技术仍在快速发展中，书中难免会存在不足，热忱欢迎国内外同行和专家及各位读者批评指正。

编者

2014 年 8 月 31 日

目　　录

第一篇　动车组运用管理概论

第一章　动车组概述

动车组是完成既有线路提速和高速铁路旅客运输生产任务的主要移动设备。它是一种牵引动力装置和载客的装置固定为一体的特殊车底,具有机车和客车车底双重性质。

我国高速铁路普遍采用的和谐型动车组(以下简称动车组,英文为 China railway high-speed,CRH)是时速 200km 及以上,动力分散型的电动车组,具有安全、高速、高效、便捷、环保等显著特点。

第一节　动车组类型及编组

一、按车型分类

动车组按车型分为 CRH1、CRH2、CRH3(CRH3C)、CRH5、CRH380、CRH6 等车型。

以上主要车型和相关情况见表 1-1 和表 1-2。

表 1-1　动车组主要车型重量及最高运行速度表

序号	动车组类型	换算长度	整备重量/t	计算重量/t	最高运行速度/(km/h)
1	CRH1A-200	19.4	430.9	490.6	200
2	CRH1A-200 重联	38.8	861.8	981.2	200
3	CRH1A-250	19.4	424.6	484.4	250
4	CRH1A-250 重联	38.8	849.2	968.8	250
5	CRH1B	38.6	856	975	250
6	CRH1E	38.8	887.7	955.2	250
7	CRH2A	18.3	366.8	415.8	250
8	CRH2A 重联	36.6	733.5	831.6	250
9	CRH2B	36.5	724.1	822.5	250
10	CRH2E	36.5	785.8	839.4	250
11	CRH5A	19.2	369.7	469.7	250
12	CRH5A 重联	38.4	739.3	939.4	250
13	CRH2C 一阶段	18.3	372.8	421.6	350
14	CRH2C 一阶段 重联	36.6	745.6	843.2	350
15	CRH2C 二阶段	18.3	392.5	441.3	350

序号	动车组类型	换算长度	整备重量/t	计算重量/t	最高运行速度/(km/h)
16	CRH2C 二阶段 重联	36.6	785	882.6	350
17	CRH3C	18.2	431.9	482.6	350
18	CRH3C 重联	36.5	863.8	965.2	350
19	CRH380A	18.5	402.4	446.9	380
20	CRH380A 重联	36.9	804.8	893.8	380
21	CRH380BG	18.2	488.5	535.5	380
22	CRH380BG 重联	36.5	977	1071	380
23	CRH380B	18.5	494.6	542.2	380
24	CRH380B 重联	36.9	989.2	1084.4	380
25	CRH380AL	36.6	818.5	906.4	380
26	CRH380BL	36.3	872.6	964.1	380
27	CRH380CL	36.4	889.4	981.7	380

表 1-2　动车组紧急制动距离限值表

最高运行速度/(km/h)	120	160	200	250	300	350	380
紧急制动距离限值/m	800	1400	2000	3200	4200	6500	8500

注：(1)动车组为固定编组，有 8 辆和 16 辆两种编组方式。动车组列车内部存在关门车时的限速值按《高铁应急预案》、《动车组应急故障处理手册》有关规定来设置。

(2)动车组作为高速列车有两种紧急制动距离，即正常情况下动力制动和空气制动的复合制动以及在动力制动失效情况下的纯空气紧急制动距离。由于各型动车组设计原理存在一定差异，虽然存在复合紧急制动和纯空气紧急制动，但动车组大多数的紧急制动由安全环路断开触发，为保证安全，动车组实施的是纯空气紧急制动，所以技规仅规定紧急制动距离限值，没有复合和纯空气之分。

(3)计算条件为相同的操纵方式和相同的制动距离。

随着我国高速铁路和客运市场的不断发展，动车组车型在不断完善与发展之中。CRH6 型动车组是由中国南车四方股份公司研发设计，为满足我国区域经济快速发展和城市群崛起对城际轨道交通的需求而研制的一种新型运输工具，2012 年在青岛下线。作为高速铁路和城市轨道交通的纽带，具有运能大、起停速度快、乘降方便快捷、疏通迅速有效、乘坐舒适、安全可靠、节能环保的特点。CRH6 型动车组又分为 CRH6A(200km/h)、CRH6F(160km/h)、CRH6S(140km/h)三种类型。

(1)CRH6A(200km/h)。CRH6A 车型定员载客量 557 人(坐席)(一说 554 人)，超员载客量 1488 人(按每平方米站立 4 人计算)。座位采用 2+2 布置、可调节座椅，局部设茶桌，端部设可翻转座椅；非端段部的车厢座椅编排与欧洲铁路车辆及大部分国铁车厢的软座较常用，全部座椅面向车厢的中心编排。另外 1、3、5、7 号车厢设置卫生间，列车采用真空集便器。CRH6A-4002 和 CRH6A-4502 间中车厢为 3 门车厢，而其他的 CRH6A 车型均为 2 门车厢。

(2)CRH6F(160km/h)。CRH6F 车型定员载客量达 1502 人(包括坐席和站席，按每平方米站立 4 人计算)，超员载客量达 1998 人(包括坐席和站席，按每平方米站立 6 人计算)。列车座位同样采用 2+2 布置，但座椅不可调节或翻转；列车在 3、6 号车设卫生间。与 CRH6A 不同，车门采用宽阔的对开塞拉门，每节车辆侧设有 3 个塞拉门（头尾车辆有两个，其中一个为驾驶室门）。该车牵引制动性能比 CRH6A 更优、载客量更大，更适合在较短站间距和站站停模式的城际线路上使用。

（3）CRH6S（140km/h）。CRH6S 车型定员载客量达 765 人（包括坐席和站席，按每平方米站立 4 人计算），超员载客量达 1322 人，为地铁式座椅；列车在 5 号车厢设残疾人乘坐空间，列车不设洗手间。

二、按状态分类

动车组按状态分为运用、备用、检修三种。

（1）运用动车组：担当旅客运输（含确认列车）或试验任务的动车组和热备动车组，即以旅客列车车次开行的动车组和热备动车组。其中，热备动车组是指停放在动车基地或动车存放点内，技术状态良好、作为应急备用、随时可以上线运行的动车组。

（2）备用动车组：停放在动车基地等动车存放点内，不上线运行的动车组。

（3）检修动车组：正在实施一至五级检修、临修、技术改造和待修的动车组。其中，临修动车组是指临时发生故障需要修理的动车组（若由临修转为其他修程，则由临修时起按其他修程统计）；待修动车组是指准备实施检修的动车组。

第二节　动车组运用维修特点

一、动车组运用特点

高速铁路的旅客运载工具是由牵引动力和运输载体一体化的"动车组"构成的，同常规铁路有很大不同。铁路动车组的运用与管理特点如下。

1. 运营效率的提高

高速铁路的牵引动力与运输载体联成一体，动车组在担当某一车次运行的全过程中，不需要在途中换挂机车，因此缩短了换挂机车的作业时间，既有利于提高列车的旅行速度，又减少了工作环节，提高了工作效率。而且牵引动力（机车）和运输载体（客车车底）的管理合二为一，减少了管理机构和相应的管理人员，同样也提高了运营效率。

由于牵引动力与运输载体合一，高速铁路动车组运用的效率也超出了常规铁路机车的长交路，形成联程交路运用方案。高速铁路动车组可以实现连续完成多个不同运程服务的联程交路运用方案，这不仅是由于高速铁路动车组设备的高可靠性可以保证联程运用，而且也是强化利用动车组、提高运营效率的必然选择。

2. 整备和维修体系的革新

与常规铁路不同，高速铁路动车组采用了新的整备和维修体系，提高整备和维修作业质量、缩短整备和维修作业时间，成为高速铁路动车组高质量、高可靠、高效率运营的一项重要表征。

3.动车组运用与维修的一体化

动车组的整备、维修是保证动车组有效使用和运用质量的前提条件，动车组运用计划必须按照动车组实际走行公里数和定检期限及时安排相关的入段或入厂检修，并符合整备、维修作业时间标准的要求，以保证动车组在运用中的高质量和高可靠性。

动车组的整备、维修作业必须严格按照动车组运用计划的要求进行，以保证动车组按图行车，有效利用。在列车运行图调整时，更应注意其间的相互关系，以保证动车组交路与整备、维修计划一体化。

二、动车组维修特点

1.维修制度

目前世界上的维修思想和制度可以分为两大体系，一个是在"预防为主"维修思想的指导下，以磨损理论为基础的计划预防维修制；另一个是在"以可靠性为中心"的维修思想指导下，以故障统计理论为基础的预防维修制度。

"计划预防维修制"是指对机械设备的修理是有计划进行的。其要点是通过对机械零部件损伤的大量统计资料进行分析研究后，按照机械设备上不同损伤规律和损伤速度把零部件科学地划分成若干组，并确定出不同零件的损伤极限，从而规定不同修程的修理期限和修理范围。

2.维修方式

维修方式是指对动车组维修时机的控制。目前的维修方式有以下三种。

(1)定期维修(又称计划修)：以使用时间作为维修期限，只要设备到了预先规定的时间，不管其技术状态如何，都要进行规定的维修工作，这是一种强制性的预防修理。定期维修的关键是如何确定维修周期。

(2)视情维修(又称状态修)：对设备参数值及其变化进行连续、间接或定期的监测，以确定设备的状态，检测性能下降，定位其故障和失效部位，记录和追踪失效的过程和时间的一种维修。它不对机件规定维修期限，不固定拆卸分解范围，而是在检查、测试其技术状况的基础上确定各机件的最佳维修时机。

(3)事后维修(又称故障修)：在机件发生故障之后才进行修理，它不控制维修时间。实践证明，有些机件即使发生故障也不会危及安全造成恶果，它们或是故障规律不清，属于偶然发生，或是虽属耗损型故障，但事后维修更经济。对于这些采用了冗余技术的机件，若一台出现故障，另一台会自动接替工作，可采用故障修方式。

3.维修方式的选择

选择维修方式应该从设备发生故障后对安全和经济性的影响进行考虑。由上述三种维修方式的特点可以看出，定期维修和视情维修均属于预防性维修，可以预防渐进性故障的发生；事后维修则是非预防性的，多用于偶然故障或用于预防维修不经济的机件。定期维修按时间标准送修，视情维修按实际状况标准，而事后维修则不控制维修时间。三种维修方式各有其适用范围。在现代复杂设备维修上往往三种维修方式并存，相互配合使用，以充分利用各个机件的固有可靠性。

本 章 要 点

我国高速铁路普遍采用的动车组（CHR）具有高速、高效、环保、安全等特点，是我国铁路完成既有线路提速和高速铁路旅客运输生产任务的主要移动设备。目前使用的动车组车型有 CRH1、CRH2、CRH3、CRH5、CRH380、CRH6。

动车组按状态分类可分为运用动车组、备用动车组和检修动车组。

动车组作为一种牵引动力与运载载体一体化的移动设备，较常规铁路有以下特点：运营效率高、高效的整备和维修体系、运用维修一体化。

动车组根据维修时机控制的不同可以分为定期维修、视情维修和事后维修三类。定期维修和视情维修均属于预防性维修，事后维修属于非预防性维修，在现代复杂设备维修上往往三种维修方式并存，相互配合使用，以充分利用各个机件的固有可靠性。

思 考 题

1-1　动车组按车型如何分类？

1-2　动车组维修制度与维修方式选择要考虑哪些因素？

1-3　动车组维修方式有何特点？

1-4　动车组运用具有哪些特点？

第二章 动车组检修管理体制

高速动车组修程修制涉及多专业、多学科，维修已经成为提高生产力、创造效益的重要手段。我国动车组实行计划预防修，分为运用检修和定期检修。检修周期和技术标准按铁道部检修规程执行。

第一节 动车组修程修制概述

一、动车组维修的基本概念

(1)维修：使动车组及其部件保持或恢复到规定状态所进行的全部活动，常见的维修工作包括维护、保养、检查、修理、改进等。维修通常也称为检修。

(2)维修制度：在一定维修思想指导下，制定出的一整套原则和规范，包括维修方式、维修计划、维修机构、组织管理原则等。常见的维修制度包括计划预防维修制度、以可靠性为中心的维修制度等。

(3)预防性维修：在动车组及其部件发生故障前，通过检查、检测、必要的修理等活动使动车组及其部件处于规定状态，以预防故障的发生。动车组预防性维修包括各级定期维修和状态修。

(4)修复性维修：动车组及其部件发生故障后，使其恢复到规定状态所进行的全部维修活动。修复性维修通常也称为事后维修或更正性维修。

(5)定时维修：动车组及其部件使用到预定的时间或该时间之前，必须退出使用而进行的维修。定时维修也称为定期修或计划修。

(6)视情维修：对动车组及其部件的性能参数及其变化进行连续、定期或间接的监测，以确定其功能状态，并根据状态决定是否进行修理的一种维修方式。视情维修也称为状态修。

(7)维修规程：对动车组进行定期维护和检修以预防故障发生，或完成修复所制定的规范性文件。在动车组维修规程中，对维修项目、周期、标准、方式都有明确规定。

(8)维修等级：为便于预防修工作的管理、组织、实施，提高检修效率和效益，将检修周期相近部件的预防修工作优化组合成的不同维修等级。目前我国动车组采用1~5个维修等级。

二、动车组维修制度的发展

动力组维修制度的发展过程大致可分为3个阶段：①事后维修制度；②以机械磨损

理论为基础的计划预防维修制度；③以可靠性为中心的现代维修制度。

1. 事后维修制度

早期的装备结构比较简单，装备故障的影响也不大，维修比较方便。一般采用事后维修的方式，即不坏不修，坏了再修。目前，一些简单的生产和交通工具仍然采用事后维修方式。

2. 计划预防修制度

自 20 世纪 40 年代开始，出现了以机械部件为主的大型生产装备，此类装备的故障模式主要是磨损、磨耗、疲劳，常常由于某个关键设备故障造成整个生产线的停产，其故障后果不容忽视。为了预防故障的发生，依据机械磨损理论，建立了计划预防修制度。

3. 以可靠性为中心的维修制度

随着科技的迅猛发展，飞行器、高速列车等现代技术装备呈现大型化、复杂化、机电一体化等特点，故障规律不再简单遵从磨损理论。在实践中也发现，并不是维修越勤、修理范围越大，故障就越少，相反会由于频繁拆装带来更多的故障。因此，针对现代装备的故障规律和技术特点，在计划预防修制度的基础上发展建立了"以可靠性为中心的维修"制度。

三、国外动车组修程修制特点

1. 日本新干线高速列车修程修制特点

(1) 日本新干线高速列车采用的是以计划预防修为主的检修制度，此外，还包括临时检修和事后检修。

(2) 定期检修分为四级：48h 的日常检查（日检）、3×10^4km 或 30 天的周期检查（月检）、6×10^5km 或 1.5 年的转向架检修（架修）和 1.2×10^6km 或 3 年的全面检修（大修）。

(3) 检修方式更加先进灵活。例如，电机、电气件主要以清洁、检查、状态检测为主；机械件、橡胶件等主要以定期检修和更换为主。

2. 法国 TGV 高速列车修程修制特点

(1) 法国 TGV 高速列车在采用计划预防修大框架的同时，充分考虑了动车组的可靠性、维修性和测试性特点，灵活运用各种维修方式和策略。

(2) 预防修工作分为运行检查、小型检查、大型检查、厂修及部件修、翻新或升级五个等级，每个等级下又包含多个周期不等的维修工作包。充分考虑了各部件检修周期和寿命的差异性，使检修更具针对性。

(3) 重视检修规程的修订和完善。TGV 高速列车检修规程是于 1976 年首次制定的，后来分别于 1981 年、1989 年、1991 年进行了多次修订，在实际运营数据统计分析的基础上，对检修周期和范围进行调整和优化，使检修更加科学合理。

3. 德国 ICE 高速列车修程修制特点

(1)德国 ICE 高速动车组总体上仍然采用了计划预防修制度，且从动车组设计之初就对其可靠性、维修性提出了严格要求，为动车组维修奠定了很好的技术条件和基础。

(2)ICE 动车组定期维修分为 8 个等级：3500km 的 L 级检修(日检)、2×10^4km 的 N 级检修(周检)、6×10^4km 的 F1 级定检、1.2×10^5km 的 F2 级定检、2.4×10^5km 的 F3 级定检、4.8×10^5km 的 F4 级定检、1.2×10^6km 的简易大修、2.4×10^6km 的大修。

(3)利用车载信息系统对动车组及其系统的状态进行动态监测和诊断，按照故障的轻重缓急制订维修计划，及时发现和消除大量偶发故障。

(4)针对动车组运用需求，将各级定期维修分解为许多小工作包，以便在动车组库停期间分散而均衡地完成维修工作。

第二节　我国动车组修程与修制

一、动车组检修修程

1. 制定原则和基础

1)制定原则

针对我国高速列车设计、制造和运用的特点，以确保动车组安全性和舒适性为目的，以可靠性技术为基础，在现代维修理论指导下，按照计划预防修为主的原则，建立我国高速动车组修程修制体系。

2)理论基础

运用可靠性理论，对高速列车整车和重要功能系统进行失效机理分析，开展关键技术的试验研究，系统分析故障的发生、发展规律，为修程修制的制定提供科学依据。

以寿命周期费用为经济性评价指标，应用现代维修理论对高速动车组维修范围、维修方式、维修周期、维修级别进行科学界定和优化，使维修更加高效、经济。

3)实践基础

我国铁路机车车辆在长期的检修运用实践中积累了丰富的经验，同时对修程修制进行了多年持续深入的研究，形成了完备的机车车辆检修运用体系，为科学制定高速动车组修程修制奠定了实践基础。

4)技术依据

在动车组投入运用的同时，其设计制造部门提供了动车组及其零部件设计制造相关技术文件、检修使用手册等大量技术资料，为制定修程修制提供了重要的技术依据。

2. 修程修制基本体系

以现代维修理论为指导，按照计划预防修为主的原则，我国动车组施行计划性的预防维修，分为五个等级，其中一、二级检修为运用检修，以维护保养为主，主要在动车所完成；三、四、五级为定期检修，属于高级别维修，以恢复基本性能为主，主要在动车段(基地)完成,见表 2-1、表 2-2。如果考虑状态维修和更正维修,则动车组修程修制基本框架如图 2-1 所示。

表 2-1　动车组检修修程及周期

检修修程	检修周期/$\times 10^4$ km				检修地点
	CRH1	CRH2	CRH3	CRH5	
一级检修	0.4(或 48h)	0.4(或 48h)	0.4(或 48h)	0.4(或 48h)	动车段(所)
二级检修	15d	3(或 30d)	2(暂定)	6	动车段(所)
三级检修	120	45(或 1 年)	120	120	动车段
四级检修	240	90(或 3 年)	240	240	动车段
五级检修	480	180(或 6 年)	480	480	动车段

表 2-2　动车组检修级别与主要内容

检修修程	特点	主要内容
一级检修	例行检查	以检查为主,包括制动、走行、受电弓在内的全面检查,厕所排污、清扫保洁等。一级维修主要在动车组夜间库停期间完成,以提高动车组利用率
二级检修	专项维修	以检查、检测、润滑、清洁为主,主要项目有空心车轴探伤、踏面修形、齿轮箱换油、轴承润滑、重要系统和部件的功能测试、蓄电池清洁等内容
三级检修	转向架分解检修	主要是转向架分解检修,对制动、牵引、空调等系统进行状态检查和功能测试
四级检修	系统分解检修	主要针对动车组各系统的分解检修,主要包括转向架、制动系统的分解检修,电机、电器的性能测试及更换,车内设施的检修等
五级检修	整车全面分解检修	对全车进行分解检修,较大范围地更新零部件,根据需要对动车组进行现代化升级和改造。主要包括动车组分解、清洗、检查、修复、更换、车体重新油漆等

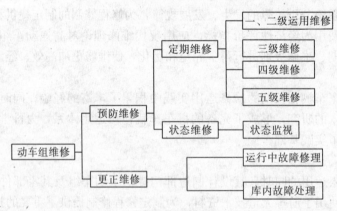

图 2-1　动车组修程修制基本框架

3. 我国动车组修程修制特点

1)科学的检修范围

采用可靠性分析方法,筛选出可能导致动车组严重故障后果的重要系统或部件作为预防修的主要范围，如车体、走行、制动、牵引等系统均为预防修重点；非重要系统或部件若具有明确的功能衰减周期或采用预防修更经济、管理更方便，也考虑采用预防修，如客服系统中的某些磨损件、橡胶件。

2）适用而有效的检修方式和策略

在对动车组维修技术、经济因素综合权衡的基础上，合理运用定期修、状态修、换件修、集中修、委托修等维修方式和策略，以提高动车组检修效率和效益。例如，电气系统主要以清洁、检查、测试为主，机械件、橡胶件以定期检修和更换为主；二级修的大部分项目采用夜间均衡修方式完成；复杂系统和部件主要采用集中修和委托修策略。

3）动态优化的检修周期

依据动车组各部件的寿命影响因素确定检修周期，如转向架、受电弓等采用走行公里周期；橡胶件、电气件等采用时间周期；电气动作件、门机构等采用动作次数周期。在对检修、运用数据跟踪统计分析的基础上，对检修周期进行动态调整和优化，如CRH2型动车组三级检修周期已由45万km延长至60万km。

二、动车组检修基地分布

1. 动车组检修基地的类别

在路网客运中心和始发客流较大的地区应设置动车组检修基地，检修基地包括动车段和动车组运用所，满足快速检修、安全可靠、高效运营的技术需求。为适应动车组的运用维护和定期检修的需要，必须设置动车段、动车组运用所等运用检修设施，它们的主要分工如下。

（1）动车组运用所派驻动车组，承担动车组的整列运用、客运整备和存放作业，完成动车组的一、二级检修作业，根据需要完成动车组的部分临修作业。

（2）动车段配属动车组，主要承担动车组的整列运用、客运整备和存放作业，完成动车组的三、四级检修和临修作业。

动车段（所）应合理布局。动车检修基地设置过少，动车组不能及时得到检修或者为了检修而增加额外的空车走行和回送现象，从而降低动车组的运用效率；动车检修基地设置过多，又会造成相应的人员和设备的浪费，从而带来运营成本的增加。因此，检修基地布局和检修能力应该与动车组的运用合理匹配，以达到总体优化的目的。

动车运用所和动车检修基地是动车组运用和检修的主体，是确保动车组安全正点运营的重要支撑。其中动车运用所负责完成动车组一、二级检修，并承担动车组运用工作。动车检修基地主要负责实施动车组的三、四、五级检修，同时承担动车组一、二级维修。

为确保运输秩序，提高运营效益，提升动车组运用效率，按路网和行政区划布局，在东北、华北、华中、华东、华南、西北、西南七大区域，对应规划建设7个动车段（高级修）、52个动车运用所，形成涵盖"四纵四横"高速铁路、区际快速干线、既有线提速线路的动车组检修布局。

2. 动车运用所和动车检修基地布局的要点

在全路范围内布局动车运用所和动车检修基地时，一般要参考如下原则：设置在路网的枢纽或重要节点；设置在便于人员和物料流通的地区；动车运用所设置在客流量较大的区域；要考虑辐射的范围，避免重复建设。

3. 建成和规划建设的动车运用所

截至 2013 年底，全国铁路共规划建设 50 个动车所，规划建设总体能力为：检查库286 线、存车线 1525 条。

已经建成投产的动车运用所共计 32 个，分别是已建成并投入运用的哈尔滨西、沈阳、沈阳北、长春、大连、北京、北京西、北京南、石家庄、郑州、郑州东、武汉、汉口、西安北、济南西、青岛、上海南、南京、虹桥、南京南、南翔、杭州、南昌、南昌西、福州、福州南、广州东、广州南、长沙、三亚、深圳北和成都东动车运用所。

在建运用所 10 个，分别为天津、合肥、青岛北、太原、南宁、西宁、沈阳南、兰州、厦门北和乌鲁木齐动车运用所。

拟建运用所 8 个，分别为星火、丰台、呼和浩特、重庆北、重庆西、昆明南、贵阳和佛山西动车运用所。

4. 建成和规划建设的动车检修基地

目前已经建成了北京、上海、武汉、广州等四个检修基地。准备建设的有沈阳、成都、西安等三个检修基地。

5. 动车运用所简介

动车运用所的主要设施包括检查库、临修库、洗车库、踏面诊断棚和存车线。在建设动车运用所时要充分考虑其总体能力，主要从如下三方面介绍。

第一是库线能力，以日均完成一级检修组数衡量。限制库线能力的因素有检查库的股道数量和检查库的布置形式。要根据动车组开行规划进行测算，参照远近结合、一次规划、分步实施的原则规划，设置足够数量的检查库线。动车运用所平面布置可分为尽头式和贯通式两种。尽头式布置由一个方向出入所，其优点是占地面积和工程量较小；贯通式布置有两个出入所方向，其优点是出入灵活性好。图 2-2 是两种布置形式对比示意图。在库线能力确定后应配备足够数量的关键设备、作业人员以保证库线能力的实现。

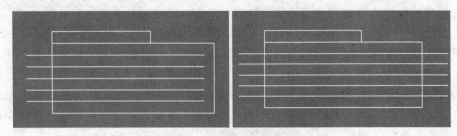

图 2-2　尽头式和贯通式布置对比示意图

第二是存车能力。在规划存车线时需要综合考虑检修作业量和停留量，预留足够数量的存车库线，同时还要便于调车。

第三是出入能力。在设置动车运用所的主要设施时，需要以不干扰动车组出入所调车为原则。在动车组出入检查库的主轴通道上，尽量不设置对调车有影响的设备设施。

动车运用所投入运用还需要经过设备配置和试验、人员准备、备品备件储备、生产作业流程验证、规章制度齐备和分层评估等准备工作，如表 2-3 所示。

表 2-3　动车运用所投入运用前的准备工作

序号	准备工作	要求
①	设备配置和试验	动车运用所要配备必要的基础设施和工装设备，如不落轮镟床、踏面诊断设备、空心轴探伤设备等。各项设备需经过实际验证，达到使用条件
②	人员准备	确定劳动组织结构、明确岗位职责、完成岗位技能培训
③	备品备件储备	按照常用备件最低库存建议数量，并结合检修作业工作量储存常用备品备件和大型互换配件
④	生产作业流程验证	经过一级检修试修，验证动车运用所一级检修流程实施并测算时间节点
⑤	规章制度齐备	动车运用所基本规章制度齐全，能结合本所生产流程执行。安全卡控措施完善，作业中安全关键控制能点得到有效控制
⑥	建立一体化作业制度	除车辆部门外，动车运用所内作业单位还包括机务、电务、工厂售后部门、保洁公司和安保单位。在开通前建立一体化作业制度，明确各单位人员要在动车运用所协调指挥下开展一体化作业
⑦	分层评估	动车运用所开通之前，车辆段（动车检修基地）、铁路局应该按照铁路总公司对动车运用所评定的相关要求从安全管理、基础管理、检修装备等方面进行评估。认为具备条件后，方可开通

6.动车检修基地简介

1）动车基地站场平面布置

动车检修基地功能区包括基础线路、运用板块、检修板块、综合服务板块。基础线路包括出入段走行线和存车线。运用板块完成动车组一、二级检修和动车组临修工作。检修板块是实施动车组三、四、五级检修的区域。综合服务板块是办公区域和生活服务区域的总称。

动车检修基地内存车线、运用板块、检修板块的布置形式典型的有并列式和纵列式。上述两种形式在实际中很少单独使用，而是根据实际复合使用，如图 2-3 所示。

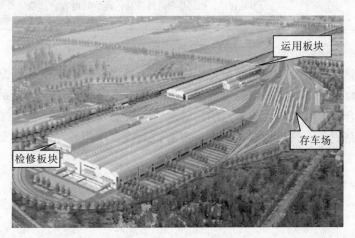

图 2-3　复合式布置示意图

动车基地站场平面布置应与其检修、存车等主要功能相适应。图 2-4 为石家庄动车所平面示意图。

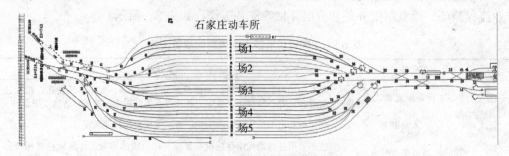

图 2-4　石家庄动车所平面示意图

2）动车检修基地的开通运营准备

动车段投入运用前的准备工作见表 2-4。

表 2-4　动车段投入运用前的准备工作

序号	准备工作	要求
①	设备配置和试验	为了实现动车组的高级检修任务，动车检修基地配备了大量设备。在布置设备时尽量按照工艺流程布置，以使检修作业顺畅。按照类型主要设备可以分为基础设备、检修设备、支撑移动设备、检测试验设备、表面清洁喷涂设备、工装器具。在开通前，上述设备应该进行试验，如接触网滑行试验、架车机试验等，达到生产要求
②	确定生产组织结构	动车检修基地根据生产特点设置相应的职能部门和生产车间。职能部门按照安全、技术、调度、物流等方面设置，生产车间一般有检修车间、转向架车间、调试车间、物流车间、设备车间、后勤车间等。在此基础上，针对不同部门、不同车间开展上岗资质培训、岗位职责和岗位技能培训。作业人员培训合格后方可上岗
③	规章制度齐备	动车检修基地规章制度齐全，能结合动车组高级检修生产流程执行。特别是安全卡控措施完善，作业中安全关键控制点得到有效控制。例如，架落车作业、调试调车作业等安全关键环节安全控制措施能落实到位
④	备品备件储备	按照实施的修程，并结合检修作业工作量储存各类必换件和偶换件，以提高检修效率
⑤	分层评估	在检修基地开通之前，应由检修基地、铁路局、铁路总公司分别进行自我评估、预评估和最终评估。评估的内容包括基础设施、设备工装、劳动组织、规章制度等方面。形成最终评估意见认为具备条件后方可投产

3）我国动车段建设情况

动车段（高级修）建设基本原则为建设布局统一规划，能力规模统筹设置，设施设备按需配置，检修高度集中，运用辐射分散，形成覆盖全路的检修运用体系。确保检修资源配置高效、合理、可靠，为动车组的高效运营、安全开行提供技术支撑。结合路网建设和中长期铁路规划，共规划建设北京、上海、武汉、广州、沈阳、西安、成都等七个动车段，如表 2-5 所示。

表 2-5　我国动车段建设概况

动车段名称	建设目标	建成情况	设计能力
北京动车段	基于北京是华北地区环渤海经济圈和"四纵四横"高速铁路及其延伸线的大节点，路网建设集中，动车组投放数量大，按此规模设置检修能力，能全力支撑华北地区动车组三、四、五级检修	已建成	按 300 列动车组三、四、五级检修规模设置
武汉动车段	基于武汉是华中地区和"四纵四横"高速铁路中京广、京石武、沪汉蓉通道主骨架线路的交汇点，路网辐射范围广，动车开行密度大，按此规模设置检修能力，支撑华中地区动车组三、四、五级检修	已建成	按 400 列动车组三、四、五级检修规模设置
上海动车段	基于上海是华东地区和长三角地区核心城市，动车组始发终到密集，按此规模设置检修能力，以满足华东地区动车组三、四、五级检修	已建成	按 250 列动车组三、四、五级检修规模设置
广州动车段	基于广州是华南、珠三角和长株潭经济区重要城市，投放和开行动车组高度集中，按此规模设置检修能力，支撑华南地区动车组三、四、五级检修	已建成	按 250 组动车组三、四、五级检修规模设置
沈阳动车段	主要基于东北区域快速铁路网至 2015 年将建成近 5000km，区域投放动车组数量达 300 列，沈阳动车段按年检修 200 列动车组三级修，对全路三级修能力将形成有效补充，对提升东北区域动车组运营效率至关重要	拟建	按实施动车组三级检修规模设置，能力规模年 200 列动车组三级修
西安动车段	基于西安是西北地区连接我国东部地区的重要枢纽城市，动车组开行数量庞大，西北地区客运专线运营里程将超过 3300km，动车组配属将达到 300 组(短编组)，按此规模设置检修能力，是西北地区动车组高级检修能力的重要保障	拟建	按 300 组动车组高级检修规模设置
成都动车段	基于成都是西南地区的重要城市，人口众多，投放动车组和开行密度大，西南地区客专、城际运营里程将达 5100km，动车组配属将达到 360 组(短编组)，按此规模设置检修能力，全力支撑西南地区动车组高级检修能力是至关重要的	拟建	按 300 组动车组高级检修规模设置

三、动车组主要检修设备

1. 动车基地的检修设备及其作业

动车段(所)应具备各型动车组运用检修、行车安全设备检修、客运整备能力和相应的存车条件；动车段还应具备特定动车组定期检修能力。除此之外，动车段(所)设动车组司机派班室、候班室；配备列控车载设备、列车无线调度通信系统等的检修、检测设备和数据转储、分析设备，并设相应的检修处所。

2. 主要检修设备布置原则

与普通客车相比，动车组在编组方式、车体构造、技术应用等方面存在着明显的不同，其检修所需的工装设备也具有突出的特点。动车所(段)检修设备的配备一般要考虑以下几方面的因素：①要满足不同车型对设备种类的需要；②设备数量的配备要与检修能力相适应；③对关键设备的配备要充分考虑冗余性。

3. 主要检修设备简介

(1)踏面诊断设备。踏面诊断设备运用国际先进的光截图像测量技术和电磁超声探伤技术(EMAT)动态自动检测车轮外形尺寸、踏面缺陷和擦伤状况。采用在线动态检测方式，不需停车，不需解体轮对，动车组只需以一定的匀速在设备上通过，即可完成检测，速度快、效率高。检测的数据可实现远程传输，便于及时分析。

(2)洗刷设备。洗刷设备包括洗刷机、干燥装置和牵车机。动车组在洗刷库通过时，自动洗刷机对动车组的外皮进行洗刷，并经过相邻的干燥区，进行烘干。在单组洗刷时，因为洗刷库一般无法实现倒弓作业，在洗刷过程中受电弓无法接触到接触网的区段要用牵车机牵引洗车。牵车机与洗刷机可实现联动。

(3)空心轴探伤机。动车组使用空心车轴，探伤使用空心轴超声波探伤机。空心轴探伤机通过将探头伸入空心轴内部，对轴身各部位探伤，检查是否存在裂纹和内部缺陷。

(4)车轮车床。车轮车床分为不落轮镟床和落轮镟床。不落轮镟床可实现动车组在不解编、不架车、不落轮的情况下，进行在线踏面镟修作业，大大缩短了检修的时间，适用于二级检修的轮对修型和故障轮对的镟修。落轮镟床用于转向架分解后的高级修程中轮对的镟修，也可用于制动盘的镟修。

(5)转向架和轮对更换设备。转向架更换设备通过对车体进行支撑，用移动轨落下转向架，方便实现转向架的在线更换。轮对更换设备适用于CRH3型动车组，可以在不分解转向架的情况下对故障轮对进行单独更换。

(6)移动式接触网。移动式接触网分为侧移式和直线式两种。侧移式接触网能够实现在库内有接触网的条件下桥式起重机等专用设备的交叉使用。直线式接触网能沿接触网方向伸缩，一般用于北方寒冷地区，当接触网缩回时可以完全封闭整备库大门保温。

(7)受电弓及车顶状态动态检测系统。该设备采用图像处理、图像拼接、远程传输和多屏幕视频回放技术实现车顶状态和受电弓滑板磨耗等关键参数的动态检测。

(8)作业安全监控系统。在动车组检查库内设置动车组检查整备作业安全监控系统，包括门禁系统、视频作业评价系统、供断电控制系统等。

(9)架车机。架车机分为移动式架车机和地坑固定式架车机。其中，地坑固定式架车机又分为直臂式和弯臂式两种。

(10)静载试验台。静载试验台是对转向架落成后的加载试验设备。该设备引进了世界先进、成熟的瑞士Nencki静载试验台技术，并针对中国动车组检修的特殊需求进行了本土化的改进，通过加载适配器进行连接转换，通过配套专用的辅助工装，彻底解决了各型动车组转向架的全兼容问题。施加载荷后，能够对空气弹簧和制动管路的气密性和各部落成尺寸进行检查。

(11)固定式轮辋轮辐探伤设备。该设备安装在动车检修基地的轮对检修线上。根据轮对的具体形态组合采用压电超声探伤、相控阵超声探伤、电磁超声探伤、涡流探伤等多种探伤技术，全面检测落轮镟修后轮对的轮辋、轮辐缺陷。适合在CRH动车组的三、四、五级检修作业时使用。

(12)称重设备。称重设备主要有单辆静态称重仪和整列通过式称重仪。称重是指动车组检修完成后利用称重设备对轴重、轮重进行测量，并计算轴重、轮重差是否符合标准。单辆静态称重仪适用于解编后单辆称重情况；整列通过式称重仪适用于动车组不解编，称重效率高的情况。

(13)车轮退卸机、压装机。车轮退卸机、压装机用于将轮饼与车轴分离，并可用于整体制动盘与车轴的分离。在需要分解齿轮箱时，要进行轮饼、整体制动盘的退卸。同时，也可用于轮饼、整体制动盘退卸后的压装。

(14)磁粉探伤设备。磁粉探伤是发现车轴表面疲劳裂纹和缺陷的主要手段，全面覆盖所需探伤的部位，为操作者观察提供直观的视觉。配备进口斯耐得高强度手持荧光灯，必要时对死角部位进行补光观察。

(15)转向架构架检修流水线。构架检修流水线采用串行设计，主要设备有转向架举升机、转向架清洗机、构架检修流水线、转向架静载试验台、自立式起重机、10吨天车。

(16)车轮、制动盘静平衡机。在车轮、制动盘分解之后，用该设备进行平衡试验并能进行平衡修复。

四、主要检修设备管理

(1)动车设备维修的一般原则。动车检修设备大多具有技术含量高、自动化程度强、价值成本高的特点，因此设备维修一般遵循"专业设备专业维修、重点设备重点维修"的原则。

(2)设备检修管理。动车设备检修分为大修、中修、小修、项修和巡检。关键设备实行检定制度。

(3)轨边设备的管理。轨边设备是指安装在轨道或轨道两侧的设备，不按规定使用或检修时可能会对通过的机车车辆安全产生影响。主要有清洗机、转向架更换设备、轮对踏面诊断设备等。

(4)设备故障管理。动车检修设备是动车检修的基础和关键，为使故障及时得到处理，通常采取如下措施：①成立设备抢修110；②起动远程维护。

五、动车组运用检修

1.动车组一级检修

动车组运行速度高，动车所日常运用检修的质量，决定了动车组的运行安全和服务品质。因此，运用检修中，一些关键环节需要重点卡控。

1)故障预诊断

动车组的故障预诊断，主要由入库前的轮对故障诊断设备、受电弓检测设备、动车组车载故障诊断系统等自动完成。主要检测踏面、轮缘、轮辋和受电弓碳滑板磨耗、下载当日运营中的故障记录。通过核实数据，对问题项点在车组进库后人工复检，提高动车组的检修效率。

2)重点项目检查

在对车顶和下部进行例行检查时，要注意以下关键卡控项点。

车顶作业的重点是受电弓，其中绝缘子、风管、弓头和碳滑板四个部位最为关键。

下部作业的重点是转向架，一是防松，防转向架配件松动，确认各部防松状态完好；二是防脱，重点关注悬吊件、安装座、底板、裙板、盖板等的安装状态；三是防裂，检查车轮、车轴、受力杆件等是否有裂纹。在实行记名式检修的基础上，可以采取涂打粉笔标记等方式，加强对这些重点部位的检查。

3）润滑检查

润滑检查的重点是齿轮箱油位，观察油的颜色是否正常；检查联轴节、塞拉门等部位的润滑情况。

4）更换作业

在闸片、碳滑板、变压器干燥剂、冷却液等更换作业后，要确保部件安装到位；螺栓螺母按标准扭矩紧固，涂打防松标记。作业完成后需要经质检员确认。

5）出库联检

出库联检指的是由动车所组织，机务、电务、客运部门联合进行的动车组出库检查。重点是"三电"设备、牵引制动试验、空调状态、旅客服务设施、裙板及底板、行车防护用品等。

6）零故障出库

动车组的转向架、高压供电、牵引制动、网络控制、旅客服务设施等设备一旦出现故障，将严重影响行车安全、运行秩序和旅客服务质量。因此，在检修作业中必须严格把关，确保动车组零故障出库。

2. 动车组二级检修

二级检修重点要把握以下几个环节。

（1）更换作业。更换作业在二级检修中较为频繁，易产生次生故障，因此要重点盯控，严格落实"三检"制度。

（2）牵引传动系统。重点是牵引电机轴承、联轴节、万向轴、齿轮箱润滑作业的周期和注油量。

（3）空心车轴探伤。重点：一是探伤设备日常校验和定期校验；二是轴端部件拆装，过程中注意紧固件按规定更换、紧固、涂打防松标记。

（4）镟轮。重点：一是调车作业，防止设备或异物侵线；二是防溜设置与撤除；三是尺寸控制，同转向架、同辆、同车组的轮径差不超限。

（5）预防超期。重点是科学合理地安排动车组检修计划，二级检修不能超期，特别是空心车轴探伤、踏面修形、齿轮箱换油、轴承润滑等关键项目。超期动车组不能上线运行。

3. 动车组季节性检修

在不同的季节气候条件下，动车组容易发生的问题也不相同，这往往与环境情况有关。因此，在不同的季节条件下，运用检修要有不同的侧重点。

4. 动车所一体化管理

动车所一体化作业是指在动车所内由车辆部门统一指挥，机务、电务、客运、主机厂等部门参加，按照规定的检修作业流程、作业范围、作业标准和时间节点共同完成动车组检修任务的生产组织形式。动车所一体化管理要求按照一体化作业流程进行，并对作业股道、作业时间、节点时间等进行卡控，如图2-5所示。

动力组出/入库及调车作业股道、作业任务、节点时间卡控表

2013年1月5日 8:00—20:00

序号	车组号	广州南终到车次	广南终到时间	广州南入所时间	到达I场时间	联络线股道	到达II场时间	II场股道	II场作业	II场动车时间	检修库股道	检库列位	检修作业	车组号	停稳有电预检/无电预检作业开始	无电结束有电作业开始	检修作业完成时间	出库动车时间	洗车股道	洗车开始	洗车结束	到检I场I列位	车组号	出所时间	始发时间	出库车次	交路	出车次序
1	6010	库存车组									存车一场		升弓保养	6010									6010					
2	3046	库存车组									存车一场		M3修	3046					待3024车组转出后再转检6道II列位				3046					
3	3044	库存车组							上水吸污		临3道		一级修	3044					待3046车组转出后转检7道I列位				3044					
4	3050	库存车组									存车一场		升弓保养	3050									3050					
5	6430	库存车组									存车一场		全列缺修	6430					待临2道解除封锁后转入				6430					
6	3031	库存车组									II-5		M3修	3031					待3052车组转出后再进检3道I列位				3031					
7	3053	库存车组									检I道	S	轮辋轮辋探伤	3053									3053					
8	3043	库存车组									II-3		M3修	3043					待3054车组转出后再进检2道II列位				3043					
9	6452	库存车组							上水吸污		存车一场		处理故障	6452					8:30转检5道				6452					
10	3070+3071	库存车组							上水吸污		存车一场		一级修	3070+3071					9:00转检8道				3070+3071					
11	3080	库存车组									存车一场		一级修	3080					8:30转检7道II列位				3080					
12	3047	库存车组									检3道	II	M1修	3047					9:00转检2道II列位				3047					
13	3028	库存车组									检2道		处理故障	3028					8:30转检2道I列位				3028					
14	3054	库存车组									检2道	II	检备	3054					待3040车组转出后再进检II-4道南头				3054					
15	3077	库存车组									存车一场		升弓保养	3077									3077					
16	1098	库存车组									检1道	I	一级修	1098									1098					
17	6431	库存车组									检4道		检备	6431				9:26					6431	10:26	10:58	OG1120	G1120-G1141	1
18	6466	库存车组									存车一场		检备	3066				11:03	8:30转检6道				3066	11:03	14:46	OG1124	G1124-G1145	2
19	3027	库存车组									存车一场		检备	3027				10:50					3027	11:50	12:29	OG840	G840/1	4
20	3052	库存车组									检3道	I	检备	3052				12:03	8:30转检3道北头				3052	12:03	12:35	OG1128	G1128-G1149	5
21	3040	库存车组									检2道	I	检备	3040				13:00	8:30转检II-4道北头				3040	13:00	13:36	OG6134	G6134-G6133	7
22	3022	库存车组									存车一场	I	检备	3022				11:20					3022	12:20	12:25	OG82	G82	6
23	6434	库存车组									II-II		待全列缺修	6434									6434			OG6429		
1	6429	D1309	8:50	9:05	9:20						检6道		一级修	6429	12:57	13:37	16:17	16:17					6429					
2	3023	OG1103	11:32	11:47	12:02	联5道	12:20	II-13	上水吸污	12:45	存车一场	I	一级修	3023	13:13	14:37	16:00	16:00					3023	17:00	17:35	OG1150	G1150	5

备注:1.动车组经II场股道时,注明有作业的均进行上水、吸污。 2.出所时间在开点时间前32 min。 3."N"为北头,"S"为南头。

制表人:肖华　　审核人:李永芬　057-79104,79105(传真)　值班所长:何旭升

图2-5　动车组作业股道、作业时间、节点时间卡控

5. 作业安全

1）途中作业安全要点

随车机械师在动车组运行途中下车处理故障时，在作业期间需要设置防护信号；停车处理故障时，注意邻线来往的机车车辆；登顶作业前确认断电、挂接地杆。

2）检修作业安全要点

地沟作业的要点是确认动车组处于断电状态；在来车方向设置安全防护信号；检修人员按要求着装，做好劳动防护。

登顶作业的要点是遵守三层平台门禁管理制度，严格登（销）记；作业前确认接触网已断电，接地杆已挂，且放电时间达到要求；作业完毕后，确认三层渡板已收起，避免刮伤车体。

设备操作的要点是设备操作员必须经专业培训合格，持证上岗；上岗前应当正确穿戴防护用品；操作电器设备要有防触电措施；设备不能超负荷和带故障运转。

六、动车组定期检修

动车组定期检修有时也称为高级检修，主要包括动车组三级修、四级修、五级修。

1. 动车组三级修

1）动车组三级修主要检修内容

三级修主要是转向架检修，动车组车体与转向架分解后，转向架分解为构架、轮对、一系悬挂、二系悬挂等部件，管路和转向架配线不拆解。

2）动车组三级检修工艺流程

动车组三级检修工艺流程见图 2-6，转向架检修工艺流程见图 2-7。

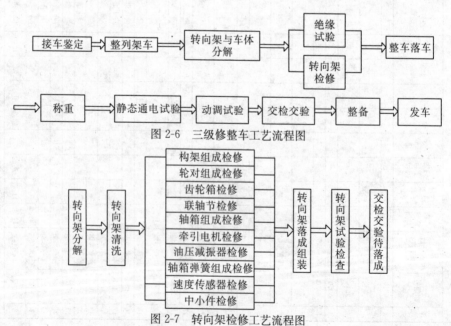

图 2-6　三级修整车工艺流程图

图 2-7　转向架检修工艺流程图

3)动车组三级修更换的重要零部件

动车组三级修更换的重要零部件见表2-7。

表2-7 动车组三级修更换的重要零部件

序号	部件名称	所属部类	重要性	备注
1	密封件	轴箱、二系悬挂	影响部件密封	
2	齿轮箱润滑油	齿轮箱组成	齿轮箱齿轮、轴承的润滑	
3	一系减振器	一系悬挂系统	影响舒适性	仅 CRH5 型
4	弹性节点、关节轴承等	一系、二系悬挂、制动系统	影响车辆运行安全	仅 CRH5 型
5	轴承	齿轮箱	影响车辆运行安全	仅 CRH5 型

2. 动车组四级修

1)动车组四级修主要检修内容

四级修是动车组各系统的分解检修。

2)动车组四级修整车及转向架工艺流程

动车组四级修整车工艺流程见图2-8，四级修转向架工艺流程见图2-9。

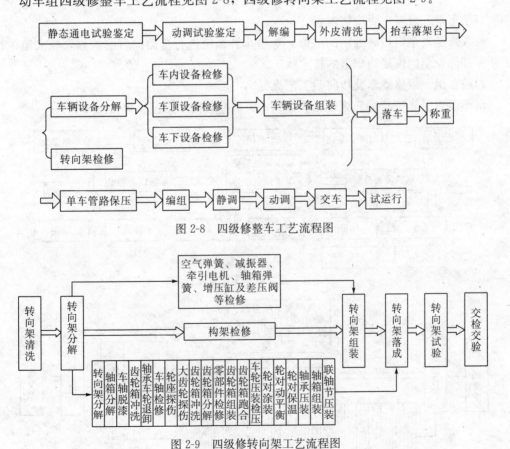

图2-8 四级修整车工艺流程图

图2-9 四级修转向架工艺流程图

3)动车组四级修更换的重要零部件

动车组四级修更换的重要零部件见表 2-8。

表 2-8　动车组四级修更换的重要零部件

序号	部件名称	所属部类	重要性	备注
1	油压减振器	一系、二系悬挂系统	影响车辆安全和舒适性	CRH3、5 型
2	万向轴	传动系统	影响车辆运行安全	CRH5 型
3	轴箱轴承	轮对	影响车辆运行安全	CRH3、5 型
4	弹性节点、关节轴承	一系、二系悬挂、制动系统	影响车辆运行安全	CRH3、5 型
5	轴承	齿轮箱	影响车辆运行安全	CRH3、5 型
6	油封	齿轮箱	影响齿轮箱密封	CRH2 型
7	叠层弹簧	一系悬挂	影响车辆运行安全	CRH3 型
8	电机轴承	牵引系统	影响车辆运行安全	CRH3、5 型
9	制动盘	基础制动装置	影响车辆运行安全	CRH5 型

3. 动车组五级修

1)动车组五级修主要检修内容

五级修是动车组最高级别的检修，对整车各系统进行全面的分解检修，较大范围地更新零部件，全面恢复动车组的技术状态。

2)动车组五级修整车及转向架工艺流程

动车组五级修整车工艺流程见图 2-10，五级修转向架工艺流程见图 2-11。

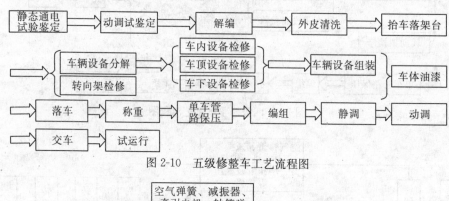

图 2-10　五级修整车工艺流程图

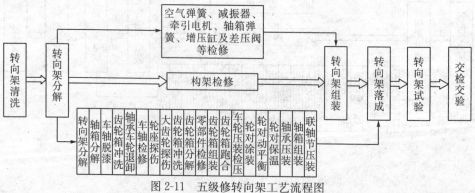

图 2-11　五级修转向架工艺流程图

3) 动车组五级修更换的重要零部件

动车组五级修更换的重要零部件见表 2-9。

表 2-9　动车组五级修更换的重要零部件

序号	部件名称	所属部类	重要性	备注
1	油压减振器	一系、二系悬挂系统	影响行车安全和舒适性	CRH3、5 型
2	万向轴	传动系统	影响行车安全	CRH5 型
3	轴箱轴承	轮对	影响行车安全	
4	轴承	齿轮箱	影响行车安全	CRH3、5 型
5	电机轴承	牵引系统	影响行车安全	CRH3、5 型
6	制动盘	基础制动装置	影响行车安全	CRH5 型
7	小齿轮侧轴承	齿轮箱	影响行车安全	CRH2 型
8	连杆	抗侧滚扭杆	影响行车安全	CRH3 型
9	弹性节点、关节轴承	一系悬挂、二系悬挂、制动系统	影响行车安全	
10	空调减振器、压缩机	空调系统	影响车辆舒适性	CRH3 型
11	真空断路器	电气系统	影响行车安全	CRH2 型

4. 高级修质量控制要点

1) 首件检验

首件检验是指对检修的首件产品，依据产品图纸、技术协议检修作业指导书和试验大纲要求进行符合性检查和试验。采购件、自修件和委外检修件均需进行首件检验。

2) 过程控制

依据技术方案、工艺文件编制检修检验控制文件，确定质量检查的关键控制项点和标准。质检、验收人员按标准对各检修工序做好卡控工作。整车落成后，质检人员应对整列各系统的试验做好跟踪记录工作。未设置检验点的工序采用抽检、巡检、工艺对规相结合的方式进行质量控制。工艺对规计划覆盖产品生产整个过程。

3) 质量记录

质量记录是质量控制的重要环节。产品完工交出时，连同资料交付下工序；下工序在接收上工序产品时，核对资料是否齐全，否则不许接收；检验人员检验产品之前确认资料完整有效。

交验前向验收室提供所有质量确认表。

所有质量确认表随产品流转，车辆出基地（厂）后存档备查。

5. 部件专业化检修

1) 部件专业化检修的含义

部件专业化检修是指动车组施修单位将部件委托由动车组主机厂、动车组部件制造企业和铁路总公司专业主管部门审查认证通过的具备维修能力的其他企业实施检修。鉴于动车组和部件检修技术的专业性，重要部件检修需坚持专业化检修。

2)专业化检修的部件

适合专业化检修的部件一般为技术复杂的部件、需要特殊检修资质或特定授权的部件、劳动密集型或易造成污染的部件。主要有受电弓、主变压器、变流器、牵引电机、轮对、齿轮箱、轴承、万向轴及安全装置、空调装置、自动车钩装置等。

6. 检修配件管理

1)检修配件含义

动车组高级修配件一般分为必换件、偶换件。

必换件是指检修中必须更换新品的配件。它主要是易损易耗件和按照寿命管理要求必须在高级修中更换的重要部件。

偶换件是指检修中除必换件外更换的配件。偶换件具有偶发性和不确定性。

2)检修配件管理要求

进口配件采购周期较长，一般为六个月左右，有些配件采购周期在一年以上，该类配件需提前进行采购和储备，如轮对、油压减振器、轴承等。

第三节　我国动车组运用与维修管理

一、动车组运用管理

动车组由铁路总公司统一管理，统一调配，实行配属制度。配属制度就是铁路总公司根据运输任务的需要和运输设备条件等因素将动车组配属给各铁路局、动车段使用和保管的制度，以完成运输生产任务。

1. 接车及试运行

1)接车分类及组织

接车一般分为新造接车、厂修接车、转属接车、入厂改造接车四种情况。

铁路局根据铁路总公司下发的动车组配(转)属电报或工厂修竣通知，由车辆部门牵头组织机务、电务等部门成立接车小组，在指定时间内赴接车地点与对方办理交接事宜。交接完毕后，由工厂、修竣单位或转属局请令安排回送。

2)接车注意要点

(1)组成接车小组，一般由车辆部门任组长，负责接车小组的信息联络、行程和接车工作的筹备。

(2)出厂前按运用状态与机务、电务部门联合进行动车组相关试验。

(3)转属车交接时注意动车组二级(专项)修的检修记录、遗留故障的核查。

(4)动车组的接车回送一般采用专列方式进行。从动车组动力可使用状态划分，分为有动力回送和无动力回送两种，也称为有火回送和无火回送。无动力回送过程中重点监控蓄电池电压，防止亏电。运行途中密切监控动车组的运行状态，遇到异常情况要果断处理。

3)试运行分类及组织

试运行分为新造车试运行、模拟试运行、检修试运行、专项试运行等。

4)试运行注意要点

(1)试运行前应制订试运行计划。计划中明确试验项目、试验交路、参加人员、行车组织、应急预案等相关内容。各单位接到试运行命令后准备相关的试验大纲、应急工具备品、行车防护用品等。

(2)试运行前对动车组进行全面检查，确保达到上线运行条件。

(3)试运行后，对试运行数据整理分析，一是检验试运效果，二是作为技术资料存档。

(4)动车组各级修程有超过检修周期的或行车安全设备(ATP/CIR)超过检修周期时，动车组严禁上线试运行。

2. 动车组运行

动车组运行包括出库、始发、途中、站折返、终到、入库六个环节。

1)随车机械师职责

随车机械师担当运行动车组随车乘务工作，主要职责是负责监控动车组的运行和设备工作状态；管理和操作动车组设备，途中按规定进行巡视；对运行途中的突发故障应急处理；承担部分行车组织职能。

2)随车机械师趟乘作业的重点项目

(1)出库作业重点检查裙板、底板、盖板、走行部、连接部位，出库途中监控动车组设备运转情况。

(2)始发、终到和折返站作业在站台侧巡视，重点检查车头、车体外侧、侧门、车外显示器、车端连接、受电弓等部位。

(3)途中作业按规定巡视，监控设备运转状态，发现故障果断处理，及时汇报有关行车信息。

(4)零故障始发。多数动车组每日往返运行多趟，与传统客车每次运行回库不同。始发动车组如果存在严重影响行车安全、运行秩序和旅客服务品质的设备故障，必须处理或采用换车的方式，保证零故障始发。

3. 动车组故障应急处理

1)应急处理的一般原则

动车组在运行途中发生故障时，分析判断故障性质，分别采取复位、切除、回路旁通等措施，在保证安全、影响最小的前提下，本着"能走则走、能限速走则限速走、能停站内不停区间"的原则，尽可能维持运行。无法继续运行时，及时申请救援，保持正线畅通。

2)应急故障处理一般采取的方式

(1)维持运行。动车组发生故障时，一般可采取复位、切除等方式，维持动车组正常运行。

(2)限速运行。当动车组发生如牵引丢失、制动切除、空气弹簧破损等故障时，按相应限速规定运行。到达终点站后根据实际情况可采取换车或在站处理。

（3）临时停车。当动车组发生如轴温报警、走行部异音、受电弓异常等故障时，需采取临时停车措施，随车机械师下车检查故障部位，如果正常或处理后能够运行则继续运行，运行中加强监控。

（4）换车或换乘。影响后续交路时，在始发站换车或在有条件的中间站换乘。

（5）救援。动车组无法继续运行时，及时申请救援，尽可能减小影响。

二、动车组维修管理

动车组维修技术管理是围绕动车组质量进行的动车组检修计划管理、动车组质量分析及质量鉴定、检测诊断技术应用及质量信息反馈、规章制度管理、技术履历管理以及故障数据库管理的技术活动，是动车组运用、维修过程中技术支持的重要内容之一，也是提升运用安全、维修质量的根本保证。因此，动车段（所）需要设置专门的技术管理部门。

1. 动车组检修计划管理

1）检修计划的制订

检修计划的制订需根据动车组修程要求，按预计走行公里、结合技术状态、车载和地面检测诊断的实际记录信息，安排动车组一至五级检修计划。其中一、二级检修计划由动车段（所）制订安排，三到五级检修计划由铁路局和铁路总公司根据动车段（所）上报的动车组走行公里和总体技术状态制订安排。

2）检修计划的落实

动车组检修计划的落实和兑现率是衡量动车组检修计划管理的一个重要指标，其一、二级检修计划由动车段（所）兑现落实，三至五级检修计划由铁路总公司组织铁路局兑现落实，动车段（所）要定期进行计划落实兑现情况分析会，提出存在的问题和改进措施。

2. 动车组质量分析及对规鉴定

动车组质量分析及对规鉴定是技术活动的主要内容之一，主要包括运行故障分析、库检及检测诊断故障分析、动车组一二级检修超范围修原因分析、检修工艺对规。

动车组工艺对规主要是对动车组检修过程的工艺标准执行情况进行对标检查。

动车组质量鉴定主要是对动车组进行一次质量状态摸底，考核动车段（所）在动车组运用、维修中规章制度、暂行规定、技术措施落实情况，车组质量鉴定等。

3. 规章制度管理

1）动车组技术规章制度的内涵

动车组技术规章制度分为基本规章制度和专业规章制度。

基本规章制度是技术管理的核心，分为铁路总公司、铁路局、站段三个层次。铁路总公司基本规章制度包括《铁路技术管理规程》（以下简称《技规》）、《铁路客运专线技术管理办法》等；铁路局基本规章制度包括《行车组织规则》（以下简称《行规》）、《客运专线行车组织细则》等；站段基本规章制度包括《车站行车工作细则》（以下简称《站细》）、《车站客运专线行车工作细则》等。

2）规章制度目录和文档管理

规章制度目录和文档管理实行纸质文件档案和电子档案双重归档管理方式。

4. 技术履历管理

1）动车组技术履历

动车组技术履历分为纸质履历档案和电子履历档案。

2）动车组技术履历主要内容

动车组技术履历主要内容包括动车组类型、出厂日期、主要技术参数、部件概要、配属动态、主要部件动态、走行公里、检修动态、技术改造记录、破损记录和特别记录等。

3）动车组技术履历管理

动车组技术履历实行一车一档管理。

在运用检修（一、二级检修）和临修的作业中，相关作业组必须按规定填写检修作业记录单，按要求将不属于一、二级检修的部件更换及原因、动态、破损记录归入履历档案。

在高级修程（三、四、五级检修）中，将履历要求的主要部件动态（换件修情况）、大部件破损情况、走行公里、技术改造记录和特别记录等详细记录在履历档案中，形成可追溯的原始检修历史记录。

5. 动车组检测诊断及故障数据库管理

动车组检测诊断分为车载诊断和地面诊断两部分。其中，故障数据库管理是动车组检修管理的重要组成部分。

三、动车组调度管理

动车调度主要职能有生产信息管理、作业组织协调、掌握车组状态、应急指挥处理等。

1. 调度日常管理

日常管理主要包括检修计划的编制与实施，动车组运行管理。

日计划要按照相对固定、灵活可调的原则编制，尽量实行"模板管理"。模板要做到固定径路、固定股道、固定时刻，以方便计划编制和检修工作快速有序地进行。非正常情况下及时调整检修计划，以保证动车组正常运用。

在一级修过程中存在人员多、作业内容多，突发因素多的特点，动车所调度作为一体化作业信息的核心，需强化与相关部门的信息共享和交互，实现各作业环节之间的密切衔接和高效协调配合。

动车组运用管理主要包括计划换车和临时换车两种情况，计划换车用不同车型替换时，要考虑客运售票因素，提前编排计划并及时通知各相关部门，给客运售票系统充分调整时间。临时换车要以同车型、同定员为原则，以保安全、保畅通为前提，充分考虑各类相关因素，确保行车运营。

2. 调度信息处理要点

调度是各种生产信息的第一接收者，由于动车组的高速运行、快速检修，需要对信息快速进行甄别判断，将有效信息及时上传下达。

应急故障指挥的要点包括：①熟练掌握行车组织和各项应急处置流程；②准确、全面掌握动车组故障信息，及时按规定上报或处理；③积极联系专家组，给随车机械师提供技术支持，保持与现场作业人员的联系，避免多方指挥；④需要出动备用动车组救援时，立即组织备用动车组出库。

四、动车组管理信息系统

1. 系统概述

动车组维修管理内容如前所述，我国高速铁路建设已进入快速发展时期，动车组开行数量多、车型多、运用环境复杂，动车组维修高度的专业化、程序化和社会化，只有建立功能强大的动车组管理信息系统，快速、准确、及时地完成各种业务信息的采集、处理和传递，实现生产流程高效运转，充分发挥维修资源能力，才能保障动车组高效检修、安全运营。

综合考虑动车组运用检修管理组织架构、业务特点、生产布局、网络通道等因素，动车组管理信息系统总体方案将系统划分为三级四层，即铁路总公司、铁路局、动车基地（运用所）三级管理，铁路总公司、铁路局、动车基地、动车运用所四个业务层面，系统总体结构如图 2-12 所示。

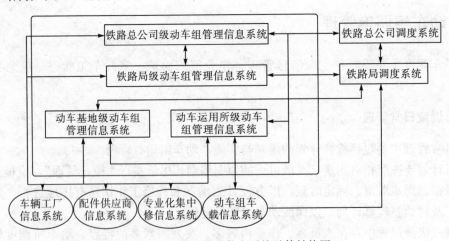

图 2-12　动车组管理信息系统总体结构图

2. 系统功能及使用

1)系统功能介绍

(1)铁路总公司(铁路局)动车组管理信息系统。部(局)级动车组管理信息系统主要为管理人员服务，设立了配属信息、运用信息、检修信息、故障信息、技术履历、新造信息、生产布局、统计分析等功能模块。

(2)动车基地管理信息系统。动车基地管理信息系统以计划、作业、技术、物流配送、安全、质量等核心业务为主线，涵盖生产管理、生产支持、经营管理三方面。其中，生产管理方面包括调度管理、作业管理两个子系统，生产支持方面包括技术管理、物流管理、设备管理、安全管理、质量管理五个子系统，经营管理方面包括生产成本管理、综合管理、统计分析三个子系统，系统构成如图 2-13 所示。

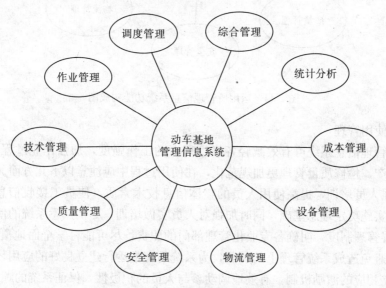

图 2-13　动车基地管理信息系统系统构成

(3)动车运用所管理信息系统。动车运用所管理信息系统主要包括调度管理、作业管理、技术管理、质量管理、安全管理、物流管理、设备管理、综合管理八个应用子系统，如图 2-14 所示。

(4)动车组车载信息落地及综合应用。按照铁路总公司关于"分两步走，京沪开通新一代高速动车组必须实现车载信息实时无线传输"的要求，铁路总公司运输局下发了《CRH 动车组车载信息无线传输设备技术条件》，明确了新一代高速动车组传输技术方案、设备构成、通信协议等技术内容。各型动车组通过统一的传输协议，实现了车载数据实时落地。

地面监控中心实时获得在途动车组故障报警信息和设备工作状态，复现司机室和机械师监控界面，为故障应急处理和调度指挥提供信息支持；检修单位采集到的车载故障信息，迅速判明故障点，提前进行相关的生产备料和人员准备，待动车组入库后，汇聚动车组下载数据分析的故障信息、乘务日志的故障信息，快速形成个性化的检修方案，通过一体化的作业管理，形成故障闭环处理。

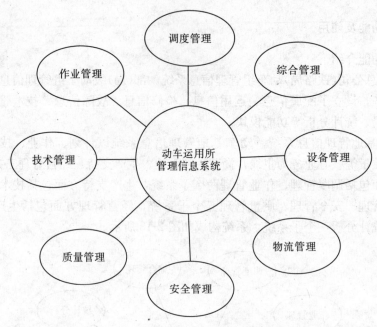

图 2-14　运用所管理信息系统功能构成图

2）系统使用管理

动车组管理信息系统可有效减轻各级管理者的工作强度，加强作业过程的控制，使动车检修生产、检修质量管理更加规范化，在使用过程中应注意以下几方面。

（1）加强人员培训，提高使用人员的整体信息技术素质，使员工接收信息化的理念，为信息化的实施奠定理念基础，同时加强对人员实做培训，尽快熟悉系统的使用要求。

（2）完善管理制度，明确各专业化管理部门的职责，尽可能科学全面地覆盖各项系统管理工作，避免造成系统管理上的漏洞，为系统的正常运行建立良好的应用环境。

（3）建立相应的激励机制，有效地调动参与人员的积极性，保证系统的顺利使用。

本 章 要 点

动车组检修修程的制定需以预防为主为原则，以可靠性理论作为理论基础，以实践经验为实践基础，以设备技术资料为技术依据。

我国动车组检修基地分为动车运用所和动车段。动车运用所主要负责完成动车组一、二级检修，并承担动车组运用工作。动车段配属动车组，主要承担动车组的整列运用、客运整备和存放作业，完成动车组的三、四级检修和临修作业。

动车组运用检修包括一级检修和二级检修，动车组定期检修（也称高级修）包括三级修、四级修和五级修，在进行高级修时应注意以下要点：首件检验、过程控制和质量记录。

铁路总公司通过动车组管理信息系统对动车组进行统一管理、调配，主要内容包括动车组运用管理、动车组维修管理和动车组调度管理。

动车组运用管理主要是对接车及试运行、动车组运行和动车组故障应急处理三方面进行安排与协调。动车组维修技术管理是围绕动车组质量进行的动车组检修计划管理、动车组质量分析和质量鉴定、质量信息反馈等技术活动。

　　调度是各种生产信息的第一接收者，由于动车组的高速运行、快速检修，需要对信息进行快速甄别判断，将有效信息及时上传下达。动车调度主要职能有生产信息管理、作业组织协调、掌握车组状态、应急指挥处理等。

思　考　题

2-1　简述动车组按车型的分类。

2-2　简述动车组修程和检修周期。

2-3　简述动车组检修设备布置原则。

2-4　简述动车组运用管理包含哪些内容。

2-5　简述动车组检修基地的主要职能。

2-6　简述动车组信息管理系统的功能。

2-7　简述动车组调度信息处理的要点。

第三章　动车组运用计划

第一节　动车组运用计划的基本概念及其分类

1. 概述

动车组运用计划包括动车组交路计划和动车组检修计划两部分。

动车组交路计划是确定动车组完成列车运行计划、进行一级检修的运用计划，通常与列车运行图一起编制，是动车组的短期（日）运用计划。

动车组检修计划考虑动车组的二、三级等检修作业时间较长的维修，在交路计划已知的情况下，根据动车组的运行情况（累计运行里程和时间），提前 1~3 天安排临近检修周期的列车进行检修，对动车组担当的交路进行调整，生成新的动车组运用计划（通常不改变交路计划，只对担当的动车组进行交换，以便临近检修周期的动车组能够及时进入检修基地检修，只在必要时调整交路计划）。图 3-1 给出了一个简单的动车组运用计划问题的例子。图中，T1~T8 为列车运行线，M1、M2 为动车组检修基地，DC1、DC2 为动车组，BY1 为备用动车组。

图 3-1(a)按照动车组折返时间等作业时间要求将列车运行线组合成 1 列动车组 1 天的运用计划，称为一个动车组交路段；图 3-1(b)将动车组交路段组合为动车组交路，生成动车组交路计划，其中一个动车组交路是指动车组两次一级检修间的运用计划，动车组交路的起点和终点都是检修基地；图 3-1(c)为动车组安排二级以上的检修作业，并安排备用动车组代替检修动车组担当相应的交路段，生成动车组检修计划。对于给定的列车运行图，动车组交路段的数量就是每天运营需要的动车组数量，动车组检修计划能够给出由于动车组检修需要的备用动车组数量。

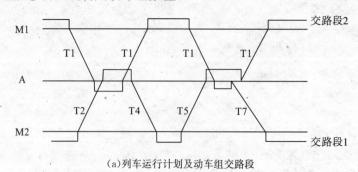

(a)列车运行计划及动车组交路段

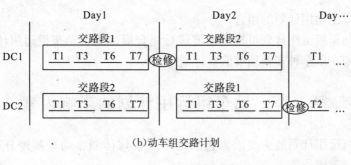

（b）动车组交路计划

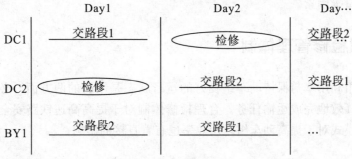

（c）动车组检修计划

图 3-1　动车组运用计划问题示例

2. 动车组运用计划的种类

由于旅客需求、动车组归属、动车组种类等的不同，动车组运用计划可以分为不同类型。

1）平日运用计划与假日运用计划

平日和节假日旅客需求的不同，体现在出行的时间、密度、方向等各个方面，为适应这种需求，在平日和节假日分别采用不同的运行图，因此动车组运用计划也自然地分为平日计划和节假日计划，动车组平日按平日计划运用、节假日按节假日计划运用。

为保证动车组在平日和节假日之间过渡和检修计划的实施，先编制平日计划；编制节假日计划时，保证节假日计划的交路段结构（交路段的始发站、终到站和检修的种类）与平日计划的相应交路段一致。

2）单基地与多基地动车组运用计划

列车运行图由一个动车段（所）配属的动车组担当，所做的运用计划为单基地动车组运用计划。如果列车运行图由两个以上基地配属的动车组担当，相应的计划为多基地动车组运用计划。在编制多基地动车组运用计划时，运行图中的哪些列车由哪个基地的动车组来担当一般没有具体规定，由编制人员综合考虑各基地的情况和动车组的运用效率确定。

3）单车种和多车种动车组运用计划

如果列车运行图上的列车采用同一种类型的动车组担当，所对应的计划为单车种动车组运用计划，如果运行图上的列车由不同种类的动车组担当，所对应的计划为多种类动车组运用计划，在编制多车种动车组运用计划时，运行图中的哪个列车由哪种动车组担当没有完全规定。

4)组合动车组运用计划的组合

以上各种动车组运用计划可根据需要进行组合形成组合动车组运用计划，如单车种单基地平日计划、单车种多基地节假日计划等。

第二节　动车组运用计划的影响因素

影响动车组运用计划的主要因素包括动车组检修体制、动车基地分布、运用方式、动车组需要数量等因素。

一、动车组检修管理体制

提高动车组利用率与保持动车组良好的运行状态是矛盾的两方面，必须通过检修和维护才能安全高效地完成运输任务。合理检修体制对于提高高速铁路安全性起着决定作用，高效检修模式对于提高动车组运用效率也有着直接的影响。

二、动车组配属基地的设置

动车组基地是动车检修设备设施存放的场所，动车组大型的检修作业均是在基地进行的。动车基地在高速铁路没有成网前按高速铁路线路设置，成网后一般设在高速铁路网络枢纽衔接处。合理的动车配属基地布局可以减少动车组空车走行，减少出入段走形时间，减少动车组使用数量，并能为动车段维修创造良好条件。

三、动车组运用方式

动车组运用方式主要有固定区段使用方式和不固定区段使用方式两种。

1. 固定区段使用方式

在固定使用方式下，各动车组在固定的区段内运行，有利于动车组的管理，并可根据客流变化采用不同的车辆编组方案，动车组的运用组织比较简单。但是，这种方式不利于动车组的检修。一方面，在动车组检修期间需要有一定量的备用车组来代替，如果备用车组由各区段分别配备，则备用动车组数量较大且利用率不高；另一方面，由于动车组的维修技术复杂，设备昂贵，只能集中配置，将所有动车组的维修作业集中在维修中心。所以，对于与维修中心不相邻的区段，需要维修的动车组必须专程送检，事后又需要专程回送。

在固定区段使用方式下，动车组只能运行于指定区段。动车组从动车段出来担当某个区段列车的运输任务，除了因达到修程规定时才入段检修，其余每次返回动车段所在站时，只在车站进行整备作业。这一运行方式对于区段内有大量径路相同且到发时刻均衡的高速铁路有利，便于高速铁路的运输组织。固定方案又分为站间固定周转方式和两区段套跑周转方式，如图 3-2 所示。

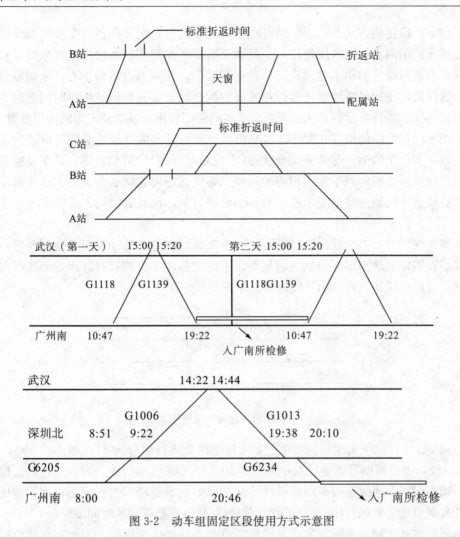

图 3-2　动车组固定区段使用方式示意图

固定区段使用方式虽然便于运输组织，但存在动车组维修困难和使用效率不高等缺点。以京沪高速铁路为例，如果动车基地只设在上海和北京，那么不经过京、沪运行的动车组需要维修时，不仅需要备用动车组替代其运行，而且本身需要专程送往维修基地站，事后又需要专程返回其运行车站，对动车组的使用和运输组织会带来极大的不便。另外，固定区段使用方式不利于提高动车组效率，实现同样的列车运行计划一般需要较多数量的动车组。

固定方式不适应实际情况的主要表现如下。

(1)不能很好地解决动车组维修问题。

(2)动车组利用率较低。与不固定方式相比，动车组需要量可能会比较大。

2. 不固定区段使用方式

不固定区段使用是指在假定各动车组之间没有差别的情况下，动车组完成一次列车任务后，下一次所担当列车的运行区段没有限制，一组动车组多车次套用，原则上长短编组独立套用。

不固定区段使用方式下，动车组可在任何区段运行。配属在各动车段的动车组在全线甚至更大范围内不固定区段使用，一组动车组多车次套用。在使用过程中可以对必须在维修中心进行维修的动车组预先安排其运行区段，使其通过维修中心，从而得到及时维修，这样就能比较灵活地解决运行与维修的配合问题。只要满足接续时间要求，动车组就可在不同的运行线运行，从而提高动车组的使用效率，减少动车组的使用数量。

采用不固定区段使用方式时，同一交路段中前行列车的终到站必须与后续列车的始发站一致。当给定的运行图是不完全状态（不成对运行图）的时候，即在某车站始发的列车数与在该车站终到的列车数不相等的时候，必须通过设置回送列车的方式来满足这一约束；后续列车的始发时刻晚于前行列车的终到时刻，而且其时间差必须大于最小折返时间。

不固定使用方式以全线（或高速线路网）为系统，统筹考虑动车组的使用与维修。它的含义是在假定各动车组无差别的前提下，不固定各动车组的运行区段，而是根据需要和可能，可以在任何高速区段之间运行。如图 3-3 所示。

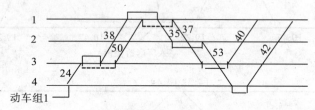

图 3-3　动车组不固定区段使用示意图

在图 3-2 中，位于第 4 站的动车组 1 可根据需要运行编号为 24、38、35、53、42 等 5 条运行线，也可根据需要运行编号为 24、50、37、40 等运行线，可以运行的区段没有限制。动车组可以连续运行不同运行线的基本原则是满足动车组在变更车次即担任新的运输任务时可能需要的转线（改变运行方向时）、整备作业等接续时间要求。

与固定方式比较，不固定方式下的动车组可在任何区段运行，因此，在使用过程中可以对必须在维修中心进行维修的动车组预先安排其运行区段，使其通过维修中心，从而得到及时维修，这样就能比较灵活地解决运行与维修的配合问题。另外，只要满足接续时间要求，动车组就可在不同的运行线运行，从而提高动车组的使用效率，减少动车组的使用数量。因此，不固定方式可能是动车组比较合理的使用方式。

四、动车组配属数量

一般情况下，动车组有以下三种状态：运用状态、维修状态和备用状态。以上这三种状态的动车组数量之和称为动车组配属数量。下面分别介绍动车组运用数量、检修数量、备用数量和配属数量的确定方法。

1.动车组运用数量

动车组运用数量与车底运用的作业时间标准和途中旅行时间、行车量的大小、列车铺画方案及运行线的位置、车底长短途套用程度等因素有关。动车组运用数量可以用图解法和分析计算法两种方法确定，在运行方案不详的情况下，可用分析计算法进行计算。

常用的分析计算法一般有时间相关法和里程相关法两种方法。

1）时间相关法

动车组的周转时间（$\theta_{车底}$）。按下式计算

$$\theta_{车底} = T_{基} + T_{折} + 2T_{旅}$$

式中，$\theta_{车底}$ 为车底周转时间，h；$T_{基}$、$T_{折}$ 分别为动车组在基本段、折返段的作业时间标准，h；$T_{旅}$ 为动车组列车在途中单程旅行时间，h。

在动车组固定区段使用的条件下，动车组运用数量由下式确定

$$N_{运用} = \theta_{车底} \cdot K_h$$

式中，K_h 为每小时平均发出列车数（列）。

更一般地，可以采取如下的方法来计算。每天动车组总周转时间（$T_{总}$）按下式计算

$$T_{总} = T_2 + (T_1 + T_3)(1 + \alpha)$$

式中，T_1 为全天所开行的动车组总运行时间（含中间停站时间，h），既可以通过动车组牵引计算得出，也可以根据具体的列车开行和停站方案，划定动车组平均旅行速度，由日总走行公里数计算得出；T_2 为动车组有效运行时间段（夜间 0 点至 6 点设置矩形综合维修天窗的条件下为 18h）内所发生的一级检修和二级检修作业时间之和（h）；T_3 为动车组终到、始发在站停留时间（h）；α 为列车运行图备用系数，一般可取值为 0.1。

动车组运用数量可由下式估算

$$N_{运用} = T_{总} / 18$$

2）里程相关法

平均每列动车组一天的走行公里，是估算运用动车组数量的重要参数。估算公式为

$$n_{运用} = L_{列} / \bar{l}_{列} \tag{1}$$

式中，$n_{运用}$ 为运用动车组数量，列；$L_{列}$ 为实现运行图而产生的动车组列车公里，列·km；$\bar{l}_{列}$ 为平均每列动车组一天的走行公里，km。

2. 动车组检修数量

提高动车组使用率与保持动车组良好的运行状态是矛盾的两方面，必须通过检修和维护才能安全高效地完成运输任务。动车组检修分为运用检修（含一、二级检修）和定期检修（含三、四、五级检修），运用检修数量按运用数量统计，动车组检修数量仅统计定期检修。计算公式为

$$N_{检修} = N_{三级检修} + N_{四级检修} + N_{五级检修}$$

式中，$N_{检修}$、$N_{三级检修}$、$N_{四级检修}$、$N_{五级检修}$ 分别为动车组检修数量和处于三、四、五级检修的动车组数量。

3. 动车组备用数量

为了应对各种突发情况，需要一部分数量的动车组作为备用。例如，当运输波动需要加开列车时，必须安排动车组承担加开列车的运输任务，称为动车组运用备用；处于检修状态的动车组若未能按预定时间完成检修，则也应安排适当数量的动车组担当运输

任务，称为动车组检修备用。

动车组备用数量一般按下式确定

$$N_{备用} = N_{运用备用} + N_{检修备用}$$

式中，$N_{运用备用}$、$N_{检修备用}$分别为动车组运用备用数量和检修备用数量分别由下式计算

$$N_{运用备用} = \gamma_{运用} N_{运用}$$
$$N_{检修备用} = \gamma_{检修} N_{检修}$$

式中，$\gamma_{运用}$、$\gamma_{检修}$分别为动车组运用、检修备用率，如国外有$\gamma_{运用}=0.06$。

4. 动车组配属数量

在运用、检修、备用数量确定的基础上，可确定动车组配属数量（$N_{配属}$）。一般按下式确定

$$N_{配属} = N_{运用} + N_{检修} + N_{备用}$$

五、其他影响因素

编制动车组运用计划时，一些物理的、法律的和逻辑上的因素必须予以考虑，主要包括如下几种。

1. 列车运行图的约束

列车运行图规定的所有列车必须分配到状态良好的动车组，而且列车的始发、终到时刻和始发、终到车站不能有任何变动（但如果始发、终到时刻仅进行微小变动能够改变动车组的使用效率，也可以向运行图编制人员提出协调）。

2. 检修的约束

（1）检修场所，日常检修和定期检修必须在规定的地点进行。

（2）检修周期，定期检修和日常检修必须在法律规定的检修周期内进行。

（3）检修所需时间，必须保证日常检修和定期检修所要求的时间。

（4）检修可能的时段，日常检修和定期检修必须在规定的时段内进行。

3. 交路的约束

开始终了车站，交路中相邻的两个交路段，前一日交路段的最后终到站必须与后续日交路段的始发站一致；最后一个交路段的终到站必须与第一个交路段的始发站一致。

地点的约束：同一交路中前行列车的终到站必须与后续列车的始发站一致；当给定的运行图是不完全状态（不成对运行图）的时候，即在某车站始发的列车数与在该站终到的列车数不相等时，必须通过设置回送列车的方式满足这一要求。

时间的约束：后续列车的始发时刻晚于前行列车的终到时刻，而且其时间差必须大于最小折返时间。

4. 其他约束

除了上述影响动车组运用的主要因素，如下因素对动车组运用计划也有一定影响。

(1)线路容量：在各车站 车辆基地停留的动车组数量不能超过规定的数量。

(2)清扫周期：列车清扫的种类、周期、地点等条件。

(3)运用人员的意图：计划中要反映使用者的一些意图，如希望编制的计划能较好地适应运输波动；希望用最少的动车组；希望在某个时段内确保一组预备车等。

(4)动车组的夜间驻留问题、动车组接续时间标准、临时列车的处理等问题也对动车组的运用有一定的影响。

第三节　动车组运用计划的编制方法

动车组运用计划包括动车组交路计划与动车组车辆分配计划两部分。在编制车辆分配计划的同时编制一、二级车辆检修计划。

一、动车组交路计划及编制方法

1.动车组交路计划的概念

动车组交路计划是在给定动车组的种类、数量、运载能力、检修周期、检修地点的检修能力和其他运用规则等条件下，考虑使用的动车组数量、检修次数、检修的均衡性，安排可以完成给定列车运行任务的动车组使用方案。

动车组交路计划可分为基本动车组交路计划和动车组交路实施计划。

动车组交路计划包含动车组担当列车的时间、车站、车次，或对动车组一级检修和二级检修的时间、基地和检修级别等内容。动车组交路计划常以图表形式表示，如图 3-4 所示。

2.编制动车组交路计划的影响因素

编制动车组交路计划需参考以下因素。

(1)列车运行计划，这是编制动车组交路计划的基础。

(2)动车段(所)的设置。

(3)动车组的修程、修制。

(4)有接续交路时的最短接续时间。

(5)计划实施日动车组的可用情况。

(6)动车组的各级检修和走行里程等履历信息。

(7)考虑一段时间内各动车组间工作量的均衡等。

(8)动车段(所)容量约束，在各动车基地(所)停留的动车组数量不能超过规定的数量；计划中使用的动车组数量不能超过规定的有效动车组数量。

(9)动车组类型匹配约束，若基本列车运行计划上的列车使用不同种类和不同编组的动车组运行，则不同种类和编组的动车组之间不得混用。

高 铁 动 车 组 运 用 交 路 表

CRH3/CRH380BL（广局）

2013年1月3日 星期四

3. 动车组交路计划的编制

1)编制资料的收集与整理

收集、整理动车组交路计划编制相关基础信息与技术资料。

根据需要，可开发具有数据录入、增加、删除、修改、更新、整理、备份、查询、统计等功能的相关计算机系统进行数据库管理，可生成相关接口文件、历史文件、报表文件和统计分析文件等。系统可提供数据管理的单机独立操作模式和多用户联网操作模式。

2)动车组交路的编制

通常与列车运行计划的编制一起进行。考虑动车组的一级检修和其他必须的约束条件，确定动车组担当列车运行线、进行一级检修的时机和地点。

以上过程可采用参数化设置，建立基于多种约束条件的算法库，通过计算生成多个可行编制方案，由用户根据结果择优。

3)动车组交路调整

计划编制人员应能够根据业务需要和经验，对车辆进行分配和调整。

4)合理性检查

是否满足各种约束条件，动车组数量是否可以接受，运行线是否全部指派动车组交路等，以及与基本列车运行计划的适应性如何。

在编制动车组交路的基础上，可对列车运行方案进行评价，从优化动车组交路的角度出发，给出列车运行计划优化调整的反馈意见。

5)动车组交路计划指标统计

系统可自动计算所编制计划的各种指标，包括需要的最小动车组数量，平均走行里程，平均运用时间，平均担当的运行线数量，平均接续时间，动车组空车走行数量、里程，以及自定义的其他指标等。这些指标可用来衡量所编制基本动车组交路计划的质量，确定每个动车基地需要配置的动车组数量，分析改进方案等。

二、车辆分配计划及编制方法

1. 车辆分配计划的概念

车辆分配计划是考虑客流需求、动车组交路计划、车辆类型与数量、动车组配属、动车基地与运用所的设置、动车组的修程、修制、动车组的履历、动车组之间的工作负荷均衡、减少动车组空车走行、车辆运用的其他规定等因素，为动车组交路指派相应动车组的技术性文件。车辆分配计划一般分为基本车辆分配计划和实施车辆分配计划。

车辆分配计划包含列车车次号、动车组号、编组、接续运行进路和时间、动车组出入段地点、动车组回送和接运计划等内容。

2. 编制车辆分配计划的影响因素

在进行动车组交路指派的时候，应考虑的因素包括：①列车运行计划；②动车组交路计划；③计划实施日前的基本车辆分配计划；④动车组的各级检修和走行里程等履历信息；⑤动车基地和运用所的设置；⑥有关动车组修程、修制的规定；⑦动车组之间工作负荷的均衡等。

在计划实施之前如果有影响车辆分配实施计划的情况发生，可通过车辆分配计划及时进行相应的修改，确保计划的可实施性。

3. 车辆分配计划的编制

根据当日交路计划和前一日车辆分配计划更换车底调度命令、车辆状态、动车编组与动车检修计划。以上资料，对相应交路分配车组号，形成车辆分配计划。

(1)编制参数的准备。包括动车基地的设置，能够承担的动车组种类和检修任务类型，各检修基地(所)同时可接纳的动车组数量等；动车组的运用规则；动车组的履历等。

(2)综合考虑客流需求、动车组交路计划、车辆类型与数量、动车组配属、动车基地与运用所的设置、动车组的修程、修制、动车组的履历、动车组之间的工作负荷均衡、减少动车组空车走行、车辆运用的其他规定等因素，为动车组交路指派相应动车组，从而完成车辆分配计划。

编制过程中每个动车组始终携带编号、种类、配属基地、以及动态变化的各级检修历史记录和走行公里等属性信息，确保编制的车辆分配计划满足各项要求，同时尽可能使每个动车组在一定周期内担当的交路数量和走行公里比较均衡，实现动车组的均衡利用。

(3)基本车辆分配计划的调整。计划编制人员应能够根据业务需要和经验，对车辆进行分配和调整，以体现编制者的意图。在车辆分配计划不能完全满足要求的情况下，还可通过方便的手动调整功能对计划进行局部调整和优化。

(4)合理性检查。编制的基本车辆分配计划是否满足约束条件，与作为编制基础的其他基本计划的适应性如何。在计划编制的每个阶段是否满足各项约束条件，与其他基本计划的适应性如何。在计划编制过程中，通过对基本车辆分配计划的分析，如果认为其他基本计划的某种调整能够显著提高车辆分配计划的质量和效率，可提出有关修改基本列车运行计划和基本动车组交路计划的建议，反馈给相关的计划编制部门作为参考。

(5)车辆分配计划的指标统计。应提供车辆分配计划的综合指标统计功能，具备测算按基地别分车种的车辆数量的功能。车辆分配计划系统提供车辆分配的统计报表功能。根据动车组配属地(公司)、动车组类型与种类、动车组分配去向等分类统计项目，分别统计动车组分类别的数量，包括运用动车组数量、备用车数量、需要车数量(解除备用的动车组数量)等。

车辆分配计划指标包括动车组平均走行里程、平均运用时间、平均担当的运行线数量、平均接续时间等，这些指标可用于衡量基本车辆分配计划的编制质量。

三、车辆检修计划及编制方法

1. 车辆检修计划的概念

车辆检修计划是对动车组检修等级、检修作业内容、等待停留的时间和地点、检修作业起止时间、检修作业具体地点等作出规定的技术文件。

在实际运营过程中，根据动车组的实际运用情况，考虑检修基地的检修能力约束，对即将达到检修周期的动车组，安排其及时进入检修基地进行相应的检修。

车辆检修计划主要包括车组号、修程、送修日期、检修基地、走行里程等内容。

2. 编制车辆检修计划的影响因素

在动车组检修期间，特别是对于检修作业时间较长的动车组，应安排备用车代替检修动车组继续担当相应的交路。因此，备用车的数量是影响动车组检修的一个重要因素，当备用车不足时，为了使检修作业均衡以便备用车够用，动车组可能要提前入段检修。因此，动车组检修计划的影响因素包括如下几种。

(1)运输任务：动车组交路段，具有动车组交路段的起点站、终点站、起始时刻、终到时刻、运行时间、运行距离、动车基地、相邻车站、各级检修作业时间、检修能力、备用车数量的属性。

(2)动车组运用情况：动车组累计运行里程和累计运行时间。

(3)其他约束条件：①由同一动车组担当的相邻两个交路段的间隔时间必须大于 0；②由同一动车组担当的相邻两个交路段中，前一交路段的终点必须和后一交路段的起点为同一站点；③动车组的累计运行时间不得超过检修周期；④动车组的累计运行里程不得超过检修周期；⑤在每个检修基地检修的动车组数量不得超过其检修能力；⑥为每一交路段分配的动车组数量必须等于需要的动车组数量；⑦整个动车组检修计划使用的动车组数量必须恰好为交路段数量和检修基地节点配备的备用动车组数量之和，即保证为所有的动车组确定运用计划。

3. 车辆检修计划的编制

动车组高级修(三、四、五级检修)年度、月度计划由铁道部统一制定发布。按照动车组设备履历、修程及修制、列车走行统计数据，分年度、月度分别制定。

一、二级检修计划由动车段(所)制定。在制定车辆分配计划的同时，根据动车组交路、车辆分配情况、动车设备履历、修程及修制、列车走行统计数据和列车故障情况、检修基地的作业能力等，即可自动生成日常的车辆检修计划。如果预测高级修和一、二级检修备用车底不足，可通过停运交路或增配动车组来解决。

车辆检修计划可以表格的形式打印，或者以电子表格等形式导出。

第四节　动车组运用计划的调整

1. 动车组运用计划的调整原则

当列车运行紊乱时，一些列车之间的接续时间可能不再满足要求，这时必须对动车组运用计划进行调整。调整规模视列车运行紊乱程度而定，如果只有个别列车晚点，通常进行一些局部调整就能恢复正常交路；但如果出现大面积晚点，情况就比较复杂，特别是在动车组采用不固定区段、长短途套跑的使用方式下，很容易导致动车组运用计划较大范围的调整。对于这种大面积运行波动，在实际运输生产过程中，首先应该编制出一定时段内的列车运行调整计划，然后编制相应的动车组调整计划。

对于阶段计划中那些不能使用原计划动车组正常出发的列车，调整动车组运用计划后有三种可能情况出现。

(1)列车按阶段计划规定时间出发。

(2)列车比阶段计划规定时间晚出发。

(3)列车因没有可用动车组而被取消。

所有列车按阶段计划规定时间出发是最理想的调整结果，也是动车组运用计划的调整目标。高速铁路列车密度大，列车之间联系紧密，调整过程中必然会出现各种冲突和选择，因此调整原则必须有利于疏解冲突和进行有效选择，以便以最小的代价最大限度地实现调整目标，也就是优化调整。

2. 动车组运用计划的调整原则

(1)保持计划交路原则。当某动车组改变运行任务后，其下次承担任务首先应考虑当前任务所属交路的接续任务，而不是原计划中该动车组的其他任务。另外，在选择动车组时，尽量不使用有接续任务的动车组，以减少以后的调整工作。

(2)优先级原则。动车组运用紧张时，优先保证等级较高的列车，一般情况下长途列车优先于短途列车；有接续任务的列车优先于无接续任务的列车；接续任务为紧交路的列车优先于接续冗余时间较多的列车。

(3)效率原则。当有两个以上动车组可承担列车运行任务时，要考虑不同动车组的自身情况，主要包括按原计划动车组是否有下次接续任务、动车组的状态、动车组停留地点、动车组最早可用时间等。一般要选择空车走行距离最短、对列车运行组织影响最少、可用时间最早的动车组。

3. 动车组运用计划的调整措施

动车组运用计划的主要调整措施有：①变更动车组；②压缩接续时间；③调整检修计划等。压缩接续时间只能在实际接续时间与标准接续时间相差不大的情况下采用，调整检修计划有推迟检修与提前检修两种情况。后两种调整措施适用性较小，最常用的措施是变更动车组。

本 章 要 点

动车运用计划包括动车组交路计划和动车组检修计划。动车组交路计划确定了动车组完成列车的运行计划和进行一级检修的运用计划。动车组检修计划主要通过对动车组担当的交路进行调整，以便临近检修周期的列车进行检修。

实际运用中许多因素都会对动车组运用计划产生影响，主要包括动车组检修管理体制、动车组配属基地的设置、动车组运用方式和动车组配属数量等，其中固定区段与不固定区段的区别和特点需要清楚区分，如何得出动车组配属数量要熟练掌握。

动车组运用计划包括动车组交路计划与动车组车辆分配计划两部分。其中动车组交路计划的编制步骤一般包括编制资料的收集与整理、动车组交路的编制、动车组交路调整、合理性检查、动车组交路计划指标统计。

车辆分配计划的职能主要是为动车组交路指派相应动车组的技术性文件。车辆分配计划编制的主要步骤为编制参数的准备、车辆分配计划编制、基本车辆分配计划的调整、合理性检查和车辆分配计划的指标统计。

在某些情况下列车之间的接续时间会发生变化，影响动车组运营，需要对运用计划进行调整，调整方法主要包括变更动车组、压缩接续时间、调整检修计划等。

思 考 题

3-1　简述动车组按车型的分类。

3-2　简述动车组修程和检修周期。

3-3　简述动车组交路计划的概念及其编制方法。

3-4　动车组运用方式有哪些？各自有何特点？

3-5　简述计算动车组运用车数量、备用车数量和配属车数量的方法。

3-6　动车组运用计划影响因素有哪些？

3-7　简述动车组交路计划和动车组分配计划编制的步骤。

3-8　调整动车组计划的方法有哪些？

第四章 动车组乘务组织

第一节 动车组乘务方式

动车组的乘务制度应与运行方式相协调，它可按维修周期结构分别采用固定交路轮乘制和不固定交路轮乘制。采用后者有利于提高动车组的使用效率和提高日车公里与乘务人员的劳动效率。

为提高动车组的使用效率，减少动车组的需求量，动车组不应局限在固定的乘务区段。配属各动车段的动车组可多线、多方向、多车次套用，原则上要大、小编组固定套用。动车组跨区段使用，在站最小折返时间应为 15~20min。

动车组的高速运行使得列车交路超长，长途列车的交路一次可超过 2000km，往返一次(达到或接近日检规定修程的公里数)才入段(所)进行必要的技术作业；而短途列车可按司机一次连续工作时间来核定往返周转数，一般运行几个往返后才入段(所)。与通常采用的肩回制和循环(半循环)运转制的运行方式相比，可称为多循环运转制。

第二节 动车组乘务类型

一、动车组乘务主要工种

动车组列车乘务组一般包括客运、车辆、机务、公安、餐饮、保洁等六大工种(部分动车组列车不安排乘警随车出乘)，乘务制度由"三乘一体"变为"六乘一体"。动车组列车上的餐饮、保洁等服务基本已被专业的服务公司接替。为进一步强化动车组列车品牌，提升服务质量，加强动车组列车"六乘一体"的管理，建立有效的沟通协调机制，共同为旅客提供安全、舒适的优质服务，各相关铁路局基本上都制订了动车组列车"六乘人员"管理办法。

二、工作协调制度

(1)动车组列车出库后，列车长应了解六乘工作准备情况，重点对卫生保洁质量，配餐数量和各岗位人员到位情况进行掌握，遇有重点任务，及时布置。

(2)列车长要定期召开由机械师、乘警、乘服长、保洁组长参加的工作协调会，沟通信息。

(3)遇到设备故障、列车晚点等情况时，司机或机械师要主动向列车长报告故障简况、晚点或停车原因。列车长要及时逐级汇报，按指示向旅客通报，并组织客运乘务员，餐饮、保洁人员进行服务和解释工作，各负其责，互相配合，形成快速的联动机制，降低负面影响。

（4）客运段和相关餐饮、保洁公司要定期召开协调会议，针对存在的问题，制定整改措施。

三、其他要求

（1）实行六乘人员首问首诉负责制。为规范六乘人员工作行为，完善旅客投诉渠道，动车组实行六乘人员首问首诉负责制，各岗位工作人员要严格执行有关规定（例如，北京铁路局《关于执行〈首问首诉负责制〉的通知》（京铁客〔2006〕245号）文件），及时接受、解答旅客问询和投诉。

（2）遇到重点旅客需要就餐时，统一由列车长向餐饮乘服长布置。

（3）动车组列车在旅客放行前六乘人员必须提前到岗到位。餐吧车要有一名餐饮人员负责看守车门，协助车站做好旅客乘车的引导工作。列车开车时，餐饮人员要按客运乘务员标准，分别在餐吧车车窗、车门处（每处一人）站立，目送车站至列车驶出站台。保洁人员也要站立在车门口处，目送车站至列车驶出站台。

（4）六乘人员必须遵守部、局有关乘务纪律，严禁私带无票旅客上车或允许持票旅客在餐吧车、多功能室、乘务员室等位置乘坐。如果需要安排重点旅客乘坐餐吧车、多功能室、乘务员室等位置，必须经列车长同意。

（5）当动车组客运、餐饮、保洁人员不服从列车长管理，影响正常工作和铁路形象时，列车长除了向段、铁路局汇报，可立即停止其工作。餐饮、保洁公司对上述人员要按照公司制度进行处理，并向铁路局、客运段反馈处理结果。

第三节 动车组乘务制度

动车组乘务制度是动车组乘务人员使用动车组的制度，分为包乘制、轮乘制。

（1）包乘制。包乘制是指由几个乘务机班组成乘务组，轮流值乘一组动车组的乘务制度。其优点在于加强司机对动车组的运用和保养的责任心，便于司机熟悉机车的性能特征，掌握动车组的状态，缺点在于包乘制使动车组的运用受到限制，动车组生产时间不能充分利用，从而降低了动车组运用效率和乘务员的劳动生产率。

（2）轮乘制。轮乘制是指没有固定的乘务组，动车组由若干乘务机班轮流使用，具备乘务资格的各乘务机班轮流在任一动车组值乘的制度。其优点在于可以保证乘务组有更好的劳动和休息条件，消除动车组在折返时因等待乘务组休息而产生的停留时间，从而显著提高动车组的运用效率和司机的劳动生产率。

动车组乘务制度应与其运行方式相协调，分别采用固定交路轮乘制和大套用（大交路套小交路）轮乘制，不仅有利于提高动车组的运用效率，也有利于提高日车公里和劳动生产率。

第四节　动车组乘务计划

一、乘务计划的概念

乘务计划不仅关系到能否按图行车，还直接影响活动设备利用率和乘务工作效率，从而影响经济效益。因此，它是高速铁路运输组织的基本计划之一。

一般地，铁路乘务计划问题根据给定的列车运行计划、动车组交路计划、乘务规则、乘务基地条件等，考虑一定的优化目标（如总的乘务成本最小、需要的乘务员数量最少、乘务员工作强度的均衡性等），对乘务员（组）的出乘时间、地点，担当的乘务任务、时刻、退乘时间、地点等作出具体安排，以确保一定周期内的所有乘务任务被执行。

乘务计划主要分为乘务日计划和月度计划。日计划由全体乘务交路构成，表示完成一日的列车运行计划需要的乘务员数量和各乘务员担当的乘务交路。乘务计划问题通常分解为两个子问题顺序求解，即乘务交路计划问题和乘务值乘计划问题。

乘务交路计划是确定乘务员的日工作计划或者从乘务基地出发至返回乘务基地的出乘计划，根据乘务规则中的短期约束，确定乘务员担当乘务任务的顺序和休息情况，生成乘务交路计划。乘务交路计划是"匿名"的，即未指定具体执行的乘务员。

乘务值乘计划是根据乘务规则，将乘务交路计划分配给每个具体的乘务员（组），安排较长周期内（月度、年度）所有乘务人员的工作计划表。

二、编制乘务计划的影响因素

乘务计划的编制遵循与基本乘务计划相同的原则，编制时需要考虑的主要因素包括如下几种。

(1)基本列车运行计划。

(2)列车运行实施计划。

(3)动车组交路计划。

(4)车辆分配计划。

(5)基本乘务计划。

(6)计划实施日前的乘务计划。

(7)乘务基地和乘务所的设置。

(8)乘务组的可用情况。

(9)乘务准备时间和折返时间。

三、乘务计划的编制

1. 乘务计划编制流程

1)基础数据的准备

乘务计划编制时，乘务基地的设置方式、乘务员的乘务方式和乘务员的乘务规程等条件都必须明确，要完成的乘务任务（由运行图决定）也必须预先给定。

确定乘务员基地（乘务员所属部门，一般为有大量列车始发、终到作业的地区）和换乘的车站（或乘务折返地）及其服务范围、给定列车运行图和动车组周转图、给定乘务工作时间标准等乘务规则、确定各乘务员基地的任务（将运行图分解给各乘务基地）。

2）乘务片断的划分

以乘务员可能换乘的车站为分割点，将运行图中的所有运行线分割成乘务片段，例如，将图 4-1 中运行线 H102、H106、H201 分割成 {X1，X2，X3}、 {Y1，Y2} 和 {Z1，Z2，Z3} 等几个片断。可能换乘站是指一些规定的车站，在这些车站列车的停站时间大于乘务员换乘所需时间（例如，2min，乘务员利用这一时间进行交接、换乘），并具有休息设备等其他条件。

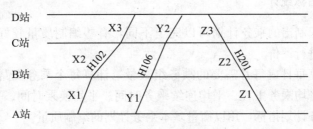

图 4-1 将运行线分割为乘务片段

3）乘务交路的制定

按照乘务员一次乘务总时间、乘务折返接续时间、连续乘务时间等乘务规则，将各乘务片断组合成不同的可行乘务交路，作为最终乘务交路备选方案。例如，假设图 4-2 中 B 站为乘务员基地，乘务片断 {1，3，5，7}、{2，4，6，8}、{9，11} 分别构成 3 个不同的可行乘务交路，而乘务片段 {1，3，5，7，9，11} 构成的则是不可行乘务交路（一次乘务时间超过了乘务规则规定的时间）。

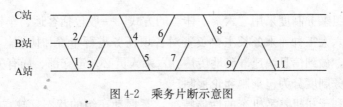

图 4-2 乘务片断示意图

4）确定乘务交路选择的优化评价准则

根据总乘务时间、纯乘务时间、连续乘务时间和乘务时间间隔的理想值和实际值的偏差，建立乘务交路选择的优化评价准则。

乘务计划一般应满足一些基本约束。总乘务时间、纯乘务时间、乘务接续间隔时间和连续乘务时间作为乘务交路的基本属性，属性较差值（偏小、偏大）根据乘务规则给出。

5）比选确定优化的乘务交路

根据上述优化评价标准，选择比较优化的乘务交路，作为乘务组一次乘务工作内容。所有被选择的乘务交路集合，必须完全覆盖全部乘务片段，乘务交路的数量就是每天需要的乘务组数。乘务组每一次工作就是完成一个乘务交路。

6）确定可行的乘务交路方案集合

在乘务交路中不能中断或中途更换乘务组的约束下，乘务组与乘务交路的不同组合方式，构成各种可行的乘务交路计划方案。

7）确定月度乘务员运用计划

在乘务交路方案中，各个乘务组之间的乘务时间、在外驻留待班的次数并不均衡，需在较长时间内调整乘务组和乘务交路的组合关系，尽可能均衡各乘务组的劳动时间和外驻次数，并满足月度总乘务时间等乘务规定和有关劳动条例的规定。

通常获得满意的编制结果要对 5、6、7 三个过程进行多次迭代，通过比较分析，放弃较差的交路，重新生成新的交路集合，再经过全面比选和调整，最后形成月度乘务计划。

2. 乘务计划指标统计

相同的条件编制出的乘务计划可以完全不同，有些编制质量较好，有些可能较差，需要按一定标准进行评价。

按基地别测算每日或每月需要的乘务组数量，计算每个乘务交路的平均乘务时间、有效劳动时间、平均乘务里程、平均连续乘务时间、平均换乘时间、平均换乘次数、以及制定的其他乘务计划指标，用以衡量基本乘务计划的编制质量。

由于乘务日计划与月度乘务计划考虑的问题不同，其评价尺度不同。日计划主要考虑在完成运行图任务的基础上，使用的乘务员数量越少越好，即交路数越少也好；对日计划中的每个乘务交路，它的各种指标越接近理想值越好。月度乘务计划则主要考虑乘务组间劳动时间越均衡越好、各乘务组的平均劳动时间越接近给定值越好、编制的月度计划与前一个时期的月度计划差异性越小越好等。

本 章 要 点

目前动车组乘务制度采用"六乘一体"的方式，一般包括客运、车辆、机务、公安、餐饮、保洁等六大工种。乘务长主要负责对各项任务进行布置和协调，及时与乘务员和乘客进行沟通，做到信息快速准确地传达。六乘人员必须遵守部、局有关乘务纪律。

动车组乘务制度分为包乘制和轮乘制。

包乘制有利于司机熟悉机车的性能特征，掌握动车组的状态，缺点在于动车组的运用受到限制，动车组生产时间不能充分利用，从而降低了动车组运用效率和乘务员的劳动生产率。

轮乘制的优点在于可以保证乘务组有更好的劳动和休息条件，消除动车组在折返时因等待乘务组休息而产生的停留时间，从而显著提高动车组的运用效率和司机的劳动生产率。

乘务计划作为高速铁路运输组织基本计划之一，对乘务效率起到决定性作用，一般情况下编制出的乘务计划不一定能够到达最优，需要对乘务计划进行评选。熟悉乘务计划的编制步骤与评价因素能够提高乘务计划的效率。

思 考 题

4-1　乘务组的职能有哪些？

4-2　简述乘务组的制度要求。

4-3　简述乘务组制度的分类和各自的特点。

4-4　什么是乘务计划？乘务计划有什么作用？

4-5　简述乘务计划的编制步骤。

4-6　简述乘务日计划与月度计划评价的不同点。

第二篇　高速铁路行车组织概论

第五章 高速铁路调度指挥概论

第一节 国外高速铁路调度指挥系统概述

高速铁路调度指挥系统涉及运输组织、机车车辆、通信信号、供电、安全监控、维护救援、旅客服务等多方面。目前国外高速铁路调度指挥系统基本分为三种类型：一类是以日本为代表，通过构建各专业综合调度指挥系统以适应客运专线的特点和需求；第二类为德国模式，其调度指挥系统是以地区为中心建立调度控制中心，而不是以高速线为中心；第三类是以法国和西班牙为代表，以线路为目标建立控制中心。

一、日本高速铁路调度指挥系统

日本新干线调度指挥系统的构建适应高速铁路运行的特点，充分考虑了高速行车伴随的高风险性和行车安全对调度指挥系统的依赖性，把列车正点运行作为工作核心，构建了集各专业功能为一体的综合调度指挥系统。该系统以运输计划为龙头，综合了与行车有关的各方面的内容，使整个调度指挥系统全面协调地工作。日本新干线按线(东海道山阳)和区域(东日本公司)分别设置单独的调度指挥系统，无国家级统一调度指挥中心；东海道山阳新干线与既有线完全独立，调度指挥系统完全独立，并设立了备用中心；东日本公司的部分高速列车下既有线运行(既有线改造，在既有线上列车运行速度较低)与既有线调度指挥系统间相互协调；基于对可靠性、实时性、安全性等的不同要求，各子系统采用不同网络通道连接。

日本高速铁路调度指挥系统是典型的综合型指挥系统。东海道、山阳新干线调度指挥采用的计算机辅助控制系统(computer aided traffic control，COMTRAC)，是 1964 年东海道新干线开通时开始采用的，调度中心没在东京，而在大阪则设置了备用中心，以防止地震等自然灾害导致调度指挥系统瘫痪。1995 年 11 月，日本国铁将东北、上越、北陆新干线各子系统进行整合，形成了新的 COSMOS 系统。COSMOS 是日本最新、功能最全的调度指挥系统，调度中心设在东京(和东海道、山阳调度中心在同一大楼内)。COSMOS 系统构成如图 5-1 所示。

二、德国高速铁路调度指挥系统

德国高速线是既有路网的一部分，其主要特点为客、货混线分时运行和新旧线混用，其调度指挥与既有调度指挥融为一体，从体系结构到管理模式完全与既有线相同，实行调度指挥中心—地区调度所—基层车站值班员的三级调度指挥模式。德国铁路调度中心分别设在柏林、慕尼黑、杜伊斯堡、汉诺威、法兰克福、莱比锡、卡尔斯努尔等大枢纽地区，属于按区域设置模式，这种设置便于对客、货列车的组织指挥和管理。德国高速铁路没有专门另建调度中心，而是纳入所在区域的既有调度指挥系统，以利于高速线列车与既有线列车跨线运行的协调配合。

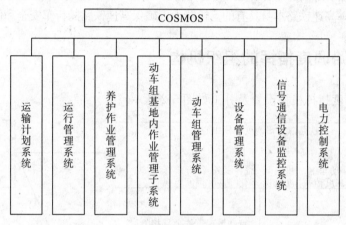

图 5-1 COSMOS 功能子系统构成图

德国铁路调度指挥系统的功能有列车控制、列车监视、供电管理、旅客信息管理和车站监视等。调度指挥系统为局域网（LAN）构成的多功能综合运输控制系统，系统采用标准硬件和流行操作系统。系统对列车的监视按时刻表进行，必要时可对列车进行控制。列车按车号自动控制进路，根据储存的时刻表与列车运行实际状态，调度员可以及时发现列车偏离运行图的情况并及时作出调整。

三、法国高速铁路调度指挥系统

法国高速铁路各调度工种基本上按三级管理设置，但具体模式不尽相同。各高速线的调度组织形式不一，有两级管理和三级管理两种。两级管理是指国家调度中心和调度集中（centralized traffic control，CTC）中心两级控制；三级管理是指国家调度中心、分局调度中心、CTC 中心三级控制。在国家调度中心和分局调度中心设有营运基础调度、客运调度、电力调度、动车组运用调度、司机调度。法国高速铁路调度指挥系统具有设相对独立的高速铁路调度指挥系统、按区域设置分局作为管理机构的特点，但存在高速线与既有线相对独立的调度指挥模式难以适应运营需要的不足。

法国高速铁路的经营管理尚未形成独立的系统，其调度指挥系统的构建思想受既有线的影响和制约，其调度业务仅包含客运组织、行车组织和机车车辆方面的调度，系统结构较为简单，功能较弱。

第二节 我国高速铁路调度指挥系统

高速铁路调度指挥系统是高速铁路运营管理和列车运行控制的中枢，是高速铁路高新技术的集中体现；是高速铁路运营管理现代化、自动化、安全高效的标志；对统一指挥列车运行和协调铁路运输各部门的工作作用重大。因此，建立一个高效率的、现代化的调度指挥系统，能够充分发挥高速铁路本身具有的运输能力，确保高速铁路的行车安全和优质服务。

一、高速铁路调度指挥的组织机构

高速铁路调度指挥机构设置及分工如图 5-2 所示。

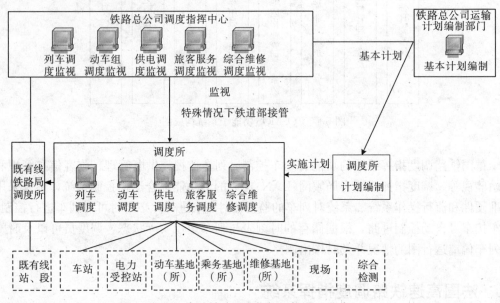

图 5-2 高速铁路调度指挥机构设置及分工

二、高速铁路调度指挥系统的系统构成

与调度组织结构和职责、高速铁路运营的具体要求相适应，高速铁路调度指挥系统设计为一体化综合系统，由计划编制子系统、运行管理子系统、动车组管理子系统、供电管理子系统、旅客服务子系统、综合维修子系统组成，遵循以准确的运输计划为核心，实现基本计划、实施计划和运行实绩的统一管理，采用分散自律型结构，通过自动控制方式及时准确地实施调度员的指挥意图，满足高速、高密度运行的需求，符合提高铁路运输业务效率的基本原则。高速铁路调度指挥系统构成及功能覆盖范围如图 5-3 所示，高速铁路调度指挥系统功能模块层次结构用图 5-4 表示。各子系统的工作流程和具体功能将在本章后续各节详细介绍。

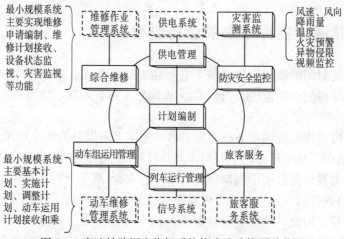

图 5-3　高速铁路调度指挥系统构成及功能覆盖范围

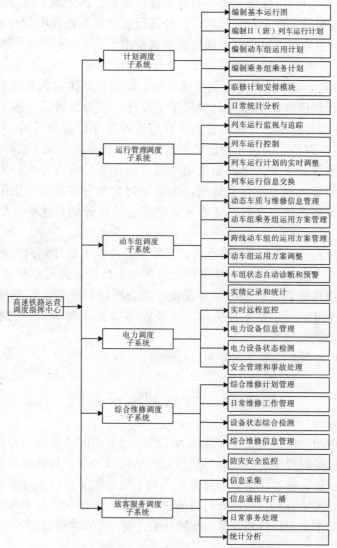

图 5-4　高速铁路调度指挥系统功能模块层次结构图

三、高速铁路调度指挥系统的业务流程

高速铁路不是封闭的线路运输系统,它与相关铁路相连,构成一个庞大的铁路客运网络。不同高速铁路间、高速铁路与既有线间有跨线列车运行,旅客列车采用动车组方式运行。

高速铁路调度指挥系统的业务按时间进程从远至近可以分为 3 个层次。

(1)基本计划层。基本任务是编制列车开行计划(运行图)、动车组运用计划、乘务员运用计划等,主要是根据营销部门制定的列车开行方案(基于分析市场需求、经营策略及人员、设备条件)进行的。列车开行方案对季节、节假日、不同工作日等的客流变化有预见性地进行了安排,因此,列车开行计划中的列车可以分为每日开行的列车和带有日期别的列车。动车组运用计划和乘务员计划主要是保证提供质量良好的动车组和合格的乘务员(司机、列车乘务员)以保证列车开行计划能够实现。由于动车组分配计划和动车组检修计划涉及动车组的实际走行公里数、已经进行过的各类检修次数和动车组实际位置等信息,在基本计划阶段难以编制,即使编制也会由于动车组运用的调整等,使计划兑现率很低,因此,一般不在第一阶段进行。

(2)实施计划层。基本任务是编制实施计划,即编制具体实施的各类计划。虽然绝大部分列车开行计划已经在基本计划中给予了安排,但为了满足一些早期不能预见的需求(如大型团体旅客需求、公司临时的非营运性列车开行需求等),需要增加或减少列车(一般不能减少列车,因为车票已经提前售出),这样就形成了实际列车开行计划,同样为了完成列车开行任务,必须制定动车组运用计划、乘务计划,为保证动车组能及时出入库、转线等编制车站作业计划,为保证列车电力需求编制供电计划,为保证通信信号、基础设施等状态良好,还必须编制综合检修计划,这些计划供高速铁路实际生产使用。

(3)调度指挥层。组织实施各种计划,当发生意外偏离原计划时采取措施,尽可能恢复到原计划上来。按工作性质,从事调度指挥的人员可分为列车调度、动车组调度、乘务员调度、牵引供电调度、旅客服务调度、综合维修调度等,在现场还有大量从事具体工作的人员(司机、车站工作人员、各类设备检修人员等),共同完成运输生产任务。

高速铁路调度指挥系统的基本业务流程如图 5-5 所示。

第三节　计划调度子系统

运输计划是调度指挥各项工作的基础和主线。计划调度子系统主要是依据计划编制规则,提供计算机编制列车运行图和相关计划的功能和手段,具备牵引计算、合理性检查和模拟仿真等功能。基本计划以线路数据、动车组参数、信号系统参数、车站参数等数据为依据,结合客流分析与列车开行方案进行编制。高速铁路基本计划包括基本列车运行计划、基本动车组交路计划、基本车辆分配计划、基本乘务计划等。

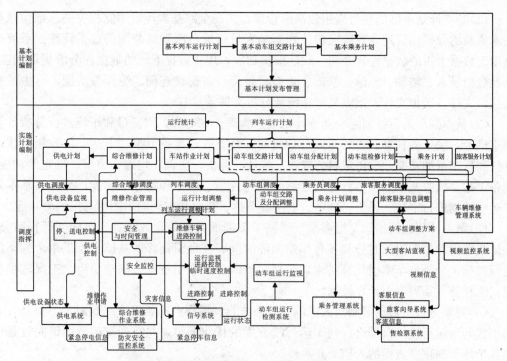

图 5-5　高速铁路调度指挥系统的基本业务流程

基本计划编制子系统可依据计划编制规则的要求自动编制计划，具备较高的智能辅助决策水平，同时在计划编制的各环节提供人机交互手段，切实保证编制计划的可行性。

一、基本计划的编制

（一）基本列车运行计划的编制

1. 系统功能结构

基本列车运行计划编制系统包括的主要功能如图 5-6 所示。

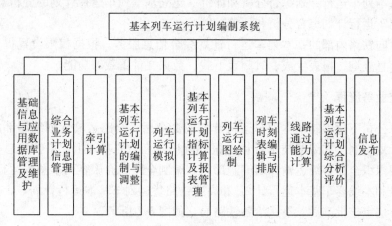

图 5-6　基本列车运行计划编制系统主要功能示意图

(1)基本计划基础信息与应用数据库管理。实现全路基本计划编制相关的基础信息与技术资料的数据库管理，各级运输计划编制人员可进行所管辖范围的数据管理。系统提供用于数据上报的数据库合并和一致性维护功能，用于数据下载的数据库分解提取功能，以及数据录入、增加、删除、修改、更新、整理、备份、查询、统计等功能，可生成相关接口文件、历史文件、报表文件和统计分析文件等。

(2)基本列车运行计划综合业务计划信息管理。在对客、货流量和车流进行分析计算的基础上，确定各种客、货列车开行数量和开行方式；具备上报、下达、接收相关技术资料和行车量的功能，提供资料的查询、统计、分析、协调、检查、审核、确定等功能；具备下达、接收基本列车运行计划编制政策与计划、命令和指标等功能；具备对基本列车运行计划进行审核、评价、确定、上报、下达、接收和查询输出图形与报表等功能。

(3)牵引计算。根据动车组参数、线路平纵断面数据等参数计算列车区间运行时分，验证或确定起停车附加时分和各种车站间隔时间。在牵引计算的基础上模拟单个列车的运行过程，分析列车牵引计算结果，包括运行时分、牵引重量、制动距离、工况转换曲线、能耗等一系列牵引计算数据。

(4)列车运行图自动编制与人机调整。系统自动编排列车始发或终到时刻方案点，自动生成列车运行线，自动进行列车运行线方案的优化调整，并在列车运行图编制过程中的各个环节提供多方面的人机交互手段。

(5)列车运行模拟。在列车牵引计算和基本列车运行计划的基础上模拟列车在区间的运行，车站进路的排列、信号的开放与关闭、股道的占用与空闲都依据真实的物理条件，完全由模拟系统自动完成，并进行各种冲突检查和结果输出及显示。

(6)基本列车运行计划指标和报表管理。按照选定的范围计算基本列车运行计划的相关指标，并提供报表输出、查询、浏览、存档功能，为基本列车运行计划的分析、决策提供依据。

(7)列车运行图绘制。输出选定范围的二分格、十分格、小时格列车运行图。

(8)列车时刻表编辑排版。按照选定的范围编辑列车时刻表，满足各种版面设置要求。

(9)线路通过能力计算。建立通过能力的计算体系，计算线路全线或分段通过能力，提供通过能力利用分析评价功能。

(10)基本列车运行计划综合分析和评价。建立基本列车运行计划的分析与评价体系，提供基本列车运行计划综合分析和评价功能。

(11)面向铁路内部的基本列车运行计划综合信息服务。根据权限设置提供基本列车运行计划信息查询、报表生成、时刻表下载、数据文件下载等功能。

2. 系统业务流程

铁路总公司下达编制基本列车运行计划的命令后，全路运输计划编制部门开始进行列车运行计划编制。在编图技术资料上报、审核、汇总的基础上，由铁路总公司运输计划编制部门组织全路各级运输计划编制部门，编制全路直通旅客列车基本运行计划（含高速铁路跨线和本线客车基本运行计划）和高速铁路货运列车基本运行计划，上报铁路总公司有关领导层审核批准后，下达给各铁路局，如图5-7所示。

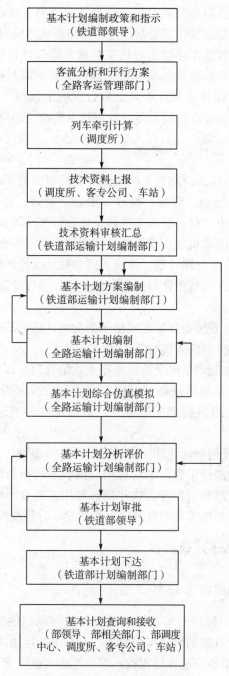

图 5-7　基本计划编制业务流程

3. 系统信息流程

在基本列车运行计划编制系统中，各级运输计划编制部门通过计算机网络实现信息的处理和交换，完成列车运行计划的编制与调整决策过程。

编制基本列车运行计划所需的一部分基础技术资料由车站收集加工后，通过设置在车站的终端系统上报铁路局，由铁路局汇总、审核后提交路局计划编制数据库保存并上报铁路总公司审核批准，铁路总公司对各铁路局技术资料审核后提交部计划编制中央数据库存储，并下载至铁路局运输计划编制部门，存储在铁路局列车运行计划数据库中。

铁路局列车运行计划数据库存储本公司基本列车运行计划的编制技术资料和结果数据，铁路总公司中央数据库存储全路基本列车运行计划的编制技术资料和结果数据，两级数据库通过铁路专用数据传输网互联，完成数据的上报与下载，数据的更新、修改、维护和管理等操作，从而保证全路列车运行计划技术资料与结果数据的一致性。

(二)基本动车组交路计划的编制

(1)数据管理与维护。实现全路动车组交路计划编制相关基础信息与技术资料的数据库管理，具有数据录入、增加、删除、修改、更新、整理、备份、查询、统计等功能，可生成相关接口文件、历史文件、报表文件和统计分析文件等。

系统可提供数据管理的单机独立操作模式和多用户联网操作模式。

(2)自动编制基本动车组交路计划。系统采用参数化设置，建立基于多种约束条件的算法库。根据已知基本列车运行图计划编制要求条件，通过计算生成多个可行编制方案，由用户根据结果择优。

(3)动车组交路调整。系统在自动生成动车组交路计划的基础上，在动车组交路编制过程中的各个环节提供多方面的人机交互手段。

(4)合理性检查。在编制动车组交路的基础上，结合列车运行方案进行评价，检查是否满足各种约束条件、动车组数量是否可以接受、运行线是否全部指派动车组交路等，从优化动车组交路的需要出发提出反馈意见，给出基本列车运行计划优化调整的相关建议。

(5)基本动车组交路计划指标统计。系统可自动计算编制计划的各种指标，包括需要的最小动车组数量、平均走行里程、平均运用时间、平均担当的运行线数量、平均接续时间、动车组空车走行数量和里程等。这些指标可用来衡量所编制的基本动车组交路计划的质量，确定每个动车基地需要配置的动车组数量，分析改进方案等。

(三)基本车辆分配计划的编制

1. 车辆分配计划自动编制

(1)编制参数的准备。包括动车基地的设置、能够承担的动车组种类和检修任务类型、各检修基地(所)同时可接纳的动车组数量、动车组的运用规则、动车组的履历等。

(2)建立优化的基本车辆分配计划模型，综合考虑客流需求、动车组交路计划、车辆类型与数量、动车组配属、动车基地与运用所的设置、动车组的修程、修制、动车组的履历、动车组之间的工作负荷均衡、减少动车组空车走行、车辆运用的其他规定等因素，自动编制完成基本车辆分配计划。

2. 基本车辆分配计划手动调整

在自动编制完成的基本车辆分配计划不能完全满足要求的情况下，还可通过方便的手动调整功能对计划进行局部的调整和优化。

3. 合理性检查

在计划编制的每个阶段是否满足各项约束条件，与其他基本计划的适应性如何。在计划编制过程中，对基本车辆分配计划的分析，如果认为其他基本计划的某种调整能够显著提高车辆分配计划的质量和效率，则提出有关修改基本列车运行计划和基本动车组交路计划的建议，反馈给相关的计划编制部门作为参考。

4. 基本车辆分配计划指标统计

车辆分配计划系统提供车辆分配的统计报表功能。根据动车组配属地(公司)、动车组类型与种类、动车组分配去向等分类统计项目，分别统计动车组分类别的数量，包括运用动车组数量、备用车数量、需要车数量(解除备用的动车组数量)等。

基本车辆分配计划指标包括动车组平均走行里程、平均运用时间、平均担当的运行线数量、平均接续时间等，这些指标可用于衡量基本车辆分配计划的编制质量。

(四)基本乘务计划的编制

基本乘务计划包括动车组乘务人员(司机)的乘务计划和客运乘务人员的乘务计划。

乘务计划主要分为乘务日计划和月度计划。日计划由全体乘务交路构成，通过日计划可确定完成一日的运行图任务需要的乘务组数量和各乘务组担当的乘务交路；月度计划描述各乘务员在给定月份中各日担当的乘务交路和休息计划。

1. 自动编制基本乘务日计划和月计划

(1)编制参数的准备。需要准备的参数包括对应的基本列车运行计划、动车组交路计划、车辆分配计划，乘务基地(所)的设置，乘务人员的乘务方式、乘务规则等。

(2)系统建立优化的计算模型。综合考虑各项编制参数和各种约束条件，可自动编制符合要求的基本乘务日计划和月计划。

2. 基本乘务计划手动调整

在自动编制完成的基本乘务计划不能完全满足要求的情况下，系统还提供方便的手动调整功能，可由计划编制者对计划进行局部的调整和优化，充分体现编制者的意图。

3. 合理性检查

在计划编制过程中，对基本乘务计划的分析，检查每个阶段是否满足各项约束条件，是否所有运行线均指派了乘务组，以及与其他基本计划的适应性如何。如果认为其他基本计划的某种调整能够显著提高乘务计划的质量和效率，则提出有关修改基本列车运行计划、基本动车组交路计划或基本车辆分配计划的建议，反馈给相关的计划编制部门作为参考。

4. 基本乘务计划指标统计

系统自动按基地别测算每日或每月需要的乘务组数量，计算每个乘务交路的平均乘务时间、有效劳动时间、平均乘务里程、平均连续乘务时间、平均换乘时间、平均换乘次数和定制的其他乘务计划指标，用以衡量基本乘务计划的编制质量。

二、实施计划的编制与下达

相关计划编制部门在基本计划的基础上，根据铁路总公司下达的计划、市场需求和线路、设备等相关情况，负责编制管辖范围实施日前 7 天内的实施计划。

实施计划的编制由列车运行计划、动车组交路计划、车辆分配计划、车辆检修计划、乘务计划、车站作业计划、综合维修计划和供电计划编制系统组成，这些实施计划编制系统与基本计划编制系统共用基础数据，确保各实施计划之间、实施计划与基本计划之间的一致性。

在计划实施之前如果有影响实施计划的情况发生，系统根据计划实施日可能的实际情况变更，可对基本计划进行更新和修改。

1. 列车运行实施计划

列车运行实施计划使用与基本列车运行计划一致的系统编制，以确定的基本列车运行计划为蓝本，确保实施计划编制基础的绝对准确。

开始编制列车运行实施计划前，系统读取或收集以下信息。

(1)计划实施日使用的基本列车运行计划(平时计划或节假日计划)。

(2)由于运输需求、固定或移动设备状况、气象等条件的变化而加开或停开列车的情况。

(3)各综合维修部门提交的维修申请。

(4)计划实施日施工影响的列车范围和时间范围、影响程度等。

(5)计划实施日需要的各种施工车辆在前一日的停放地点等。

编制完成的列车运行计划包括列车车次、经过各站的发到时刻、运行进路、占用股道号码等内容，这些计划能够以表格、图形等多种形式打印，也能够以电子表格、图形等格式导出。

2. 动车组交路实施计划

动车组交路计划的编制采用与基本动车组交路计划一致的系统，遵循相同的编制原则，只是依据的是列车运行实施计划而不是基本列车运行计划，同时还需要考虑计划实施日动车组的状况。具体来说，编制动车组交路计划需参考以下因素。

(1)列车运行计划，这是编制动车组交路计划的基础。

(2)基本动车组交路计划。

(3)动车基地(所)的设置。

(4)动车组的修程、修制。

(5)有接续交路时的最短接续时间。

(6)计划实施日动车组的可用情况。

(7)动车组的各级检修和走行里程等履历信息。

(8)考虑一段时间内各动车组间工作量的均衡等。

编制完成的动车组交路计划中包括每个交路对应的列车车次、接续运行的交路、开始和接续的地点及时间等。

3. 车辆分配实施计划

编制车辆分配计划就是将确定的动车组交路计划指派给实际动车组的过程。在进行动车组交路指派的时候应考虑的因素包括如下几个。

(1)列车运行计划。

(2)动车组交路计划。

(3)计划实施日前的车辆分配计划。

(4)计划实施日的动车组可用情况。

(5)动车组的各级检修和走行里程等履历信息。

(6)动车基地和运用所的设置。

(7)有关动车组修程、修制的规定。

(8)动车组之间工作负荷的均衡等。

编制的车辆分配计划中包括动车组号、编组、运行交路、出入段时间、出入段地点、动车组回送和接运计划等内容。

4. 车辆检修实施计划

由于制定车辆分配计划时充分考虑了动车组的修程、修制、已走行的日检和级修里程等信息，所以在编制车辆分配计划的同时，即可自动生成车辆检修计划。

在车辆分配计划确定的同时，根据动车组交路计划、车辆分配计划、动车设备履历、修程、修制、列车走行统计数据和列车故障情况、检修基地的作业能力等，编制车辆检修计划，包括动车检修等级、检修作业内容、等待停留的时间和地点、检修作业起止时间、检修作业具体地点等。

5. 乘务实施计划

乘务计划的编制遵循与基本乘务计划相同的原则，编制时需要考虑的因素包括如下几个。

(1)基本列车运行计划。

(2)列车运行实施计划。

(3)动车组交路计划。

(4)车辆分配计划。

(5)基本乘务计划。

(6)计划实施日前的乘务计划。

(7)乘务基地和乘务所的设置。

(8)乘务组的可用情况。

(9)乘务准备时间和折返时间等。

乘务计划中包含乘务组编号和担当的车次、乘务区段、出退勤地点及时间、轮休/倒休安排等信息。

6. 车站作业实施计划

车站的日常生产活动通过编制车站作业计划来组织调度，编制车站作业计划时需要考虑以下因素。

(1) 列车运行计划。

(2) 动车组交路计划。

(3) 综合维修计划。

根据这些实施计划信息和其他人机交互输入信息，系统可自动编制车站作业计划，计划中的内容包括如下几条。

(1) 列车到、发计划，即计划实施日的到达和出发列车车次、到发时刻、接发车股道、站台等信息。

(2) 调车计划，包括动车组转线作业，出入段作业，货运列车甩挂作业（如果有），维修车辆上、下道作业等的计划。

(3) 重点任务和上级指示，包括上级有关命令、指示和重点事项，完成车站作业计划的关键问题和重点要求，安全生产和作业组织上应注意的事项等。

7. 综合维修实施计划

高速铁路综合维修计划系统由设于高速铁路综合维修计划编制（管理）部门的服务器端和设于各相关综合维修部门、站段的客户端组成，其功能如下。

(1) 编制月度综合维修计划。相关综合维修部门在规定的时间前，通过综合维修计划系统提交下一周期的维修计划，高速铁路综合维修计划编制部门根据各维修部门提报的维修计划和基本列车运行计划协调安排，批复后作为该周期综合维修计划的执行基础。

(2) 综合维修实施计划。各综合维修单位根据批复的综合维修计划，在规定的时间前提交计划实施日的综合维修方案。高速铁路综合维修计划编制人员根据列车运行实施计划，考虑施工范围和影响，在综合协调之后确定计划实施日的具体综合维修方案，包括维修地点、维修作业内容、工作量及时间安排，维修车辆的运行径路、维修车辆的上下道时间、安全防护措施等。

(3) 综合维修影响分析。系统可根据确定的综合维修实施计划、列车运行计划及线路和车站平面布置图等信息，智能化地分析各维修方案可能对列车运行和车站作业产生的影响，并以可视化的形式直观地反映在屏幕上。

8. 供电实施计划

供电实施计划包括牵引供电和电力供电计划。系统根据列车运行计划、综合维修计划和供电设备状况，采用人机交互的形式编制供电实施计划，计划中包括停送电时间、停送电区段、停电原因等信息。

9. 特殊条件下的综合计划编制

发生特殊事件(如地震、大面积洪涝灾害、超大规模的降雪等恶劣气候和自然灾害)打乱列车运行秩序时,系统可编制特定的列车运行、动车组运用和乘务员乘务的应急计划,以使高速铁路系统尽快恢复正常状态。

编制的主要内容如下。

(1)明确灾害影响范围(时间、区间)和影响程度(灾害级别、设备破坏及临修、行车速度的限制)。

(2)制定设备抢修计划。

(3)制定列车运休和旅客安全输送方案(必须由上级主管部门会同客调、行调、计划、供电、动车、综合维修调度共同进行)。

(4)编制在途列车合并、变更径路、停靠站、限速运行或就地运休计划、待发列车及后续列车运行或运休计划。

(5)基于大面积晚点和列车运休情况下的动车底运用计划和乘务计划。

编制的结果可相应地输出为应急计划文件,下达相关的部门或人员,确保尽快恢复正常的列车运行秩序。

第四节 运行管理调度子系统

一、运行管理调度子系统的功能及工作流程

运行管理是调度指挥系统的核心和关键,其基本任务是根据列车运行计划组织列车安全、正点运行。运行管理功能主要是接收实施计划(包括列车运行、动车组运用、乘务安排、施工维修等实施计划),实现人工或自动生成列车运行调整计划、人工或自动进行列车进路控制、实施列车运行监视、绘制实绩列车运行图、实现列车跟踪和车次号校核等。系统能随时按业务需求的调整进行权限控制和功能切换。在列车运行紊乱情况下,运行管理调度子系统负责编制调整计划,并下达调整命令,控制列车、调车进路,监视列车运行。

运行管理调度子系统的业务流程如图 5-8 所示。

列车调度员负责管辖范围的列车运行管理工作,其基本职责是按列车运行计划组织列车按图(计划)行车,尽快恢复列车正常运行秩序,缩短列车晚点时间和向车站传送列车运行信息。其工作流程如图 5-9 所示。

二、调度指挥中心(所)列车运行计划管理

列车运行计划是运营管理的核心,是列车运行的重要基础数据。运行管理调度子系统具备列车运行计划接收、存储、查询、显示、打印输出等计划管理功能。

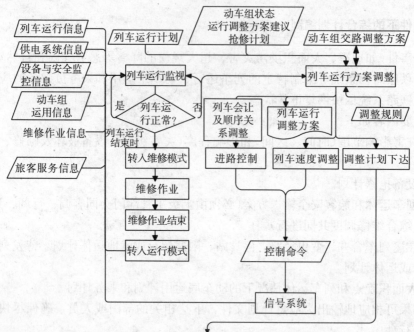

铁道部调度中心、相关客运专线调度所、相关既有线调度所、本调度所相关调度、管辖范围车站、基地（所）

图 5-8 运营管理调度子系统的业务流程

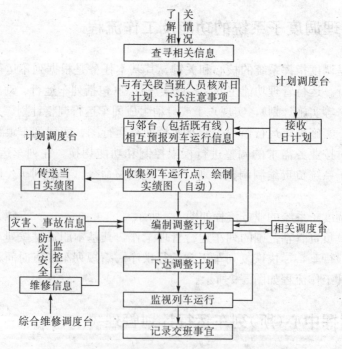

图 5-9 列车调度员的工作流程图

1. 列车运行计划接收

接收来自铁路总公司调度中心、其他高速铁路调度所、既有线调度所列车运行计划，列车运行计划包括列车车次、始发终到站、运行径路、运行进路、各站的发到时刻、占用股道号码等，以及基础设施检查和确认车、维修施工车辆的运行计划。

2. 列车运行计划管理

(1)列车运行计划的存储。系统对列车运行计划，按照不同来源分别进行存储，调度员可按时间、图号等索引进行检索和浏览。

(2)列车运行计划编辑。调度员可对列车车次、列车类型、列车级别、列车编组信息、列车乘务信息、交路信息、区间运行时分、到达时分、出发时分、站停时分、列车经由股道等信息进行编辑修改。

(3)封锁和限速。可根据施工、维修计划设置股道封锁、区间封锁和对股道、道岔、区段进行限速，并可在施工、维修过程中调整封锁时间和范围。

3. 列车运行计划调整

当发生列车运行秩序紊乱时，列车运行管理系统能自动调整列车运行计划，或由人工调整列车运行计划。系统实时监视在线列车的实际运行情况，当列车的实际运行与运行计划发生一定的偏差或检测到其他情况时，统一考虑本系统内的各调度区段，依据相邻系统提供的列车运行计划信息和实际运行信息自动调整运行计划，并能以通过能力、正点率等调整目标为依据向调度员提供多种方案。

系统根据列车运行计划、列车运行实绩、列车运行状态、封锁、限速等信息，对列车运行沿途各站的运行早、晚点情况进行计算，对预计进入所管辖高速铁路的列车早、晚点时分进行预测，在列车运行监控画面中显示并对即将发生的列车运行冲突进行调整，及时向旅客服务等相关系统发布列车运行早、晚点信息。

(1)列车运行计划人工调整。当调度员认为有必要对列车运行计划进行修改时，可人工介入调整列车运行计划。调度员可利用系统提供的列车运行计划编辑功能，对列车运行计划进行人工调整，改变列车在某站的到发时刻或列车运行顺序。

(2)列车运行计划自动调整。系统采用人工智能及决策技术，利用日计划、车站设备传送的表示信息和调度员输入的命令信息来产生优化的列车运行调整计划。在任何时间，能自动发现并通过自动调整来消除冲突，在显示给调度员的列车运行计划中没有冲突。

在一般情况下，系统以最小化列车晚点范围、最小化列车晚点赔偿金额、最小化列车晚点时间、保障旅客旅行接续，或根据特殊要求保障某些列车绝对优先等作为调整目标，对列车运行计划进行自动调整。

在特殊情况下，如线路故障，引起大量列车晚点，可以选用按照最大限度发挥区段通过能力的原则进行自动调整。

在自动调整过程中，系统考虑以下各种因素进行调整。

(1)班计划内列车运行顺序。

(2)在线列车运行情况。

(3)区间各种状况(封锁、慢行、信号停用、反向行车等)。

(4)股道运用状况。

(5)列车作业分布。

(6)列车晚点赔偿金额。

(7)列车优先等级。

(8)与旅客连乘相关的列车发车时间。

(9)调度员的全面运行经验和对列车运行速度的统计知识库等。

4. 实绩运行图管理

运行管理系统能够自动采集管内所有列车的到发时刻,自动生成列车实绩运行图,并能够自动描绘出列车实绩运行图,能够对调度员作出的事故、灾害、施工、维修和其他特殊情况的记录进行存储,调度员可随时查询运行相关信息。

(1)列车实绩运行图自动描绘。系统随时根据实时表示信息自动生成列车到发点信息,并自动描绘列车实绩运行图,同时改变成为列车运行实绩部分的运行线颜色,与计划线区别表示。

(2)列车实绩运行查询。调度员按下列车运行状态查询按钮后,系统自动以表格(或图表)方式显示该次列车所在车站或区间,以及列车当前运行时分、计划时分、早晚点时分,实现调度员查询在线列车的实绩运行信息。

5. 维修作业时间管理

系统具备维修作业时间管理功能。在计划维修作业开始前 10min(可根据用户需求进行调整)自动弹出提示对话框,提示调度员下达作业开始时间到车站、综合维修基地等相关处所。

在计划维修作业结束前 10min(可根据用户需求进行调整)自动弹出提示对话框,提示调度员下达作业结束时间到车站、综合维修基地等相关处所。系统具备维修作业结束时间的确认和检查功能。

6. 车站作业计划管理

接收车站调车作业计划,根据列车运行调整计划、动车组交路调整计划、在线列车运行故障情况等,对车站作业计划进行调整,经调度员确认后下达至车站。

7. 邻台计划显示

接收相邻调度区段列车运行计划并进行显示。根据调度台管辖范围的不同,可显示相邻调度区段的列车运行计划,包括本调度所、不同高速铁路调度所、或既有线调度所的相邻调度区段列车运行计划。

8. 列车运行计划下达

经调度员确认的列车运行调整计划,系统自动向列车运行调整计划涉及的各站、维修基地、动车段(所)和相关调度台发送列车运行调整计划。同时，列车运行调整计划还可以自动传送给相关调度台和调度所。

三、列车运行监控与追踪

在铁路总公司调度指挥中心、高速铁路调度所和车站运行管理系统实时监视高速铁路管辖范围内的信号设备工作情况，实时显示列车运行位置、列车车次、列车速度、列车早晚点、联锁和列控系统(主要包括轨道电路状态、道岔位置、车站股道及区间封锁、临时限速)信息、以及列车出入段状态和动车基地内作业状态。调度员借此掌握实时而准确的列车运行信息，对列车运行进行监控和追踪。

监控内容如下。

(1)联锁和列控等信号设备工作状态。

(2)列车在区间和车站的位置，列车运行速度。

(3)列车计划运行图与实绩运行图的差别。

(4)晚点列车的速度和位置。

(5)线路、车站临时限速地点和速度标识。

(6)其他图像、图片资料。

追踪内容如下。

(1)从列车运行计划中获取车次信息，根据现场采集的信息自动跟踪列车运行。

(2)实时采集列车在各车站的到、发或通过时间，生成列车运行实绩图。

四、列车运行调度指挥与控制

系统具备在调度所直接进行列车和调车进路控制、限速设置、区间和股道封锁的功能。

1. 列车进路自动控制

系统根据列车运行计划、列车运行实际情况、列车车次号等信息，自动设置和控制列车进路。自动控制列车进路时，除了应在恰当的时机办理列车进路，系统还应对进路办理的合法性进行检查，例如，是否满足《调规》、《行规》和《站细》的要求，检查股道有效长、是否能停放列车、站台长度等。

2. 人工列车进路控制

调度员根据列车运行调整计划或实际需要，可在站场细景显示画面上点击列车进路控制按钮，进行人工列车进路控制。人工列车进路控制可作为自动设置列车进路失败后人工干预的后备手段。

3. 自动调车进路控制

系统根据列车运行计划、车站作业计划、综合维修计划和列车运行实际情况，自动设置和控制动车组出入段、动车组折返、维修施工车辆出入车站(所)等调车进路。自动控制调车进路时，除了在恰当的时机办理调车进路，系统还对进路办理的合法性进行检查。

4. 人工调车进路控制

人工调车进路控制可作为自动设置调车进路失败后人工干预的后备手段，并为计划外的调车作业提供方便、快捷的调车进路控制功能，调度员可根据实际需要进行人工调车进路控制。

5. 临时限速和区间、股道封锁

系统根据来自其他系统的临时限速请求和区间、车站股道设置临时封锁的请求，设置或解除临时速度限制和对区间、车站股道设置临时封锁或解除封锁。在临时限速或区间、车站股道临时封锁开始前 15min 自动弹出提示对话框，提前向相关车站列控设备下达限速命令，由列控系统适时执行，同时弹出调度命令对话框，由调度员填写后下达至有关车站；在临时限速或区间、车站股道临时封锁结束前 15min 自动弹出提示对话框，调度员在确认具备解除限速或区间、车站股道临时封锁条件时，向相关车站列控设备下达解除限速命令，同时下达调度命令至有关车站。

6. 控制失败报警

系统将所有的自动与手动控制操作以列表的形式进行显示，包括命令发送时刻、命令内容、执行状态，对任何未执行成功的命令进行语音和闪光报警，如列车进路、调车进路设置失败等，及时提醒调度员采取补救措施。

五、列车运行计划的实时调整

由于列车运行要受天、地、人、车祸等各种因素的影响，列车运行时间的偏离，停站时间的延长，以致打乱正常的运行秩序的情况时有发生，这就要求实时地调整列车运行计划。因此编制列车运行调整计划、进行列车运行实时调整是运行管理调度子系统最主要的功能，也是体现列车调度工作质量的关键。

1. 调整原则

(1)由列车调度员单一指挥。当列车运行紊乱、尤其是灾害 事故情况下，列车运行需要大面积地调整，由于影响面大，此时应以尽快恢复列车正常运行为核心，相应调整动车组、跨线动车组运用计划、乘务组乘务计划和供电计划等，必要时由调度所主管统一协调，但列车运行调整计划必须由列车调度员制定和下达。

(2)以安全为前提，以正点为核心。列车运行计划的调整必须尊重客观条件与规律，不得违规编制调整计划，更不得违反有关行车安全的规定。在此前提下，要尽可能缩小影响面，减少晚点列车的晚点时间，甚至恢复正点。

(3)服从全局(全线)整体优化目标。列车运行调整计划的实时调整应以全局(全线)整体优化为目标，发挥全局(全线)的整体效益。

(4)尽可能减少对正点列车的影响。尽量减少晚点列车的数量，在编制列车运行调整计划、进行运行调整时，晚点列车应尽可能不影响正点列车。

2. 调整方法

(1)利用冗余时间和储备能力。由于速差和区间的不均衡，高等级列车越行低等级列车时，在一些区间留下了大小不等的冗余时间，这些时间有的可以被晚点列车利用。同时由于区间能力不饱和或事先预留的储备能力，也可用于列车运行调整。在不影响正点列车的情况下，晚点列车插空运行。

(2)压缩停站时间。停站比较多的列车，晚点后可以通过逐站压缩停站时间来恢复其正点。但压缩停站时间必须以保证旅客上、下车为前提。旅客列车规定停车的车站，不得变停车为通过。

(3)运行速度的控制与调整。为满足列车运行调整的需要，在保证行车安全的情况下，有时要求列车赶点运行，压缩区间运行时间，有时要求列车放点运行，适当延长区间运行时间。

(4)变更越行点。无论越行列车还是被越行列车的晚点，都将引起越行点的变化。根据列车晚点情况及其运行速度的变化，正确选择越行点，是列车运行调整的关键之一。

(5)利用备用运行线。备用运行线是在编制计划列车运行图时，根据一定的原则，与正式列车运行线一起铺画的；如果计划列车运行图是按最大波动量铺画的，那么节假日、春运和暑运才启用的运行线，平日也可作为备用线使用。当晚点列车采用上述措施后仍不能进行有效调整时，应让其走就近的备用线。晚点列车原运行线，可以作为前方晚点列车的备用线。

(6)临时停运。当晚点列车，尤其是跨线列车严重晚点，各种措施都无法有效调整，且由于动车组交路的变更，将引起返回的列车始发晚点时，可选择在有条件的车站运休，并按返回列车在该站的图定发车时间正点发车，返回原始发站。

3. 调整计划的编制

运行管理调度子系统通过不断编制滚动的调整计划，来实现其调整措施。调整计划有两重意义，一是使计划更接近实际，二是使偏离计划运行线的列车(晚点列车)逐步靠近以致符合计划运行线。

调整计划的编制无异于编制局部的列车运行图。先把正常运行的列车暂时固定，把晚点列车预计接入的时刻作为发点在其中插入晚点列车。插入晚点列车的过程中，在不引起正常列车晚点的情况下，可改变越行点和适当挪动正常列车的运行线。如要求列车在某一区间赶点(缩短其运行时间)和放点(增加其运行时间)，可作为约束条件输入。调整计划一般采取人机对话的形式，由计算机编制初步方案，人工进行局部调整；或由计算机提出多个可行方案，人工进行挑选。如果遇到灾害和事故，长时间中断行车后，将重新铺画紧密列车运行图(按最小的追踪列车间隔时间铺画)，直到把受阻的列车全部送到目的地。

4. 调整计划的下达

调整计划是滚动的，系统能实时自动传输给相关站段与调度。与前一计划有重大变化的部分(如变更径路与越行站等)，要以调度命令的形式下达给有关车站和乘务组，并通知动车组调度，供电调度和其他有关调度，如果涉及列车交接时间的变化，还应及时通知相邻列车调度(包括既有线列车调度)。

5. 向车站传输列车运行信息

列车调度指挥系统应实时向调度区段管内各站传送列车运行信息，包括到达列车车次、到达时间、发车时间、停靠站台、晚点列车车次、预计晚点时间等。各站列车出发(或通过)后在向调度中心传报发车(通过)点的同时，也传送给前方邻站。车站收到上述信息后，车站服务系统经过编排，定时或实时向旅客发布。

第五节　动车组调度子系统

一、动车组调度子系统的功能及业务流程

动车组调度的主要任务是动车组运用和乘务组运用。具体为执行计划调度制定的本线动车组、跨线动车组运用计划和乘务计划；实现对全线所有动车组运用、检修、备用的统一调度指挥；根据动车组的修制、修程及其技术状态，适时安排动车组进入基地检修；根据乘务计划，安排乘务员出退勤地点和时间等。动车组调度是围绕行车调度而工作的，可对列车运行调整方案提出建议。

动车组调度业务流程如图 5-10 所示。

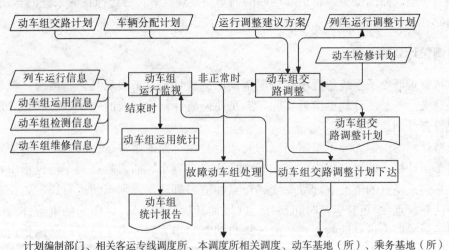

计划编制部门、相关客运专线调度所、本调度所相关调度、动车基地(所)、乘务基地(所)

图 5-10　动车组调度业务流程

二、调度指挥中心(所)动车组管理

调度指挥中心(所)动车组管理包括实时接收列车运行状态、列车运行调整计划、动车运用情况等信息，监视跨线车辆运行状态等。

1. 动车组运行状态监视

实时接收列车运行状态、车次号、车组号、动车组运用状态等信息，以图形的方式实时显示动车组的运行位置、运用情况和动车组状态。

接收各动车基地(所)检修、运用、整备、存放能力等数据信息，如：存车线、检修库线及其占用情况，并以图形方式进行显示。

实时接收下线运行的动车组所在的信息，在地理信息画面中显示全部动车组分布，为合理调配动车组运用提供参考信息。

2. 计划管理

接收并显示列车运行计划、动车组交路计划、车辆分配计划、车辆检修计划、列车运行调整计划、乘务计划和动车基地调车作业计划。

(1)动车组交路和车辆分配计划调整。根据列车运行调整计划、车载诊断信息等，对动车组交路和车辆分配计划进行调整，并发送至列车调度台、旅客服务调度台、动车基地(所)、相关车站等有关单位。根据接收到的列车运行调整计划和动车组备用状态信息，对动车组交路计划进行调整，经调度员确认后，自动向各动车基地(所)下达动车组运用调整计划，并针对下达成功与否向调度员进行提示。

(2)跨线动车组运用计划调整。根据列车运行调整计划，对动车组、跨线动车组运用计划进行调整，经调度员确认后，自动下达到各动车基地(所)，或相关调度所，或既有线相关部门，并针对下达成功与否向调度员进行提示。根据动车组的编号，系统可判断该动车组是否具备跨线运行的能力，对跨线动车组运用计划进行合理性检查。

实时接收跨线动车组在既有线运用计划信息，对本属动车组运行在管外线路时的早晚点运行信息进行提示，及时预测对动车组交路计划的影响。

(3)司机乘务计划管理。根据列车运行调整计划，确定调整方案后，对司机乘务计划进行调整，经调度员确认后，自动下达到各动车基地(所)，并针对下达成功与否向调度员进行提示。根据列车运行调整计划和司机乘务调整计划，及时对司机超劳进行预测。

(4)跨线司机乘务计划调整。实时接收跨线动车组在既有线运用计划信息，对本属动车组运行在管外线路时的早晚点运行信息进行提示，及时预测对司机乘务计划的影响，对司机超劳进行预测，并给出报警提示。

(5)动车组检修计划管理。接收动车组检修计划，根据列车运行调整计划、动车组交路调整计划、车辆分配计划、动车设备履历、修程、修制、列车走行统计数据和列车故障情况、检修基地的作业能力等，对车辆检修计划进行调整，经调度员确认后下达至动车基地(所)。

(6)动车组备用管理。实时接收各动车基地(所)动车组备用信息、动车组在修状态信息，作为动车组运用计划调整的关键数据。

3. 动车组运用数据管理

系统存储了全线动车组履历和检修、运用计划、技术状态等数据，调度员可随时方便地快速查询，为合理调度使用动车组提供科学依据。

系统建立了全线动车组履历数据库，并在运营过程中不断更新。系统详细记录车载列控设备、最高速度、运营速度、适应线路类型、车体参数、编组信息、乘务员数量、运营里程、修程、修制、是否具备跨线运行条件等数据，为调度员合理安排动车运用、跨线动车组运用提供准确的依据。

系统建立了全线各动车基地（所）的检修、运用、整备、存放能力等基础数据的数据库，并根据实际情况同步更新。

4. 紧急处理预案管理

实时接收救援列车运用状态信息，在地理信息画面中显示救援列车的分布，显示救援列车的位置、可用状态等信息。在动车组发生故障时，根据动车组发生故障的地理位置和救援列车具体位置，提供紧急处理预案，并可发送至列车调度台供列车调度员作为列车运行计划调整的依据。

三、动车基地（所）管理

动车基地（所）的基层调度指挥系统具备计划管理、调度命令管理、动车组运用数据管理等功能。

1. 动车组和动车基地状态监视

实时接收动车基地联锁系统发来的信号机状态、股道占用、道岔位置等动车基地状态信息，记录存车线、整备线、检修线、检修库等运用状态信息。

实时接收与动车基地相邻车站、动车走行线的列车运行状态、车次号、车组号、动车组运用状态等信息，实时接收在线运行动车组的位置、运用情况和动车组状态等信息。

全程监控动车组在基地（所）内的作业过程，实时发送动车基地（所）检修、整备、存放能力信息，如存车线、整备线、检修线、检修库等运用信息。

实时接收下线运行的动车组位置信息，在地理信息画面中显示全部动车组分布。

实时接收车载和地面诊断系统传来的动车技术状态信息，判断其运行的安全性，提出相应对策。

2. 计划管理

接收调度所下达的列车运行调整计划、动车组交路计划、车辆分配计划、车辆检修计划、司机乘务计划，并对接收到的计划进行存储、查询和打印输出。

根据动车组交路计划、动车组检修计划，调整股道运用计划，实时调整动车组出入基地（所）时间、路径，并及时向调度所发送。

根据动车运用、检修计划制定动车停放股道方案,确定动车出入基地的时间、路径,并可以进行实时调整。

调车作业计划编制。根据列车运行调整计划、动车组交路计划、车辆检修计划编制动车基地内调车作业计划,编制动车基地调车作业计划,包括进出动车基地车辆的调车进路、进出检修线、进出车库等全部调车进路控制计划,包括进路编号、作业车组号、作业起始时间等内容。

3. 作业进路控制

根据调车作业计划,自动办理调车进路和手动办理调车进路。自动将编制的调车作业计划发送至动车基地自律机,由自律机向联锁系统发送控制命令,具体进路控制的方式与运行管理功能中调车进路自动、手动进路控制功能一致。

4. 司机派班计划管理

根据乘务计划、司机履历、司机轮休制度、司机乘务实绩等信息,编制司机派班计划,包括司机工号、姓名、担当车次、出退乘时间、地点等内容。

5. 动车组运用数据管理

接收动车组运用状态、检修计划、检修维修实施进度信息。自动将动车组履历信息存入调度所数据库,如动车组上次入检的级别和时间,距下次入检期间可担当的交路里程。

接收司机乘务计划、记录出退勤情况、管理乘务组台帐,实时向调度所发送出退勤记录数据。

向动车组调度发送动车基地(所)运用、检修和设备设施的有关指标、数据,发生的事件、事故等情况。

第六节　供电调度子系统

一、供电调度子系统的功能及业务流程

供电调度主要掌握供电系统的技术状态和运行情况,控制相关设备;根据列车运行计划及其调整计划组织牵引供电,对超过供电臂负荷的列车调整计划提出修正要求,为列车运行提供电力。对管辖范围内的牵引供电设备和电力供电设备进行有效的管理、监督和控制,掌握供电系统的技术状态和运行情况,控制相关设备,与行车各有关工种调度密切配合,正确组织牵引供电、电力供电系统的运行、应急处理突发事件,最大限度地缩小故障范围,减少事故损失,迅速恢复供电。

供电调度业务流程如图 5-11 所示。

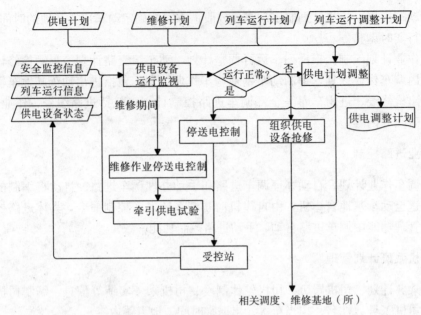

图 5-11　供电调度业务流程

二、供电设备状态监控

1. 供电监视

实时监视牵引供电系统和电力供电系统各变电所、配电所、分区所、开闭所或开关站等设备的运行和带电状态、系统运行参数等，以及供电质量、重要电量、变电所电源和负荷情况等主要设备的技术状态信息，实时动态显示设备(开关、主接线、贯通线等)的带电状态。系统提供内容丰富的用户显示界面，具备根据用户配置显示各种图形、图表的功能。

接收列车运行状态等信息，实时显示列车运行位置、列车车次、列车速度、列车早晚点、车站股道和区间封锁、临时限速等信息，并能与供电范围、供电状态等显示在同一画面内。

采集、处理各种与供电管理密切相关的信息，接收被控站内各种安全监视信息，接收线路灾害报警信息、报警地点和报警等级。用于供电系统决策是否需要切断供电系统电源，减小灾害损失。

接收综合检测中心牵引供电检测报告，接收由接触网检测车通过无线通信发送的严重接触网故障信息(包括故障地点和性质)。

2. 远程控制

系统根据停送电计划，自动定时调出相应区段的停送电程控，由供电调度确认后，自动向相关工种调度发送操作请求，收到请求批复信息后，自动执行控制指令。

系统根据发生故障的内容，自动调用相应的程控，经供电调度确认后，自动向相关工种调度发送操作请求，收到请求批复信息后，自动执行切除故障设备、恢复供电的指令。

正常时，应在控制中心内实施遥控，控制方式一般为程控。当控制中心不能实施控制时，可以由电力调度员下达命令，由综合维修段牵引供电车间内的维修管理系统实施遥控；极端情况下，可以派人到所内执行控制命令。

为了节省倒闸操作所占用的天窗时间，提高天窗利用率，各个不同的作业区间可以同时并行实施停送电控制。

三、维修基地供电管理功能

维修基地供电管理功能主要为监测牵引供电系统的运行状态，对维修进行集中化管理。正常情况下不具有控制权，在特殊情况下，可通过软件设置开放控制权，可对全线牵引供电设备进行远程控制。监控电力供电设备的质量状况、运行方式和安全运行状况。

1. 供电设备状态监控

(1)信息监视功能。实时监视牵引供电系统运行状态、设备带电状态、供电质量、重要电量、变电所电源和负荷情况等主要设备的技术状态信息，实时动态显示设备(开关、主接线、贯通线等)的带电状态。接收列车运行状态等信息，实时显示列车运行位置、列车车次、列车速度、列车早晚点、车站股道和区间封锁、临时限速等信息，并能与供电范围、供电状态等显示在同一画面内。

(2)远程控制功能。通过可靠完善的遥控功能，实现对牵引供电系统设备的远程控制操作，遥控过程具有严格的防误操作闭锁措施，确保控制操作准确可靠。

(3)视频监控功能。通过恰当部署的视频监控设备，对重要场所和无人值班场所进行视频监控。经传输通道传送至综合维修基地的视频信息，可在窗口中显示，或对多组图像在同一显示器中组合显示，能够对图像信息进行存储和回放。

2. 维修作业计划管理

接收供电计划、综合维修计划、列车运行调整计划和牵引供电系统维修计划、检修计划。根据供电计划、综合维修计划、列车运行调整计划、牵引供电系统维修计划、检修计划，编制供电设备维修、检修实施计划，将具体分工落实到班组，确定维修、检修现场负责人、联络人，并发送至调度所进行备案，发送至班组作为执行依据。

3. 供电设备管理功能

对主要供电设备建立履历管理数据库，对各主要设备建立运行、维修台帐，对设备档案、参数和检修记录进行统计管理，结合实时采集数据，全程跟踪设备运行状态、并对设备状态进行分级评估。

4. 预警、报警功能

系统对供电设备的重要故障和事故信息进行实时采集、分析，对影响行车的故障，研究并制定抢修预案。迅速组织查找故障点和原因，尽快组织抢修，恢复供电，最大限度缩小故障范围。

5. 故障点标定功能

通过对关键故障参数值的采集，经过故障点位置推算，系统给出接触网故障点距离值和公里标的功能，能够有效地缩短故障查找时间。

第七节　综合维修调度子系统

一、综合维修调度子系统的功能及业务流程

为保障高速铁路维修资源的合理运用、统一调配，并尽量减少对高速铁路安全运营的影响，设立综合维修调度，统一调度指挥，协调全线轨道维修与检查、牵引供电系统、电力供电系统、通信系统、信号系统等维修作业，建立维修台帐，组织实施固定设备与设施的综合维修计划；监视日常维修工作；参与救援与抢修的调度指挥工作。

同时，为保证各类固定设备、设施的可用性，集中监视固定设备、设施及其工作环境的技术状态，通过监控全线通信、信号和信息系统设备状态，监测线路、桥梁、隧道等基础设施状态，达到保障列车运行安全和提高运输效率的目的。

综合维修段根据月度综合维修计划的要求和人工监测、综合检测车(或检测中心)提供的设备技术状态信息和段内的监测信息，由各专业提出次日维修计划，经综合协调后制订出次日综合维修计划。综合维修调度对各综合维修段上报的次日综合维修计划进行核定，并与列车调度进行协商安排，将安排结果纳入日计划，并以调度命令形式下达。综合维修调度，还要随时掌握线路的技术状态，监视通信信号系统的运行情况。对于利用行车间隙进行的小修，要督促施工人员及时复位，以免影响正常行车。

综合维修子系统还具有防灾安全监控功能，通过防灾安全监控子系统(详见本章第十一节)对各类危及行车安全的原始信息和经过该系统初步处理后的信息，确认和筛选后连同处理意见(控制标准)分送有关调度；对各组成部分的工作状况进行监视。综合维修调度业务流程如图5-12所示。

综合维修管理调度有如下职责。

1. 组织、协调综合维修计划

线桥隧站和通信信号系统的维修计划由综合维修段提出，综合维修调度员进行核定和调整，必要时报公司工电部审批。

系统将各种维修计划进行综合安排并与列车调度进行协商，提出综合维修计划的次日实施计划。实施计划要纳入次日日计划，并以命令形式下达给综合维修段，同时将供电系统部分反馈给电力调度。

2. 监督日常维修工作

综合维修计划实施前向列车调度提出封闭线路的请求，维修工作结束后提出开通线路的请求。

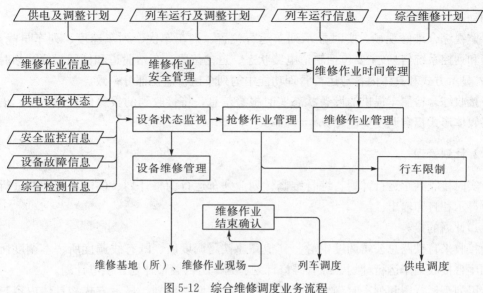

图 5-12　综合维修调度业务流程

监视维修工作现场，督促现场按计划进行维修工作和注意施工安全。

根据施工进度，经常保持与列车调度和相关车站的联系，解决维修工作中的有关事宜。

3. 组织临时维修工作

根据沿线人工和各监测点的监测信息，组织临时维修工作。如果险情严重，需要封闭线路，必须立即通报列车调度，并共同制定排险方案，责令相应综合维修段和综合工区予以实施。

监视临修现场，促其加快进度，以缩短临时封闭线路时间；确认险情排除后，通知列车调度员开通线路。

4. 监视全线通信信号系统的运行

通信信号系统设有独立的网管系统和监测系统，故障信息可自动传给所在综合维修段和综合维修调度。灾害或重大事故造成通信信号设备受损时，尽快派出应急通信车，构成应急通道，为指挥应急抢险服务；并组织通信信号系统抢修，使之尽快恢复正常。

5. 建立维修台帐

根据综合检测中心和车站信息处理中心传送的沿线各监测点的检测和监测信息，掌握设备的技术状态；记录维修日志。

二、调度中心(所)综合维修管理

1. 综合维修现场监视

在地理信息画面中显示维修机构的分布情况和主要设备的配备情况，以及综合维修车辆动态分布情况。

监视综合维修现场，实时显示列车运行位置、列车车次、列车速度、列车早晚点、联锁和列控系统信息(主要包括轨道电路状态、道岔位置、车站股道和区间封锁、临时限速)。显示方式和具体内容与运行管理功能中的列车运行监视部分一致。

接收综合检测车提供的设备状态实时报警信息，将接收到的报警信息以图像、语音等多媒体形式提醒调度员注意。

2. 计划管理

实时接收列车运行计划、综合维修计划、列车运行调整计划、供电计划，并进行存储、显示和打印输出。

1)计划的接收

接收来自铁路总公司调度中心、其他高速铁路调度所、既有线调度所、本调度所其他调度台接收列车运行计划、综合维修计划、列车运行调整计划、供电计划。

以列车运行图和列车时刻表方式显示列车运行调整计划，显示方式和具体内容与运行管理功能中的列车运行计划显示部分一致。

2)综合维修计划管理

根据列车运行计划、综合维修计划、列车运行调整计划和各维修部门的准备情况，对综合维修计划进行调整，调整的内容包括维修地点、维修作业内容、工作量和时间安排，维修车辆的运行径路、维修车辆的上下道时间、安全防护安排等。

经调度员确认后，将综合维修调整计划发送至本调度所列车调度台、供电调度台、调度主任台、旅客服务调度台，或既有线调度所、其他高速铁路调度所，并可将综合维修计划下达至维修基地(所)、车站等相关场所。

自动描绘综合维修计划实绩，自动记录维修作业开始、结束时间、作业范围、作业内容等，能够对综合维修计划实绩进行存储、查询、打印输出。

接收维修基地编制的综合维修派班计划，经调度员审核后，进行批复，并将批复结果发送至维修基地。

3. 综合维修管理

综合维修管理包括综合维修信息管理、维修作业过程管理、维修作业进路控制。

1)综合维修信息管理

综合维修信息管理包括存储、查询、汇总、统计、分析综合维修相关信息。

提供维修资源分布情况，存储综合维修基础信息、维修机构分布情况和主要设备配备等信息，并能在地理信息画面中显示。

基础设备履历查询，能够查询调度指挥系统设备、旅客服务设备、防灾安全监控设备、牵引供电设备、电力供电设备、通信设备、信号设备(包括联锁和列控设备)等全部基础设备信息。

接收、存储由综合检测中心提供的工务设备、供电设备、通信和信号设备状态信息，并为调度员提供方便的信息查询界面。

接收、存储由综合检测中心综合检测车的检测报告，对不同的故障状态等级，有清晰和明确的区别，并对超限进行报警。调度员根据故障的严重程度组织临修、抢修。

2）维修作业过程管理

对维修作业进行全程管理，对涉及要求牵引供电或电力供电停电的维修作业请求电力牵引调度员进行停电控制。

维修作业开始时，通过调度命令的形式下达维修作业开始命令，接收到受令人员签收的调度命令，确认维修作业开始，并对维修作业开始状态进行记录，并向列车调度台发送维修作业开始确认信息。

在维修作业过程中，随时监控维修作业情况，在维修作业结束前，提醒现场维修作业人员，准备结束维修作业。

在确认维修作业可以结束时，通过调度命令的形式下达维修作业结束命令，接收到受令人员签收的调度命令后，确认维修作业结束，并对维修作业结束状态进行记录，向列车调度台发送维修作业结束确认信息。

3）维修作业进路控制

编制维修车辆进、出维修基地（所）调车进路，根据列车运行调整计划、综合维修计划，编制维修车辆进、出维修基地（所）调车计划。

根据维修车辆调车作业计划，自动控制和手动控制维修车辆进、出维修基地（所）调车进路的功能，在轨道电路分路良好的区段能够自动对调车进路进行控制，在轨道电路分路不良的区段可由调度员人工控制调车进路，具体实现方法与运行管理功能中的自动调车进路控制、人工进路控制方式一致。

4）封锁、限速请求

向行车调度台发送封锁、限速请求。综合维修调度根据施工对列车运行安全的影响和列车运行计划、综合维修计划、供电计划，向列车调度台提出股道封锁、限速请求、区间封锁，得到批准后，综合维修调度员通过列车运行监视画面确认请求的股道封锁、限速请求、区间封锁，正确执行后，则具备施工、维修开始的条件。

4. 综合设备管理功能

实时监视设备工作状态，接收、监视线路、桥梁、隧道等的监测数据及其工作状态，接收、监视通信、信号设备的监测数据及其工作状态，监视信息设备工作状态。

三、维修基地（所）管理

1. 综合维修现场监视

监视综合维修现场，实时显示列车运行位置、列车车次、列车速度、列车早晚点、联锁和列控系统（主要包括轨道电路状态、道岔位置、车站股道和区间封锁、临时限速）信息。显示方式和具体内容与运行管理功能中的列车运行监视部分一致。

2. 计划管理

实时接收、显示综合维修计划、供电计划、列车运行调整计划。

根据综合维修计划和作业内容编制综合维修派班计划,将综合维修计划落实到班组和具体联系人,将编制完成的综合维修派班计划发送至调度所请求调度员进行批复,接收调度员的批复,并将批复后的综合维修派班计划发送至班组。

3. 综合维修信息管理

系统能够查询调度指挥系统设备、旅客服务设备、防灾安全监控设备、牵引供电设备、电力供电设备、通信设备、信号设备(包括联锁和列控设备)等全部基础设备信息。

接收、存储由综合检测中心提供的工务设备、供电设备、通信和信号设备状态信息,并为调度员提供方便的信息查询界面。

接收、存储由综合检测中心综合检测车检测报告,对不同的故障状态等级,有清晰和明确的区别,并对超限进行报警。

第八节　旅客服务调度子系统

一、旅客服务调度业务流程

高速铁路十分注重高质量的旅客运输服务,要求配备完善的站车服务系统。高速列车旅途服务设施虽然很齐全,但对于旅客急病救治、刑事案件的处理、列车晚点的赔付等问题,列车却无能为力,必须依靠车站和地方,这只有通过调度指挥系统才能进行统筹安排。另外,灾害和事故造成的旅客列车受阻,大批滞留旅客需要疏运,也要通过调度指挥系统才能得到解决。因此,在高速铁路调度所设置旅客服务调度,专门调度指挥上述事宜是非常必要的。

在安全、高速、正点行车的基础上,强调旅客服务是高速铁路的突出特点。实时监视客流情况、客票发售情况,监督列车运行和早晚点状态,实施乘务管理,协调配餐与清洁服务,对大型车站重点部位进行视频监视,发布各种旅客服务信息,列车运行紊乱或突发事件发生时提出旅客疏运方案等是客运服务的工作重点。

旅客服务调度工作流程如图 5-13 所示。

二、调度中心(所)旅客服务功能

1. 旅客服务监督

实时接收与旅客服务相关的信息,监督列车运行和各类异常情况发生时对旅客服务造成的影响。

1)列车运行状态监督

实时接收本调度所、其他高速铁路调度所、既有线调度所的列车运行调整计划、列车运行实绩信息、列车运行早晚点信息、列车运行早晚点预测信息的功能,可以列车运行图和列车时刻表的方式进行显示,显示方式和具体内容与运行管理功能中的列车运行计划显示部分一致。

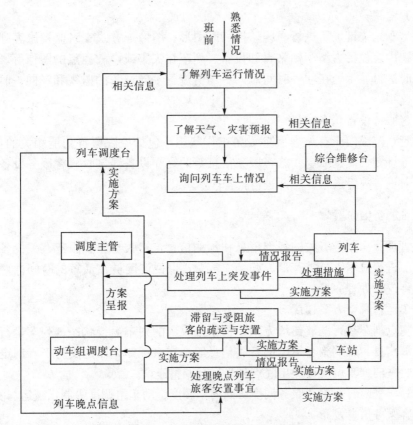

图 5-13　旅客服务调度工作流程

　　接收实时列车的运行状态、车次号、信号设备状态等信息，以图形方式显示列车在车站和区间的位置、列车车次和早晚点信息等，显示方式和具体内容与运行管理功能中的列车运行监视部分一致。

　　追踪重点列车，可在站场显示画面和地理信息系统中显示，显示方式和具体内容与运行管理功能中的列车运行监视部分一致。

　　根据列车运行计划、列车运行调整计划、列车运行早晚点信息、列车运行预测信息、影响列车运行的各类信息等，对由于旅客列车晚点等造成的客流异常或旅客滞留，以及由此引起的旅客换乘困难进行预警和报警。

　　2) 旅客服务信息监督

　　实时接收影响旅客运输的各类信息，包括事故、天气、灾害、列车限速、设备故障报警等信息，并将受影响情况通知列车长和沿途各站。

　　实时接收管辖范围内的列车编组、上座率、各站中转旅客人数、动车组周转、中转列车接续和列车乘务组等信息。

　　接收管辖范围内沿线各站的不同车次、座别客票发售信息，接收当前客票需求信息和未来几天的客流预测信息。

　　接收在线列车补票信息、车上实际剩余座别数量和超员情况。

　　实时接收旅客列车发来的服务请求信息，了解列车上发生的紧急情况，组织安排沿途车站救援，并向列车发送救援准备信息。

3)视频监视

对大型车站关键场所进行视频监控，以图形、图像等方式实时监视旅客列车的运行状态，监视内容包括大型车站站台和设备、列车在灾害或事故地点的图像等。对多个视频画面同时进行显示，在同一时间对同一场所进行不同视角的监视和在同一时间对不同场所进行监视。

4)旅客服务设备状态监督

监督管辖范围内所有旅客服务设备工作状态，包括旅客服务功能相关的各类终端，如接收乘务计划、调度命令、旅客服务信息等的终端设备。接收旅客服务设备的工作状态信息，对设备故障进行显示并进行报警提示。

2. 旅客服务信息管理

集中管理旅客服务有关的各类信息和预测信息，接收与旅客服务有关的各类信息和预测信息，进行显示、分类存储、归档、汇总，以便调度员在最短的时间内对影响旅客服务的事件进行处理。

1)列车运行调整方案建议

制定晚点列车运行调整建议方案，根据接收到的列车运行状态、列车运行实绩、列车运行预测信息、影响旅客运输的各类信息等，在系统知识库的支持下，制定旅客接续运输方案，并向列车调度员提出晚点列车运行调整建议。

旅客列车受阻时，旅客服务调度协同列车调度、动车组调度等制定疏运与安置方案。

2)旅客服务信息发布

旅客服务信息发布的范围包括车站和相关调度台，以及既有线相关车站和调度台等有关单位。

根据列车运行计划、列车运行调整计划、列车运行早晚点信息、列车运行预测信息、影响列车运行的各类信息等，自动生成相关的旅客服务信息，并自动发送到站、车和有关单位。

旅客服务信息的内容包括列车实际到达时刻、停站时间及站台、列车早晚点时间等。车站在得到相关旅客服务信息后通知有关部门进行配餐准备工作和清洁准备工作。

根据从气象部门接收到的沿线气象信息，向沿线各站和列车发布沿线天气信息。

3)旅客赔偿、安排与管理

监督晚点列车旅客处理，对达到赔偿标准的晚点列车，系统按照相关规定确定赔付标准和赔付范围，并提前以调度命令的形式通知相关车站作好准备。

4)工作日志管理

系统提供工作日志管理工具，调度员记录工作情况的基本工具工作日志，具备工作日志编辑、浏览、标注、存档等功能。

5)旅客服务信息查询、统计、分析

旅客服务相关数据统计和信息汇总及统计资料查询，主要包括如下内容。

(1)计划运行图及时刻表、动车组交路计划、乘务计划。

(2)列车实绩运行图、动车底调整计划、乘务员运用调整计划。

(3)客票与补票统计数据，包括旅客疏散量、赔付人数和金额等。

系统对列车晚点的原因、旅客疏运及安置方案、突发事件的处理方案等旅客服务信息相关数据统计和信息汇总是系统进行数据挖掘，提升服务质量的必备手段。

3. 乘务计划管理功能

接收并存储乘务计划，包括乘务组编号和担当的车次、乘务区段、出退勤地点和时间、轮休/倒休安排等；向乘务基地(所)、车站发送乘务计划。

接收所管辖乘务组当前的位置信息，自动绘制乘务组出乘实绩，计算各交路的统计指标，如乘务里程、乘务时间、有效劳动时间等。

接收在线列车乘务信息，除了乘务计划包含的内容，重点关注已出乘时间、剩余乘务时间、超劳情况等乘务信息。

根据列车运行计划、列车运行调整计划、列车运行早晚点信息、列车运行预测信息、影响列车运行的各类信息等，及时预测早晚点对乘务计划的影响，对乘务组超劳情况进行预警和报警，向乘务基地(所)、动车基地(所)发送乘务组超劳预测信息。

在列车长时间晚点、列车受阻、加开列车、停开列车、列车合并运行等情况下，对乘务计划进行调整。系统对乘务调整计划的可行性进行检查，包括是否有可用乘务组等。

4. 应急处理功能

当列车运行紊乱或突发事件发生时，提出旅客疏运方案。当发生突发事件时，能提出紧急处理预案、旅客疏运方案，提出列车运行调整方案建议。

因灾害、事故造成旅客列车受阻时，根据掌握的客流、客票信息，提出客流疏运安置预案，并通过系统同列车运行调度台、动车组调度台等协商，制定疏运与安置方案，并将方案通知车站或列车长，按方案的分工组织实施。

三、乘务基地(所)功能

实时接收、显示调度中心传来的列车运行调整计划。接收调度所发来的乘务组超劳情况预告信息。

接收并存储乘务计划，包括乘务组编号和担当的车次、乘务区段、出退勤地点和时间、轮休/倒休安排等。

接收在线列车乘务信息，除了乘务计划包含的内容，重点关注已出乘时间、剩余乘务时间、超劳情况等乘务信息。

接收所管辖乘务组当前的位置信息，接收乘务组出乘实绩，接收各交路的统计指标，如乘务里程、乘务时间、有效劳动时间等；以图形、表格等需要的形式显示、输出乘务实绩。

本 章 要 点

本章主要对高速铁路调度指挥系统进行概要介绍，使读者对我国高速铁路调度指挥系统的构成、功能流程及主要作业有一个系统全面的了解。本章概述日本、德国、法国的高速铁路调度指挥系统并提炼其系统特点，介绍我国高速铁路调度指挥的组织机构设置。阐述了我国高速铁路调度指挥系统的构成：包括计划、运行管理、动车组、电力、综合维修、旅客服务等六个子系统，总体介绍了高速铁路调度指挥系统的工作流程。后续各节分别对各调度子系统的功能及工作流程进行了详细介绍：计划调度子系统主要完成基本计划编制、实施计划编制和下达等功能，运行管理调度子系统重点介绍日常调度指挥过程中调度员对运输计划的操作、管理及列车运行监控、追踪与列车运行调整，动车组调度子系统主要完成动车组运用管理与调整以及动车段所的管理，供电调度子系统主要进行停送电控制、设备监控的作业功能及流程，综合维修调度子系统协同完成综合维修的程序、作业流程及维修作业计划管理的方法，旅客服务调度子系统进行旅客服务监督、引导及信息管理的主要作业方法。

思　考　题

5-1　概述高速铁路调度指挥的作用。

5-2　简述高速铁路调度指挥系统的构成。

5-3　简述运行管理调度子系统的主要工作。

5-4　简述高速铁路列车运行调整的主要方法。

5-5　简述动车组调度的工作流程。

5-6　简述供电调度进行停送电控制的作业方法。

5-7　简述维修基地的主要工作内容。

5-8　简述高速铁路旅客服务调度的系统构成。

第六章　高速铁路行车组织基础

铁路运输具有高度集中的特点，各工作环节必须紧密联系、协同配合。中国铁路总公司(简称铁路总公司)为加强铁路技术管理，确保国家铁路安全正点、方便快捷和高速高效地运行，根据有关法律、法规、规章和技术标准等制定了《铁路技术管理规程》。《铁路技术管理规程》包括高速铁路和普速铁路两部分，其中高速铁路部分适用于200km/h及以上的铁路和200km/h以下仅运行动车组列车的铁路。

本章根据《铁路技术管理规程》(高速铁路部分)关于行车组织的规定编写，主要包括基本要求、编组列车、调度指挥、列车运行、限速管理、调车工作、施工维修、灾害天气行车、设备故障行车、非正常行车组织和救援等方面的内容。

由于相关规章不断更新、发展，本章内容与相关规章不一致时，以相关规章为准。

第一节　基　本　要　求

一、行车组织原则

1. 高速铁路行车组织的主要依据

高速铁路行车组织工作，应根据《铁路技术管理规程》(高速部分)的规定办理。目前，大多数高速铁路未开行货物列车，部分按照设计可开行货物列车的线路，需开行货物列车时，应由铁路局结合具体设备情况制定有关行车组织办法。铁路局应根据《铁路技术管理规程》(高速部分)规定的原则，结合管内高速铁路行车设备、运输条件、自然环境和地理位置等具体条件，制定《高速铁路行车组织细则》(以下简称《行细》)。《行细》应包括以下主要内容：①《铁路技术管理规程》授权由铁路局规定或批准的事项；②铁路总公司未进行统一规定而需铁路局补充的行车办法；③铁路局针对管内技术设备规定的特殊要求和注意事项；④生产实践中创造的普遍推广的先进经验和行之有效的安全生产措施等。

2. 高速铁路行车组织的基本原则

高速铁路行车组织工作，必须贯彻安全生产的方针，坚持高度集中、统一领导的原则。运输、机务、车辆、工务、电务、供电、信息和房建等部门要发扬协作精神，主动配合，紧密联系，协同动作，不断提高效率，挖掘运输潜力，完成和超额完成运输任务。

3. 高速铁路的列车运行图

列车运行图是铁路行车组织工作的基础。所有与列车运行有关的铁路各部门，必须按列车运行图的要求，组织本部门的工作，以保证列车按运行图运行。

高速铁路列车运行图应根据客运量、区段通过能力等因素确定列车对数，并符合下列要求：①满足列车运行、车站间隔和技术作业等时间标准；②迅速、便利地运输旅客；③充分利用通过能力，经济合理地运用机车车辆和安排施工、维修天窗的时间；④列车运行线应与客流和旅客出行规律相结合；⑤各站、各区段间应充分协调和均衡；⑥合理安排乘务人员的作息时间。

机车周转图应与列车运行图同时编制。机车周转图不仅确定了机车的供应台数，合理地安排了机车交路，使机车运用与列车运行线紧密结合，合理地压缩自、外段停留时间，并且还规定了正常保养和整备作业时间。因此，编好机车周转图也是提高机车运用效率、保证机车质量的重要措施，应与列车运行图同时编制。

4. 高速铁路的行车指挥

铁路行车工作是由多部门、多工种联合进行的，并且是连续不间断的。一个列车往往要经过几个区段，甚至几个铁路局才能到达目的地。为使行车各部门、各工种能够步调一致，协调动作，保证安全、迅速、准确和及时地完成运输任务，行车工作必须坚持集中领导、统一指挥和逐级负责的原则。

局与局间由铁路总公司、局管内各区段间由铁路局、一个调度区段内由本区段列车调度员统一指挥。

高速铁路列车调度台原则上应独立设置。高速铁路与普速铁路间联络线的行车调度指挥原则上纳入高速铁路调度指挥。

集控站由该区段列车调度员直接指挥；当转为车站控制时，根据列车调度员的指示，由车站值班员指挥。非集控站由车站值班员统一指挥。列车和单机由司机负责指挥。列车或单机在车站时，所有乘务人员应按列车调度员（车站控制时为车站值班员）的指挥进行工作。

司机等相关人员应直接向列车调度员报告有关行车工作；在非集控站和转为车站控制的集控站，应向车站值班员报告。

5. 高速铁路的行车时刻

铁路行车时刻的准确和统一，与列车正点运行和行车安全有直接关系，对准确及时地运送旅客有着重要意义。高速铁路的行车时刻均以北京时间为标准，从零时起计算，实行 24 小时制。当具备条件时，铁路地面固定设备的系统时钟，应接入铁路时间同步网；不具备条件时，可独立设置卫星授时设备。铁路行车房舍内和办理行车工作的有关人员均应备有钟表，钟表的时刻应与调度所的时钟校对。调度所的时钟和各系统的时钟必须定期校准。钟表的配置、校对、检查、修理和时钟校准办法由铁路局规定。

6. 高速铁路的列车运行方向

列车运行方向，原则上以开往北京方向为上行，反之为下行。各线的列车运行方向，以铁路总公司的规定为准，但枢纽地区的列车运行方向由铁路局规定。列车必须按有关规定编定车次。上行列车编为双数，下行列车编为单数。在个别区间，使用直通车次时，车次可与规定方向不符。在同一列车运行径路中有不同的运行方向时，为便于掌握，在与整个方向不符的个别区间内，准许不改变车次，仍使用原车次。

7. 设备故障条件下的行车组织

若遇发生影响行车的设备故障（列车设备故障除外）时，原则上应先处理故障，后组织行车。设备故障暂时无法修复的，确需组织行车时，应根据有关行车限制条件组织行车。

技术设备保持良好的状态是高速铁路列车运行安全的基础。高速铁路设备复杂，相互联系紧密，发生设备故障后采取非正常办法行车时，一般准备时间较长，列车运行速度低、行车安全技术保障程度差，既不利于安全，也不利于提高运输效率。常见的设备故障大多较为简单，修复时间较短（比非正常行车组织的准备时间短），待修复后再恢复行车，从安全、效率等方面考虑都较为合适，所以规定发生设备故障时，原则上应先处理故障，待故障修复后再组织行车。但是，当发生列车设备故障时，在仅影响本次列车运行，确保安全和可维持继续运行的情况下，为减少对其他列车运行的影响、方便旅客乘降和处置故障，应尽量维持运行至前方站进行处理，所以，列车设备故障除外。

为尽量减小故障对列车运行的影响，可根据需要和设备实际情况，采取非正常行车办法组织行车。此时，相关设备管理单位应登记注明限速、禁止使用的设备和禁止或允许采用的行车方式等有关行车限制条件，部分设备故障可根据有关规章规定的行车限制和行车方式组织行车。

8. 几个基本概念

1）列车

列车是指编成的车列并挂有机车及规定的列车标志。动车组列车为自走行固定编组列车。

单机、大型养路机械及重型轨道车，虽未完全具备列车条件，也应按列车办理。

旅客列车的尾部标志应使用电灯，动车组以外的旅客列车尾部标志灯的摘挂、保管由车辆部门负责。对中途转向的动车组以外的旅客列车应有备用标志灯，以备转向时使用。

2）高速铁路车站的分类

根据高速铁路车站的基本操作方式对应行车指挥人员的不同，将车站分为集控站和非集控站。由列车调度员直接办理接发列车作业的车站（线路所）为集控站，其他车站（线路所）为非集控站。

高速铁路车站的分类不随车站调度集中设备控制状态的改变而改变。集控站转为车站控制时，由车站值班员直接办理接发列车作业，此时是调度集中设备操作方式和控制状态的转换，车站仍是集控站。

3）调度集中控制模式

调度集中控制设备具备分散自律控制和非常站控两种模式。分散自律控制模式是通过调度集中设备，实现进路自动和人工办理的模式；非常站控模式是遇行车设备故障、施工或维修需要时，脱离调度集中系统控制转为车站联锁控制台人工办理的模式。

（1）分散自律控制模式。

分散自律控制模式分为中心操作方式、车站调车操作方式和车站操作方式（个别调度集中设备与此三种操作方式不一致的，由铁路局在《行细》中明确）。不同操作方式下，列车调度员和车站值班员对信号设备控制和列车进路、调车进路的操作具有不同的权限：

①在中心操作方式下，调度终端具有信号设备的全部控制权，列车调度员对列车及调车进路均有操作权，车站对列车及调车进路均无操作权；

②在车站调车操作方式下，列车调度员对列车进路有操作权，对调车进路无操作权。而车站对调车进路有操作权，对列车进路无操作权；

③在车站操作方式下，车务终端具有信号设备的全部控制权，车站对列车及调车进路均有操作权，列车调度员对列车及调车进路均无操作权。

（2）非常站控制模式。

遇下列三种情况时调度集中控制模式可转为非常站控模式。

①调度集中设备故障：遇调度集中设备故障或通信中断等情况导致列车调度员（车站值班员）不能通过调度集中设备办理进路时，应将调度集中设备转为非常站控模式，使用联锁设备办理进路。

②行车设备施工、维修需要时：遇更换 CTC 设备软件、开行轨道车等行车设备施工、维修时，可根据需要转入非常站控模式，使用联锁设备或现场人工方式办理进路。

③发生危及行车安全的情况需要时：车务应急值守人员发现或接到列车线路上有障碍物等危及行车安全的报告，来不及报告列车调度员须立即对信号设备进行应急处置操作时，可直接按下非常站控按钮转入非常站控模式。

车站控制是指调度集中区段车站在车站操作方式或非常站控模式下，由车站值班员负责办理列车及调车进路的状态。

列车或单机在车站时，所有乘务人员应按列车调度员（车站控制时为车站值班员）的指挥进行工作。为便于乘务人员掌握正常情况下哪些车站是车站控制，因此要求车站调度集中基本操作方式由铁路局统一公布。

二、列车乘务

1. 列车乘务组

列车应设有列车乘务组。列车乘务组按下列规定组成：①动车组列车应有动车组司机，其他列车应有机车乘务人员；②动车组列车应有随车机械师，其他旅客列车应有车辆乘务人员；③旅客列车应有客运乘务组。

2. 动车组列车司机

动车组司机是动车组列车的行车指挥者。在乘务作业中，既要严格执行《铁路技术管理规程》和操作规程等规定，保证列车安全正点运行，良好地完成铁路运输任务，又要负责组织处理列车运行中的特殊情况，与车站、调度所进行联系等。动车组列车司机在列车运行中，应做到如下几点。

（1）开车前司机要选定机车综合无线通信设备通信模式和运行线路，机车综合无线通信设备、GSM-R手持终端按规定注册列车车次，并确认正确。装备列车运行监控装置的动车组列车还应按规定输入监控装置有关数据。

（2）遵守列车运行图规定的运行时刻和各项允许及限制速度。彻底瞭望，确认信号，认真执行呼唤应答制度，严格按信号显示要求行车，确保列车安全正点。遇到信号显示不明或危及行车和人身安全时，应立即采取减速或停车措施。

（3）机车信号、机车综合无线通信设备、列车运行监控装置和列控车载设备必须全程运转，严禁擅自关机、隔离。

（4）起动稳，加速快，精心操纵，停车准确，按规定鸣笛。

（5）注意操纵台各种仪表和车载信息监控装置的显示。

（6）正常情况下，列车司机在列车运行方向最前端司机室操纵，非操纵端司机室门、窗和各操纵开关、手柄均应置于断开或锁闭位，并关闭非操纵端司机室机车综合无线通信设备电源。

（7）动车组列车停车后，必须使列车保持制动状态。更换乘务组（同向换乘除外）或司机室操纵端、使用紧急制动停车、重联或解编后再开车前，必须进行相关试验。

（8）等会列车时，不准关闭辅助电源装置，并应按规定显示列车标志。

（9）向列车有关乘务人员传达列车调度员的有关命令、指示。

（10）将列车运行中发生的问题和使用紧急制动装置的情况，及时报告给列车调度员。

3. 动车组以外的列车司机

对于动车组以外的列车，由司机负责指挥，在乘务作业中，既要带领本机车乘务组人员严格执行《铁路技术管理规程》和操作规程等规定，保证列车安全正点运行，良好地完成铁路运输任务，又要负责组织处理列车运行中的特殊情况，与车站、调度所进行联系等。动车组以外的列车司机在列车运行中，应做到如下几点。

（1）列车在出发前输入监控装置有关数据。按规定对列车自动制动机进行试验，在制动保压状态下列车制动主管的压力1min内漏泄不得超过20kPa，确认列尾装置作用良好。

装备机车综合无线通信设备的机车，开车前司机要选定机车综合无线通信设备的通信模式和运行线路。在GSM-R区段运行时，机车综合无线通信、GSM-R手持终端按规定注册列车车次，并确认正确。

（2）遵守列车运行图规定的运行时刻和各项允许及限制速度。彻底瞭望，确认信号，认真执行呼唤应答制度，严格按信号显示要求行车，确保列车安全正点。遇到信号显示不明或危及行车和人身安全时，应立即采取减速或停车措施。

（3）机车信号、列车无线调度通信设备、列车运行监控装置（轨道车运行控制设备）和列尾装置必须全程运转，严禁擅自关机。

（4）起动稳，加速快，精心操纵，停车准确，按规定鸣笛，防止列车冲动和断钩。

（5）随时检查机车总风缸、制动主管的压力。检查内燃机车柴油机的润滑油压力、冷却水的温度及其转数等情况。注意电力机车的各种仪表的显示和接触网状态。

(6)在区间内，列车停车进行防护、分部运行、装卸作业或使用紧急制动阀停车后再开车时，司机必须检查试验列车制动主管的贯通状态，确认列车完整，具备开车条件后，方可起动列车。

(7)单机、自轮运转特种设备在自动闭塞区间紧急制动停车或被迫停在调谐区内后，司机必须立即通知后续列车司机、向列车调度员(两端站)报告停车位置(具备移动条件时司机必须先将机车移动不少于 15m)，并在轨道电路调谐区外使用短路铜线短接轨道电路。

(8)等会列车时，不准关闭空气压缩机，并应按规定显示列车标志。

(9)将列车运行中发生的问题和使用紧急制动阀的情况，及时报告给列车调度员。

4. 动车组随车机械师

动车组随车机械师是保障动车组设备安全可靠运行的重要行车岗位，主要担负运行动车组(运营、试验和回送动车组)随车乘务工作，负责保证动车组安全的运行状态，维护正常的车内硬件环境，掌握和传递动车组设备的动态运行信息，应急处理和维修运行中的设备故障，对动车组设施进行日常状态检查和质量交接。

随车机械师应按技术作业过程的规定检查动车组。在列车运行途中，应监控动车组设备技术状态，及时处理车辆故障，经处置确认无法正常运行时，通知司机选择维持运行或停车。随车机械师应配备 GSM-R 手持终端和无线对讲设备及响墩、火炬、短路铜线和信号旗(灯)等防护用品(只在仅运行动车组列车的线路上运行时可不配备响墩、火炬)，在值乘中还应做到以下两点：①列车发生紧急制动停车后，联系司机，检查车辆技术状态，可继续运行时通知司机开车；②向司机通报使用紧急制动装置的情况，并协助司机处理有关行车事宜。

5. 车辆乘务人员

车辆乘务人员的基本职责是检查和维修本编组运行中的车辆，使其保持良好的技术状态，确保车辆安全、正点运行。对中途加挂车辆的技术状态，也要负责检查。

车辆乘务人员应按技术作业过程的规定检查车辆，并参加制动试验。在列车运行途中，应监控车辆运用状态，及时处理车辆故障，并将本身不能完成的不摘车检修工作，预报前方站列检。前方站列检应积极组织人力修复车辆故障，保持原编组运用。是否摘车检修，由当地列检决定和处理。

车辆乘务员应配备 GSM-R 手持终端和无线对讲设备及响墩、火炬、短路铜线和信号旗(灯)等防护用品，在值乘中还应做到以下几点。

(1)列尾装置故障时，列车出发前、停车站进站前和出站后，应按规定与司机核对列车尾部风压。

(2)列车发生紧急制动停车后，联系司机，检查车辆技术状态，可继续运行时通知司机开车。

(3)向司机通报使用紧急制动阀的情况，并协助司机处理有关行车事宜。

6. 列车乘务人员发现危及行车和人身安全情形时的处置方法

车辆乘务员、客运乘务组等列车乘务人员发现下列危及行车和人身安全情形时，应使用紧急制动阀(紧急制动装置)停车：①车辆燃轴或重要部件损坏；②列车发生火灾；③有人从列车上坠落或线路内有人死伤；④其他危及行车和人身安全必须紧急停车时。

使用车辆紧急制动阀时，不必先行破封，立即将阀手把向全开位置拉动，直到全开为止，不得停顿和关闭。遇弹簧手把时，在列车完全停车以前，不得松手。在长大下坡道上，必须先看制动主管压力表，当压力表指针已由定压下降100kPa时，不得再行使用紧急制动阀(遇折角塞门关闭时除外)，以免因制动主管风压不足造成列车失控。在一般情况下，列车制动主管风压下降50kpa即起制动作用，风压下降说明司机已采取制动措施。

动车组列车遇到上述情况时，随车机械师、客运乘务组等列车乘务人员应立即报告司机采取停车措施；来不及报告时，应使用客室紧急制动装置停车。

列车乘务人员应将使用紧急制动阀(紧急制动装置)的情况报告给司机。

三、车站值守

1. 车务应急值守人员

集控站设车务应急值守人员，由车务具有车站值班员职名的人员担任。

车务应急值守人员在车站行车室(设置有调度集中车站控制终端的处所)值守，具体值守工作制度由铁路局规定。

集控站由列车调度员负责指挥和办理行车，同时要求在车站行车室设置车务应急值守人员，车务应急值守人员一是在设备故障、施工维修和非正常等情况下协助列车调度员办理相关作业；二是在集控站转为车站控制时，根据列车调度员的指示，担当车站值班员，负责指挥和办理车站有关行车作业。考虑上述作业要求，车务应急值守人员应具有车站值班员职名。

车站行车室设置有通信设备和调度集中及集中联锁操作终端，车务应急值守人员日常在车站行车室值守，以便作业联系和应急处置。考虑到正常情况下车务应急值守人员不参与行车工作，各铁路局作业要求有所差异，因此铁路局要根据具体情况制定值守工作制度，并明确责任。

2. 车务应急值守人员的主要职责

在正常情况下，车务应急值守人员不参与行车工作(集控站由列车调度员负责指挥和办理行车)。

在设备故障、施工维修和非正常行车等情况下，根据列车调度员的指示，车务应急值守人员负责办理以下行车作业。

(1)向司机等相关人员递交书面调度命令。

(2)组织相关人员现场准备进路。

(3)组织相关人员对故障设备进行检查、确认。

（4）按规定对站内到发线停留车辆的防溜措施进行检查、确认。

（5）在特殊情况下与司机办理故障车、事故车有关随车运输票据和回送单据的交接、保管工作。

（6）组织应急救援，完成信息传递和其他需要现场了解、检查确认的工作。

电务、工务人员应根据车务应急值守人员的指示，协助办理第（2）、第（3）和第（6）项有关作业。

采用车站调车操作方式的车站，调车进路只能在车站办理，车务应急值守人员还应担当调车领导人并负责办理调车进路。

当集控站转为车站控制时，根据列车调度员指示，由车务应急值守人员担当车站值班员指挥车站行车工作。

四、车站技术管理

1. 行细及站细

高速铁路《行车组织细则》（以下简称"行细"）是铁路局贯彻执行《铁路技术管理规程》，进行技术管理，组织行车作业和保证安全生产的基本规章，车站有关技术设备和行车作业组织应在《行细》中规定。由于集控站行车技术设备较为统一，作业内容和方式基本一致，有关行车工作已纳入《行细》，集控站不再编制《车站行车工作细则》（以下简称"站细"）；非集控站的作业复杂程度和行车量不同，由铁路局根据具体情况确定是否编制《站细》。

因新建、改建工程发生行车设备变化时，施工单位应在设备开通30天前向设备管理单位、使用单位和铁路局业务处提供相关技术资料。经审核后，铁路局于开通10天前统一公布。

机务、车辆、工务、电务、供电、通信、信息和房建等单位须及时向车站（车务段）提供有关的技术资料。

2. 道岔定位

引向安全线的道岔除了使用、清扫、检查或修理时，均需要保持向安全线开通的位置，如图6-1所示。

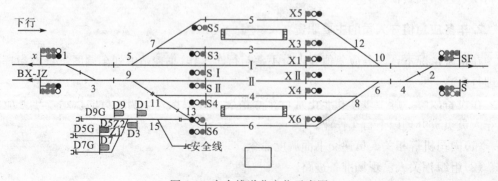

图6-1　安全线道岔定位示意图

3. 道岔编号

为便于道岔使用管理、维修和互相配合工作，道岔应统一顺序编号，保证号码一致。

道岔编号即从列车到达方向起按顺序对道岔进行编号，上行为双号，下行为单号；尽头线上，向线路终点方向顺序编号。车站划分车场时，每个车场的道岔单独编号。一个车站的道岔不得有相同的编号。

(1)道岔编号按上、下行咽喉统一顺序编号。由上行列车到达方向起，顺序编为双号；由下行列车到达方向起，顺序编为单号，如图 6-1 所示。

站内上、下行方向的划分：车站值班员室(信号楼)位于站中心附近时，以车站值班员室(信号楼)中心线为界；车站值班员室(信号楼)距站中心较远时，以车站(车场)中心线为界。

(2)尽头站向线路终点方向顺序编号，上行列车到达方向编为双号，下行列车到达方向编为单号。

(3)每一道岔应有单独的号码。渡线道岔(如图 6-1 中 1、3 号，2、4 号道岔)以及同一连结线上的数个道岔(如图 6-1 中 5、7 号，6、8 号道岔)均应连续编号。

4. 股道编号

股道编号为：单线区段内的车站，从靠近站舍的线路起，向远离站舍的方向顺序编号；双线区段内的车站，从正线起顺序编号，上行一侧为双号，下行一侧为单号；尽头式车站，面向终点方向由左侧开始顺序编号，如站舍位于线路一侧时，从靠近站舍的线路起，向远离站舍的方向顺序编号。一个车站(分车场时一个车场)的股道不得有相同的编号。

特大、大型客运车站，股道编号以主站房基本站台为基准，按顺序编号；划分多个车场时，各车场股道应按顺序连续编号，不按车场别单独编号。

(1)单线铁路的车站，从靠近站舍(信号楼)的线路起，向远离站舍(信号楼)的方向顺序编号(包括正线在内)；位于站舍(信号楼)左右或后方的股道，在站舍前的股道编完后，再由正线一侧向外顺序编号。编号时为区别正线和站线，在示意图上正线用罗马数字填记，站线用阿拉伯数字填记。

(2)双线铁路的车站，从正线起按列车运行方向分别向外顺序编号，上行为双数，下行为单数，如图 6-2 所示。

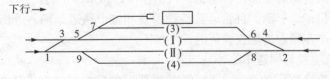

图 6-2　双线区段车站线路编号示意图

(3)尽头式车站，站舍(信号楼)位于线路终点处时，股道号码应向终点方向由左侧开始顺序编号；站舍(信号楼)位于线路一侧时，从靠近站舍的线路起，向远离站舍方向顺序编号。

(4)特大、大型客运车站，应以主站房基本站台为准，从靠近主站房的线路起，向远离主站房方向顺序编号。

设计部门必须做到站场和信号设计编号一致。现有的车站，车务、工务、电务和车站三方编号不一致时，应根据以上原则，由铁路局组织相关部门研究确定。

第二节　编　组　列　车

一、列车编组

(1)列车应按《铁路技术管理规程》和列车运行图规定的编挂条件、重量或长度编组（高速铁路一般不开行货物列车，未再纳入编组列车应执行列车编组计划等关于货物列车的要求）。动车组为动车和拖车组成的动力分散式的固定编组。动车组以外的旅客列车按列车编组表编组，行李车、邮政车和发电车等非乘坐旅客的车辆应分别挂于机车后第一位和列车尾部，起隔离作用。

(2)动车组为动车和拖车组成的动力分散式的固定编组，不能任意分解，也不能与其他机车车辆混编运行。单组动车组在运用状态下不得解编，两组短编组同型动车组可重联运行；在救援等特殊情况下，两组不同型号的动车组可重联运行。动车组禁止加挂各型机车车辆（无动力调车时的调车机车、救援机车、无动力回送时的本务机车及回送过渡车除外），禁止编入其他列车。动车组遇有特殊情况须采用机车牵引方式挂运时，应使用过渡车钩整列挂运。

超过检修期限的动车组禁止上线运行（经车辆部门鉴定的回送动车组除外）。

(3)为了保证行车安全，在编组列车时，对其所挂的车辆，在技术条件上必须满足安全运行的要求。下列机车车辆禁止编入列车：

①插有扣修、倒装色票的和车体倾斜超过规定限度的；

②曾经发生冲突、脱轨、火灾、爆炸或曾编入发生特别重大、重大、较大事故列车内以及在自然灾害中损坏，未经检查确认可以运行的；

③装载货物超出机车车辆限界，无挂运命令的；

④装载跨装货物（跨及两平车的汽车除外）的平车，无跨装特殊装置的；

⑤平车和敞车装载货物违反装载和加固技术条件的；

⑥未关闭侧开门、底开门和平车未关闭端、侧板的（有特殊规定者除外）；

⑦由于装载的货物需要停止自动制动机的作用，而未停止的；

⑧企业自备机车、车辆、自轮运转特种设备和城市轨道车辆、进出口机车车辆过轨时，未经铁路机车车辆人员检查确认的；

⑨缺少车门的（检修回送车除外）；

⑩超过定期检修期限的客车车辆（经车辆部门鉴定的回送客车除外）禁止编入旅客列车。

二、列车中机车车辆的编挂和连挂

(1)机车在设计和制造时，其技术性能和作业条件主要是按正向运行考虑的，以便于乘务员瞭望，又能充分发挥机车的最大牵引效能。因此，要求工作机车应挂于列车头部，正向运行(牵引路用、救援列车的机车除外)。双机或多机牵引时，本务机车的职务由第一位机车担当。

(2)铁路局所属机车因配属、局间调拨或入厂、段检修，以及检修完毕后返回本段等原因，会产生机车回送的情形。动车组以外的旅客列车遇到特殊情况必须附挂跨铁路局的回送机车时，应按铁路总公司调度命令办理。

由于机车重量大，如挂于列车中部或后部，在列车制动时，容易产生冲动，遇列车紧急制动时，还可能将其前位的车辆挤坏，因此，回送机车应挂于本务机车次位，挂有重联机车时为重联机车次位。

高速铁路禁止办理机车专列回送，不得办理铁路救援起重机回送作业(在高速铁路救援时除外)。这主要是考虑高速铁路旅客列车运行密度大、速度高，而铁路救援起重机因走行部分的性能限制、重心偏高和起重臂的横向摆动大等因素，运行速度受较大限制，如在高速铁路办理回送对旅客列车运行的影响较大。并且，救援起重机自重大，对高速铁路线路质量影响大，尤其是高速铁路桥梁多，起重机运行还需考虑桥梁载荷等因素。

(3)旅客列车、回送客车底不准编挂货车，编入的客车车辆最高运行速度等级必须符合该列车规定的速度要求。旅客列车中，与机车相连接的客车端门和编挂在列车尾部的客车后端门必须加锁。动车组驾驶室与旅客乘坐席间的门必须锁闭。

(4)除动车组以外的列车中相互连挂的车钩中心水平线的高度差不得超过75mm。如果两车钩高度差(测量方法见图6-3)超过规定的范围，当列车运行至道岔、路基松软地段时，车辆会上下颠簸，尤其在陡坡线路上，容易发生脱钩而造成列车分离，并且高度差过大时，使车钩钩舌牵引面变小，局部钩舌的拉力承受不了牵引力，易发生断钩事故。

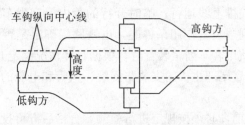

图6-3　车钩中心水平低高度差示意图

(5)车辆连挂的工作分工。除动车组以外的列车中车辆的连挂，由调车作业人员负责。软管的连接，有列检作业的始发列车由列检人员负责；无列检作业的，由调车作业人员负责。动车组采用机车调车作业时，随车机械师或动车段(所)胜任人员负责过渡车钩和专用风管的安装与拆卸、电气连接线的连结与摘解并打开车门，调车人员负责车钩连接与摘解、软管摘结。动车组无动力回送或被救援时，过渡车钩、专用风管的安装与拆卸由随车机械师负责，司机配合。

(6)机车与车辆连挂的工作分工包括如下几点。

①列车机车与第一辆车的连挂，由机车乘务员负责。单班单司机值乘的由列检人员负责；无列检作业的列车，由车辆乘务员负责；无车辆乘务员的列车，由车站人员负责。

②列车机车与第一辆车的车钩摘解、软管摘结，由列检人员负责。无列检作业的列车，车钩摘解、软管摘结由机车乘务员(单班单司机值乘的由车辆乘务员)负责，软管连

接由车辆乘务员负责；无车辆乘务员的列车，由机车乘务员（单班单司机值乘的由车站人员）负责。

③列车机车与第一辆车电气连接线的连接与摘解由客列检作业人员负责，无客列检作业人员时，由车辆乘务员负责。

④旅客列车在途中摘挂车辆时，车辆的摘挂和软管摘解，由调车作业人员负责，密封风挡和电气连接线的连接与摘解由车辆乘务员负责，其他由列检作业人员负责，无列检作业人员时，由车辆乘务员负责，必要时打开车门，以便于调车作业。装有密接式车钩的客车车辆摘挂时，过渡车钩的安装和拆卸由列检人员负责，无列检人员时由车辆乘务员负责。

⑤列车机车与动车组过渡车钩的连接与摘解、软管摘结及电气连接线的连接与摘解，由随车机械师负责。

（7）两列动车组重联或摘解时，由动车组机械师负责引导，司机确认。动车组重联时，被控动车组应退出占用，主控动车组使用调车模式与被控动车组连接。摘解操作时，主控动车组转换为调车模式后，必须一次移动 5m 以上方可停车。

三、列尾装置的摘挂及运用

（1）动车组以外的旅客列车应安装列尾装置。特殊情况下，无法安装或使用列尾装置时，应制定具体办法。旅客列车列尾装置是保证列车运行安全的重要装备，一般要求动车组以外的图定旅客列车应安装使用客车列尾装置；临时开行的跨局旅客列车应安装使用客车列尾装置，牵引机车（含途中换挂）须具备客车列尾装置使用条件，不具备客车列尾装置使用条件时不准安排上线运行；临时开行的管内旅客列车原则上应安装使用客车列尾装置，不具备客车列尾装置使用条件时，由铁路局确定是否开行及开行办法。其他特殊情况，无法安装或使用客车列尾装置时，根据具体情况确定开行办法。

（2）旅客列车列尾装置尾部主机的安装与摘解、风管和电源的连接与摘解，由车辆部门负责。

（3）列尾装置在使用前，必须按规定进行检测，合格后方可投入运用。

（4）路用列车尾部可不挂列尾装置。

四、列车中车辆的检查

（1）为使车辆经常保持良好的技术状态，必须对列车中的车辆进行技术检查、制动机性能试验和故障修理工作。列检作业应按规定范围和技术作业过程进行。应建立车辆故障诊断指导组，对途中车辆的故障进行远程诊断、指导和故障处置确认。动车组运行（含回送）途中不进行客列检作业。

（2）车辆编入列车必须达到运用状态，主要部件必须作用良好，符合质量要求。自动制动机、人力制动机和货车的自动制动机空重车调整装置应状态良好、位置正确。

（3）为保证动车组运行安全，上线运营的动车组必须符合出所质量标准，包括车体及车端连接、转向架、高压牵引系统、辅助电气系统、供风及制动系统、网络控制系统、旅客信息系统、车内环境控制系统、给排水及卫生系统、车内设施和驾驶设施等系统质量符合标准。但遇到下述情况时，必须先安排动车组试运行，再安排动车组正式上线运营：①新型动车组运营、新线开通前；②动车组新造出厂、高级检修修竣后；③临修更换转向架、轮对、万向轴、主变压器或牵引电机后；④重要部件、软件加装及升级后。

(4)在有列检作业的车站，发现列车中有技术不良的车辆，因条件限制不能修理时，应从列车中摘下修理。在其他车站发现列车中有技术不良的车辆，因特殊情况不能摘下时，如果能确保行车安全，经车辆调度员同意后，可回送到指定地点进行处理。装有密接式车钩的客车回送时，原则上应附挂旅客列车回送。

(5)运用中的车辆应按规定的周期检修。为保证按计划检修车辆，缩短修车时间，加速车辆周转，扣修和出入厂、段的车辆应建立定时取送制度，并纳入车站日班计划。

(6)列车自动制动机是保证列车运行安全的关键设备。在列车制动试验时，要认真确认列车制动主管风压漏泄程度、贯通状态和制动作用是否良好，以便发现故障及时处理。列车制动试验分为全部试验、简略试验和持续一定时间的全部试验三种。动车组以外的列车自动制动机应按下列规定进行试验。

①全部试验：a.列检作业场对运行途中自动制动机发生故障的到达列车；b.旅客列车库内检修作业；c.在有客列检作业的车站折返的旅客列车。

站内设有试风装置时，应使用列车试验器试验，连挂机车后只进行简略试验。对装有空气弹簧等装置的旅客列车应同时检查辅助用风系统的泄漏。

②简略试验：a.客列检作业后和旅客列车始发前；b.更换机车或更换机车乘务组时；c.无列检作业的始发列车发车前；d.列车软管有分离情况时；e.列车停留超过20min时；f.列车摘挂补机或第一机车的自动制动机损坏交由第二机车操纵时；g.机车改变司机室操纵时；h.列车进行摘挂作业开车前。

进行在站简略试验时有列检作业的由列检人员负责，无列检作业的由车辆乘务员负责，无车辆乘务员的由车站人员负责，挂有列尾装置的列车由司机负责(挂有列尾装置的旅客列车，始发前、摘挂作业开车前和在途中换挂机车站、客列检作业站，有列检作业的由列检人员负责，无列检作业的由车辆乘务员负责)。

③持续一定时间的全部试验：旅客列车出库前应进行持续一定时间的全部试验，在接近长大下坡道区间的车站，是否进行持续一定时间的全部试验由铁路局规定，其中长大下坡道为线路坡度超过6‰，长度为8km及以上；线路坡度超过12‰，长度为5km及以上；线路坡度超过20‰，长度为2km及以上。

(7)动车组制动装置是保证动车组运行安全的关键设备。在动车组制动试验时，要认真确认动车组制动作用是否良好，制动主管压力是否正常，以便发现故障及时处理。动车组制动试验分为全部试验、简略试验两种。其试验项目、方法和技术要求按照各型动车组制动试验办法执行。

①动车组在出段(所)前或折返地点停留出发前需要进行全部制动试验，一级检修作业后的动车组在出发前不再进行全部制动试验。

②动车组列车在始发前需在操纵端进行简略制动试验。

③动车组列车更换动车组司机(同向换乘除外)或操纵端后，需进行简略制动试验。

④动车组列车在途中重联或摘解后，开车前需在操纵端进行简略制动试验。

⑤动车组列车使用紧急制动停车后，开车前需进行简略制动试验。

⑥动车组在采用机车救援、无动力回送连挂机车或回送过渡车时，按动车组无动力回送作业办法进行制动性能确认。

（8）动车组不办理编组顺序表交接。动车组以外的旅客列车编组顺序表按以下规定办理交接。

①在始发站由车站人员按列车编组顺序表核对现车，核对无误后，与司机办理交接。

②中途换挂机车时，到达司机与车站间、车站与出发司机间办理交接。仅在更换机车乘务组时，机车乘务组之间办理交接。

③途中摘挂车辆时，车站负责修改列车编组顺序表。

④列车到达终到站后，司机与车站办理交接。

车站与司机的交接地点均为机车停留位置。

五、列车制动

1. 列车制动力

为使运行中的机车车辆降低速度或停车，利用制动机使闸瓦压在车轮踏面上或通过盘形制动作用，使车轮和钢轨间产生摩擦力，以阻止车轮运动，达到减速或停车的目的。这种阻止车轮运动的力通称制动力。列车制动力的大小可用每百吨列车重量的换算闸瓦压力表示。列车的换算闸瓦压力，按表 6-1、表 6-2 规定计算。

表 6-1　机车计算重量及每台换算闸瓦压力表

种类	机型	计算重量/t	换算闸瓦压力/kN
电力	SS3、SS6	138	700
	SS1	138	830
	SS3B、SS6B	138	680
	SS4	184	900
	SS7	138	1100
	SS7E、SS9	126	770
	SS8	90	520
	DJ1	184	1120
	6K	138	780
	8G、8K	184	880
	HXD1、HXD2	200	900（320）
	HXD1B、HXD2B、HXD3B	150	680（240）
	HXD1C、HXD2C、HXD3、HXD3C	138/150	680（240）
	HXD1D、HXD3D	126	790（280）

续表

种类	机型	计算重量/t	换算闸瓦压力/kN
	DF4、DF5、DF7、DF8、DF11	138	680
	DF11G、DF11Z	145	770
	DF7B、DF7C、DF7D	138	680
	DF8B	150	900
内燃	BJ	90	680
	ND5	135	800
	HXN5、HXN3	150	680(240)
	NJ2	138	620(220)

注：(1)表中为按铸铁闸瓦换算闸瓦压力。
　　(2)新型机车根据120km/h速度下紧急制动距离在1100m以内的要求计算，括号内为按H高摩合成闸瓦的换算闸瓦压力。

表 6-2　车辆换算闸瓦压力表

种类	车型		每辆换算闸瓦压力/kN	
			自动制动机列车主管压力按600kPa	人力制动机
客车	普通客车(120km/h)	(踏面制动)	(350)	(80)
	新型客车(盘形制动，120km/h，140km/h，160km/h)	120km/h 自重41~45t	137(412)	13
		自重46~50t	147(441)	
		自重51~55t	159(477)	
		自重≥56t	173(519)	
		双层	178(534)	13
		140km/h 及 160km/h 自重41~45t	146(438)	13
		自重46~50t	156(468)	
		自重51~55t	167(501)	
		自重≥56t	176(528)	

注：(1)按H高摩合成闸瓦计算，括号内为按铸铁闸瓦计算。
　　(2)旅客列车自动制动机主管压力为600kPa。
　　(3)客车车辆在列车主管压力为500kPa时的闸瓦压力，按600kPa时闸瓦压力的1∶1.15换算。

　　列车运行安全的必要条件是限定制动距离，即对不同类型列车的紧急制动距离要求。列车所需的闸瓦压力与列车重量、运行速度及运行区段内的限制下坡道直接相关，如列车重量越大，速度越高，坡道越陡长，则所需要的闸瓦压力也越大。为计算方便起见，以每百吨列车重量为计算单位，即列车单位闸瓦压力=列车闸瓦总压力(kN)/列车总重量(百吨)。为确保列车运行安全，应根据闸瓦压力和下坡道条件确定该区段内列车运行的限制速度，即列车制动限速受每百吨列车重量换算闸瓦压力和下坡道坡度限制。普通旅客列车按表6-3规定；140km/h旅客列车按表6-4规定；160km/h旅客列车按表6-5规定。列车下坡道制动限速随下坡道千分数的增加而递减，坡道每增加 1‰，限速减少 1km/h 左右。

表 6-3　旅客列车制动限速表（km/h）
（计算制动距离 800m，高磷铸铁闸瓦）

i ＼ v ＼ P	每百吨列车重量的换算闸瓦压力/kN													
	500	520	540	560	580	600	620	640	660	680	700	720	740	760
0	106	107	109	110	111	112	113	114	115	116	117	118	119	120
1	105	107	108	109	110	111	113	114	115	116	117	118	118	119
2	105	106	107	109	110	111	112	113	114	115	116	117	118	118
3	104	105	107	108	109	110	111	112	114	115	116	117	117	118
4	103	105	106	107	109	110	111	112	113	114	115	116	117	117
5	102	104	106	107	108	109	110	111	112	113	114	115	116	116
6	102	104	105	106	107	109	110	111	112	113	114	115	116	116
7	101	103	104	106	107	108	109	110	111	112	113	114	115	115
8	100	102	103	105	106	107	109	110	111	112	113	114	115	115
9	99	101	102	104	105	107	108	109	110	111	112	113	114	114
10	98	100	102	103	104	106	107	109	110	111	112	112	113	113
11	97	99	101	103	104	105	107	108	109	110	111	112	113	113
12	97	99	101	102	103	105	106	107	109	110	111	111	112	112
13	96	98	100	102	103	104	106	107	108	109	110	111	112	112
14	96	98	100	101	102	104	105	106	107	109	110	110	111	111
15	95	97	99	101	102	103	105	106	107	108	109	110	111	111
16	95	97	99	100	101	103	104	105	106	107	108	109	110	110
17	94	96	98	100	101	102	103	105	106	107	108	109	109	110
18	94	96	98	99	100	102	103	104	105	106	107	108	108	109
19	93	95	97	99	100	101	102	103	104	105	106	107	108	109
20	93	95	97	98	99	100	101	102	103	104	105	106	107	108

注：(1)每百吨列车重量的闸瓦压力低于 760kN 需限速运行，如 22 型客车(踏面制动)编成列车在每百吨列车重量的闸瓦压力 660kN 条件下的制动限速为 115km/h。

(2)对于超过 20‰的下坡道，列车制动限速由铁路局根据实际试验规定。

(3)i 为下坡道千分数(‰)；P 为每百吨列车重量的换算闸瓦压力，单位为 kN；v 为旅客列车制动限速，单位为 km/h。

(4)本表每百吨列车重量的换算闸瓦压力计算包括机车。

(5)本表适用 120km/h 旅客列车。

表 6-4　140km/h 旅客列车制动限速表（km/h）
（计算制动距离 1100m，盘形制动）

i \ P	每百吨列车重量的换算闸瓦压力/kN							
	230	240	250	260	270	280	290	300
0	138	140						
1	137	139						
2	136	138						
3	135	137	140					
4	135	137	139					
5	134	136	138					
6	133	135	137	140				
7	132	134	136	139				
8	132	134	136	139				
9	131	133	135	138				
10	130	132	134	137	140			
11	129	131	133	136	139			
12	128	130	132	135	138			
13	128	130	132	134	137	140		
14	127	129	131	133	136	139		
15	126	128	130	132	135	138		
16	125	127	129	131	134	137	140	
17	125	127	129	131	134	137	139	
18	124	126	128	130	133	136	139	
19	123	125	127	129	132	135	138	
20	122	124	126	128	131	134	137	139

注：(1)新型客车(盘形制动)每百吨列车重量按高摩合成闸片换算闸瓦压力应在 275kN 以上。

(2)对于超过 20‰的下坡道，列车制动限速由铁路局根据实际试验规定。

(3)i 为下坡道千分数(‰)；P 为每百吨列车重量的换算闸瓦压力，单位为 kN；v 为旅客列车制动限速，单位为 km/h。

(4)本表每百吨列车重量的换算闸瓦压力计算包括机车。

表 6-5　160km/h 旅客列车制动限速表（km/h）
（计算制动距离 1400m，盘形制动）

i \ P	每百吨列车重量的换算闸瓦压力/kN								
	230	240	250	260	270	280	290	300	310
0	155	158	160						
1	154	157	159						

续表

i ＼ v ＼ P	230	240	250	260	270	280	290	300	310
	\multicolumn{9}{c}{每百吨列车重量的换算闸瓦压力/kN}
2	153	156	159						
3	152	155	158	160					
4	151	154	157	159					
5	150	153	156	159					
6	149	152	155	158	160				
7	148	151	154	157	159				
8	147	150	153	156	159				
9	146	149	152	155	158	160			
10	146	149	152	155	157	159			
11	145	148	151	154	156	159			
12	144	147	150	153	155	158	160		
13	143	146	149	152	155	157	159		
14	142	145	148	151	154	156	158		
15	141	144	147	150	153	155	157	160	
16	140	143	146	149	152	154	157	159	
17	139	142	145	148	151	154	156	159	
18	138	141	144	147	150	153	155	158	160
19	137	140	143	146	149	152	154	157	159
20	137	140	143	146	149	151	153	156	158

注：(1)新型客车(盘形制动)每百吨列车重量按高摩合成闸片换算闸瓦压力应在275kN以上。

(2)对于超过20‰的下坡道，列车制动限速由铁路局根据实际试验规定。

(3)i 为下坡道千分数(‰)；P 为每百吨列车重量的换算闸瓦压力，单位为 kN；v 为旅客列车制动限速，单位为 km/h。

(4)本表每百吨列车重量的换算闸瓦压力计算包括机车。

2. 列车制动安全

为保证列车在施行制动时有足够的制动能力，确保列车在规定的制动距离内停车，列车中的机车和车辆的自动制动机，均应加入全列车的制动系统。

路用列车中因装载的货物、物资规定需停止制动作用的车辆和自动制动机临时发生故障的车辆，准许关闭截断塞门(简称关门车)，编入路用列车的关门车数不得超过现车总辆数的 6%(尾数不足一辆按四舍五入计算)。关门车不得挂于机车后部三辆车之内；在列车中连续连挂不得超过两辆；列车最后一辆不得为关门车；列车最后第二、第三辆不得连续关门。

旅客列车不准编挂关门车。在运行途中(包括在站折返)如果遇到自动制动机临时发生故障，在停车时间内不能修复的，准许关闭一辆，但列车最后一辆不得为关门车。

120km/h 速度等级和编组小于 8 辆的 140km/h、160km/h 速度等级列车关门时，应按技规计算闸瓦压力。

3. 列车紧急制动距离

旅客列车（动车组列车除外）在任何线路上的紧急制动距离限值见表 6-6。

表 6-6　列车紧急制动距离限值表

列车类型	最高运行速度/(km/h)	紧急制动距离限值/m
旅客列车（动车组列车除外）	120	800
	140	1100
	160	1400

表 6-6 中最高运行速度是指列车在运行中可能达到的最高速度，不能超过机车、车辆设计的最高速度（即构造速度）。列车实际运行的最高速度还受到牵引动力、制动能力和线路条件的限制，因此不一定能达到表中的最高运行速度。

列车紧急制动距离是指列车由开始使用紧急制动（操纵自动制动阀到非常位）至完全停止的距离。在任何坡道上，列车紧急制动距离均应满足表 6-6 中的规定。因此，在不同坡度的下坡道上制动性能不足时，有必要根据相应的制动限速表限定列车运行速度。

第三节　调度指挥

一、调度日计划

高铁调度日计划是高铁日常运输组织工作的基础，是保证均衡完成运输生产经营和施工任务的前提，是一日内的运输工作计划和完成一日运输工作的综合部署，包括列车开行计划和施工、维修计划。

1. 调度日计划主要内容

（1）列车开行计划主要内容：①列车开行车次；②临时定点列车始发站、终到站和沿途客运业务办理站及其到（发）站时分、动车组股道运用计划；③开行动车组列车所对应的车组（型号、重联）、动车组车底运用方案和路用列车开行计划；④重点事项。

（2）施工计划主要内容：①施工编号、等级和项目；②施工日期、作业内容、地点（含线别、区间、车站、股道、道岔、行别、里程）和时间；③施工限速、影响范围、行车方式变化和设备变化；④施工单位（含配合单位）、施工负责人；⑤路用列车进出区间方案；⑥区间和站内装卸路料计划。

（3）维修计划主要内容：作业项目、地点、时间、作业单位、配合作业单位、作业负责人、影响范围和路用列车进出区间方案等。

2. 调度日计划编制的主要依据

（1）基本列车运行图（包括分号列车运行图）。

（2）有关文件、电报和调度命令。

（3）动车组运用（车型、组数）、检修计划和回送申请。

（4）月度施工计划（含临时文电批复的）和主管业务处提报的施工计划、路用列车开行、设备维修作业计划申请。

二、日常运输组织

日常运输组织过程中，有关行车人员必须执行列车调度员命令、口头指示，服从调度指挥。

列车调度员负责组织实现列车运行图、调度日计划，应做到以下几点：

（1）检查列车运行图和调度日计划的执行情况，及时发布有关调度命令和口头指示。

（2）严格按列车运行图指挥行车，当列车发生晚点时，应积极采取措施，组织有关人员恢复正点。

（3）注意列车运行情况，正确、及时地处理临时发生的问题。

列车按运输性质的分类和运行等级顺序如下。

按运输性质可分为：旅客列车（动车组列车，特快、快速和普通旅客列车）和路用列车。

列车运行等级顺序为：动车组列车、特快旅客列车、快速旅客列车、普通旅客列车和路用列车。

开往事故现场救援、抢修、抢救的列车应优先办理。特殊指定的列车的等级，应在指定时确定。

三、调度命令

（1）铁路总公司、铁路局调度在组织指挥日常运输工作中，应及时正确发布与运输有关的调度命令，下级调度和行车有关单位、人员必须执行。

（2）指挥列车运行的命令（运行揭示调度命令除外）和口头指示只能由列车调度员发布。遇到表6-7所列情况时，必须发布调度命令。

表6-7　行车调度命令项目表

顺序	命令项目	受令者	
		司机	车站值班员
1	封锁、开通区间		○
2	向封锁区间开行救援列车、路用列车	○	○
3	临时变更或恢复原行车闭塞法		○
4	停止使用基本闭塞法发出列车	○	○
5	双线反方向行车、由双线改为单线或恢复双线行车	○	○
6	变更列车径路	○	○

续表

顺序	命令项目	受令者	
		司机	车站 值班员
7	动车组列车在区间被迫停车后返回(退回)后方站	○	○
8	向区间发出停车作业的列车	○	○
9	在车站、区间临时停车上、下人员	○	○
10	列车需临时降弓运行	○	○
11	因行车设备故障、灾害或施工,以及列车中挂有限速的机车车辆等,需要使列车临时限速运行(纳入运行揭示调度命令或本务机车、动车组自身设备原因限速时除外)	○	○
12	动车组列车空调失效需打开部分车门限速运行	○	○
13	车站使用总辅助按钮		○
14	准许列车越过故障的进站、出站、进路信号机或线路所通过信号机(能开放引导信号时除外)	○	○
15	调度日计划以外,临时加开或停运列车(单机除外)	○	○
16	按地面信号显示运行的列车改按天气恶劣难以辨认信号的办法行车或恢复正常行车	○	○
17	动车组列车转入或退出隔离模式(被救援时除外)	○	
18	动车组列车在列控车载设备控车和 LKJ 控车之间人工转换	○	
19	越出站界调车	○	○
20	利用天窗施工、维修作业		○
21	施工、维修作业较指定时间延迟结束		○
22	运行揭示调度命令与实际限速、行车方式或设备不符时	○	○
23	正线、到发线接触网停电或送电(接触网倒闸、跳闸后试送电、向中性区送电或弓网故障排查除外)		○
24	正线、到发线接触网停电后准许登顶作业	○	○
25	动车组列车按隔离模式运行需以不超过 80km/h 的速度越过接触网分相	○	
26	双管供风旅客列车运行途中改为单管供风	○	○
27	列车调度员认为有必要记录的上述以外的命令	有关人员	

注:(1)划○者为受令人员;上述调度命令涉及其他单位和人员时,应同时发给。

　　(2)受令者为车站值班员的调度命令,不发给集控站车务应急值守人员;集控站转为车站控制由车站值班员指挥行车时应发给车站值班员,并需将前发有关调度命令一并发给车站值班员。

　　(3)动车组列车改按 LKJ 方式运行需将列控车载设备隔离时,列车调度员仅发布改按 LKJ 方式行车的调度命令。

　　(4)仅发给车站值班员的命令只涉及集控站时不发布(转为车站控制时除外)。因调车作业动车组控车模式转换,不发布调度命令。

　　(5)上述调度命令如涉及其他单位和人员时,应同时发给。

(3)发布调度命令的基本规定如下。

①调度命令发布前,应详细了解现场情况,听取有关人员的意见,命令内容、受令处所必须正确、完整和清晰。

②使用计算机、传真机发布调度命令时,命令接受人员确认无误后应及时反馈回执。

③使用电话发布调度命令时，应填记"调度命令登记簿"[附件 2《技规（高速铁路部分）》]，指定受令人员中的一人复诵，并记明发收人员姓名和时刻。

④列车调度员应使用调度命令无线传送系统向司机发布书面调度命令，司机应及时签认接收，不再与列车调度员核对，如有疑问时，必须立即询问列车调度员。调度命令无线传送系统发生故障时，可按规定使用语音记录装置良好的列车无线调度通信设备发布，司机接到调度命令后，必须与列车调度员核对。由车站交付的调度命令，车站值班员可使用调度命令无线传送系统或按规定使用语音记录装置良好的列车无线调度通信设备向司机转达。

⑤列车调度员发布的调度命令与行车关系密切，命令内容必须准确无误。列车调度员已发布的调度命令，当有错、漏或变化时，必须取消前发命令，重新发布全部内容的调度命令。

(4)发布行车调度命令的规定如下。

①调度命令必须在列车进入关系区间（站）前交付；在未确认司机已收到调度命令（得到回执）前，不得开放接发该次列车的出站或进站信号。

②作为行车凭证的调度命令，在接发列车进路准备妥当后，方可向司机发布（转达）。

③使用调度命令无线传送系统传送行车凭证，列车调度员办理接发列车时，由列车调度员传送，车站值班员办理接发列车时，由车站值班员传送。

④对跨铁路局（调度台）的列车，接车局（调度台）列车调度员可委托邻局（调度台）列车调度员转发调度命令，接车局（调度台）要将需转发的调度命令号码和内容发给邻局（调度台），邻局（调度台）将受令情况向接车局（调度台）列车调度员通报。

⑤当调度命令需跨铁路局（调度台）执行时，发布调度命令的列车调度员需要发布给列车担当全区段的调度命令，需要列车运行前方各调度指挥区段掌握和执行的调度命令，还应将调度命令抄知相关调度台。

⑥更换机车或变更限速条件时，应由有关铁路局列车调度员重新发给相关调度命令。途中乘务人员换班时，应将调度命令内容交接清楚。

(5)发布施工、维修作业调度命令的规定如下。

①列车调度员根据施工、维修日计划和开始作业的请求，发布准许进行施工、维修作业调度命令。

②施工作业结束并销记后，列车调度员应及时发布施工作业结束的调度命令。天窗维修作业在指定时间内完成销记时，列车调度员不再发布维修作业结束的调度命令。

③施工开通后有第 1、2、3…列限速要求的列车，由列车调度员单独发布限速调度命令，可不设置列控限速。

④因施工提前、延迟或其他原因造成运行揭示调度命令与实际限速、行车方式或设备不符时，列车调度员应取消前发运行揭示调度命令，向有关司机、车站值班员和施工负责人重新发布全部内容的调度命令；相符时仍按前发运行揭示调度命令执行。

(6)发布运行揭示调度命令的规定如下。

①运行揭示调度命令是指由调度所施工调度发布的涉及限速、行车方式变化和设备变化的调度命令。

②运行揭示调度命令应包括时间、地点、因由、速度、行车方式变化和设备变化等

内容，机务部门应根据运行揭示调度命令及时将有关内容写入 IC 卡。

③发布运行揭示调度命令，不得含有与受令处所无关的内容和命令。

第四节　列　车　运　行

一、行车闭塞

1. 列车运行间隔

为保证列车运行的安全，使同方向列车不致发生追尾冲突，对向列车不致发生迎面相撞，列车运行必须有间隔；同时，在满足列车长度、速度、密度、制动力和信号显示距离等条件下，划分列车运行间隔有利于提高铁路通过能力。目前，保持列车运行之间有一定的间隔距离的办法有如下两类。

空间间隔法——以车站、线路所划分的区间，自动闭塞区间的通过信号机所划分的闭塞分区，作为两列车间隔的行车方法。即在正常情况下，每个区间（或闭塞分区），在同一时间内，只准有一个列车占用。

时间间隔法（又称隔时续行法）——按一定的时间间隔开行续行列车。即第一列车发车后，经过一定的时间，再发出下一列列车。

我国铁路列车运行一般采用空间间隔法，列车运行是以车站、线路所划分的区间和自动闭塞区间的通过信号机或区间信号标志牌划分的闭塞分区作为间隔。区间和闭塞分区的界限，按下列规定划分。

（1）站间区间：①在单线上，车站与车站间以进站信号机柱的中心线为车站与区间的分界线；②在双线或多线上，车站与车站间分别以各线的进站信号机柱或站界标的中心线为车站与区间的分界线。

（2）所间区间：两线路所间或线路所与车站间，以该线上的通过信号机柱的中心线为所间区间的分界线，设有进站信号机的线路所，所间区间的分界方法与站间区间相同。

（3）闭塞分区：自动闭塞区间同方向相邻的两架色灯信号机或区间信号标志牌间，以该线上的通过信号机或区间信号标志牌机柱的中心线为闭塞分区的分界线。

2. 车站均需装设基本闭塞设备

基本闭塞设备是控制一个区间（或闭塞分区）同一时间内，只准许一个列车运行的设备。

通过调度所、相邻车站、线路所和闭塞分区的设备或人为控制，使列车与列车相互间保持一定间隔，以保证列车安全运行的行车方法，称为行车闭塞法。我国高速铁路采用的行车基本闭塞法有自动闭塞、自动站间闭塞两种。其中，自动闭塞以闭塞分区作为列车间隔；自动站间闭塞是以站间（所间）区间作为列车间隔；其列车运行间隔均属于空间间隔法。

当基本闭塞法不能使用时，主要靠人工检查确认和联系制度来保证实现列车运行空间间隔的代用闭塞方法。基本闭塞法停用按电话闭塞法行车时，动车组列车司机应根据调度命令将列控车载设备转为 LKJ 方式运行，未装备 LKJ 的动车组列车转为隔离模式运行。

3. 电话闭塞

遇到下列情况时，应停止使用基本闭塞法，改用电话闭塞法行车：①基本闭塞设备发生故障导致基本闭塞法不能使用时；②自动站间闭塞区间，出站信号机发生故障且引导信号不能开放时发车。

4. 自动闭塞

自动闭塞是将站间（所间）区间划分为若干闭塞分区，以闭塞分区作为列车追踪运行的空间间隔，根据列车运行及有关闭塞分区状态，自动变换信号显示和发送列车移动授权信息，列车凭地面信号或车载信号行车的闭塞方法。

（1）在自动闭塞区段正方向行车时，列车按自动闭塞运行；反方向行车，列车按自动站间闭塞运行。

使用自动闭塞法行车：动车组列车在完全监控、引导或部分监控模式下运行时，行车凭证为列控车载设备显示的允许运行的速度值。动车组列车按 LKJ 方式运行及动车组以外的列车，在信号机常态点灯的区段，进入闭塞分区的行车凭证为出站或通过信号机显示的允许运行的信号；在信号机常态灭灯的区段，进入区间的行车凭证为出站信号机或线路所通过信号机显示的允许运行的信号，信号机应点灯。

在调度集中区段，一个调度区段内可不办理发车预告手续。两相邻调度集中的调度区段间或调度集中区段车站（线路所）向非调度集中区段车站（线路所）发车时，由系统自动办理发车预告，遇到设备发生故障无法自动办理时，由人工办理发车预告（相邻调度区段列车运行调整计划一致时可不办理发车预告）。非调度集中区段车站（线路所）向调度集中区段车站（线路所）发车时，车站值班员应向列车调度员（车站控制时为车站值班员）办理发车预告。

（2）在信号机常态点灯的 CTCS-2 级自动闭塞区段，特殊情况下办理发车的行车凭证规定见表 6-8；CTCS-3 级和信号机常态灭灯的 CTCS-2 级自动闭塞区段，特殊情况下办理发车的行车凭证规定见表 6-9。

（3）自动闭塞区间，遇轨道电路发生故障等情况，需使用总辅助按钮改变闭塞方向，由车站办理接发列车时，车站值班员确认区间空闲后，根据列车调度员命令，使用总辅助按钮改变闭塞方向，并在《行车设备检查登记簿》内登记；由列车调度员办理接发列车时，列车调度员确认区间空闲后，使用总辅助按钮改变闭塞方向，并在《行车设备检查登记簿》内登记。

5. 自动站间闭塞

自动站间闭塞是由区间两端站的出站信号机（线路所通过信号机）和轨道检查装置构成联锁关系，采用轨道检查装置自动检查区间是否空闲，列车以站间（所间）区间为间隔运行，通过办理发车进路和检查列车出清区间的方式，自动实现区间闭塞和区间开通的闭塞方法。自动站间闭塞必须与集中联锁设备结合使用，自动检查区间是否空闲，发车站(线路所)办理发车进路后即自动构成站间闭塞。列车到达接车站(线路所)或返回发车站(线路所)并出清区间后，自动解除闭塞。

表 6-8　信号机常态点灯的 CTCS-2 级自动闭塞区段特殊情况下办理发车的行车凭证表

序号	特殊情况	控车方式	行车凭证	发给行车凭证的依据	附带条件
1	出站信号机(线路所通过信号机)故障时发出列车	LKJ(GYK)控车	调度命令	(1)确认第一个闭塞分区空闲 (2)确认道岔位置正确和进路空闲	以不超过 20km/h(动车组列车为不超过 40km/h)速度运行至第一架通过信号机，按其显示的要求执行
2		隔离模式运行		(1)确认区间空闲 (2)确认道岔位置正确及进路空闲	以不超过 40km/h 速度运行至前方站进站信号机(线路所通过信号机)
3	发车进路信号机故障时发出列车	LKJ(GYK)控车	调度命令	(1)确认发车进路空闲 (2)确认道岔位置正确	以不超过 20km/h(动车组列车为不超过 40km/h)速度运行至次一信号机
4	发车进路信号机故障时发出列车	隔离模式运行	调度命令	(1)确认发车进路空闲 (2)确认道岔位置正确	以不超过 40km/h 速度运行至次一信号机
5	区间一架及以上通过信号机故障时发出列车	CTCS-2 级控车	列控车载设备显示的允许运行的速度值	确认区间空闲	
6		LKJ(GYK)控车	出站信号机(线路所通过信号机)显示的允许运行的信号		
7	反方向发出列车	CTCS-2 级控车	列控车载设备显示的允许运行的速度值	(1)确认区间空闲 (2)反方向行车的调度命令	
8		LKJ(GYK)控车	出站信号机(线路所通过信号机)显示的允许运行的信号		

表 6-9　CTCS-3 级和信号机常态灭灯的 CTCS-2 级自动闭塞区段特殊情况下办理发车的行车凭证表

序号	特殊情况	控车方式	地面信号机状态	行车凭证	发给行车凭证的依据	附带条件
1	开放引导信号发出列车	CTCS-3 级控车 CTCS-2 级控车	灭灯	列控车载设备显示的允许运行的速度值	(1)确认第一个闭塞分区空闲(发车进路信号机开放引导信号时，为确认至次一信号机间空闲) (2)确认道岔位置正确和进路空闲	
2		LKJ(GYK)控车	点灯	出站信号机(发车进路信号机、线路所通过信号机)显示的允许运行的信号	(1)确认区间空闲(发车进路信号机开放引导信号时，为确认至次一信号机间空闲) (2)确认道岔位置正确和进路空闲	

续表

序号	特殊情况	控车方式	地面信号机状态	行车凭证	发给行车凭证的依据	附带条件
3	出站信号机（线路所通过信号机）故障且引导信号不能开放时发出列车	LKJ(GYK)控车	点灯	调度命令	(1)确认区间空闲 (2)确认道岔位置正确和进路空闲	以不超过40km/h速度运行至前方站进站信号机(线路所通过信号机)
4		隔离模式运行				
5	发车进路信号机故障且引导信号不能开放时发出列车	LKJ(GYK)控车	点灯	调度命令	(1)确认发车进路空闲 (2)确认道岔位置正确	以不超过20km/h（动车组列车为不超过40km/h）速度运行至次一信号机
6		隔离模式运行				以不超过40km/h速度运行至次一信号机
7	区间一个及以上闭塞分区轨道电路红光带时发出列车	CTCS-3级控车 CTCS-2级控车	灭灯	列控车载设备显示的允许运行的速度值	确认区间空闲	
8		LKJ(GYK)控车	点灯	调度命令	(1)确认区间空闲 (2)确认道岔位置正确和进路空闲	
9	反方向发出列车	CTCS-3级控车 CTCS-2级控车	灭灯	列控车载设备显示的允许运行的速度值	(1)确认区间空闲 (2)反方向行车的调度命令	
10		LKJ(GYK)控车	点灯	出站信号机(线路所通过信号机)显示的允许运行的信号		

（1）使用自动站间闭塞法行车，动车组列车在完全监控、引导或部分监控模式下运行时，行车凭证为列控车载设备显示的允许运行的速度值。动车组列车按LKJ方式运行及动车组以外的列车，进入区间的行车凭证为出站信号机或线路所通过信号机显示的允许运行的信号（在信号机常态灭灯的区段，信号机应点灯）。

自动站间闭塞必须与集中联锁设备结合使用，自动检查区间是否空闲，发车站（线路所）办理发车进路后即自动构成站间闭塞。列车到达接车站（线路所）或返回发车站（线路所）并出清区间后，自动解除闭塞。

人工办理发车进路前，必须确认区间空闲、接车站（线路所）未办理同一区间的发车进路。

一个调度区段内可不办理发车预告手续。两相邻调度集中的调度区段间或调度集中区段车站（线路所）向非调度集中区段车站（线路所）发车时，应由系统自动办理发车预告，遇到设备故障无法自动办理时，由人工办理发车预告（相邻调度区段列车运行调整计划一致时可不办理发车预告）。非调度集中区段车站（线路所）向调度集中区段车站（线路所）发车时，车站值班员应向列车调度员（车站控制时为车站值班员）办理发车预告。

（2）在信号机常态点灯的 CTCS-2 级自动站间闭塞区段，特殊情况下办理发车的行车凭证规定见表 6-10；CTCS-3 级和信号机常态灭灯的 CTCS-2 级自动站间闭塞区段，特殊情况下办理发车的行车凭证规定见表 6-11。

表 6-10　信号机常态点灯的 CTCS-2 级自动站间闭塞区段特殊情况下
办理发车的行车凭证表

序号	特殊情况	控车方式	行车凭证	发给行车凭证的依据	附带条件
1	出站信号机（线路所通过信号机）故障时发出列车	LKJ（GYK）控车	调度命令	（1）确认区间空闲 （2）确认道岔位置正确和进路空闲	以不超过 40km/h 速度运行至前方站进站信号机（线路所通过信号机）
2		隔离模式运行			
3	发车进路信号机故障时发出列车	LKJ（GYK）控车	调度命令	（1）确认发车进路空闲 （2）确认道岔位置正确	以不超过 20km/h（动车组列车为不超过 40km/h）速度运行至次一信号机
4		隔离模式运行			以不超过 40km/h 速度运行至次一信号机
5	反方向发出列车	CTCS-2 级控车	列控车载设备显示的允许运行的速度值	（1）确认区间空闲 （2）反方向行车的调度命令	
6		LKJ（GYK）控车	出站信号机（线路所通过信号机）显示的允许运行的信号		

表 6-11　CTCS-3 级和信号机常态灭灯的 CTCS-2 级自动站间闭塞区段特殊
情况下办理发车的行车凭证表

序号	特殊情况	控车方式	地面信号机状态	行车凭证	发给行车凭证的依据	附带条件
1	开放引导信号发出列车	CTCS-3 级控车 CTCS-2 级控车	灭灯	列控车载设备显示的允许运行的速度值	（1）确认区间空闲（发车进路信号机开放引导信号时，为确认至次一信号机间空闲） （2）确认道岔位置正确和进路空闲	
2		LKJ（GYK）控车	点灯	出站信号机（发车进路信号机、线路所通过信号机）显示的允许运行的信号		
3	出站信号机（线路所通过信号机）故障且引导信号不能开放时发出列车	LKJ（GYK）控车	点灯	调度命令	（1）确认区间空闲 （2）确认道岔位置正确和进路空闲	以不超过 40km/h 速度运行至前方站进站信号机（线路所通过信号机）
4		隔离模式运行				

序号	特殊情况	控车方式	地面信号机状态	行车凭证	发给行车凭证的依据	附带条件
5	发车进路信号机故障且引导信号不能开放时发出列车	LKJ（GYK）控车	点灯	调度命令	（1）确认发车进路空闲 （2）确认道岔位置正确	以不超过 20km/h（动车组列车为不超过 40km/h）速度运行至次一信号机
6		隔离模式运行				以不超过 40km/h 速度运行至次一信号机
7	反方向发出列车	CTCS-3 级控车 CTCS-2 级控车	灭灯	列控车载设备显示的允许运行的速度值	（1）确认区间空闲 （2）反方向行车的调度命令	
8		LKJ（GYK）控车	点灯	出站信号机（线路所通过信号机）显示的允许运行的信号		

6. 电话闭塞

电话闭塞法是当基本闭塞法不能使用时，根据列车调度员命令所采用的代用闭塞法。由于此种闭塞方法不能从设备上完成闭塞手续，完全由人工办理，所以两站间的闭塞手续，必须在查明区间确实空闲后，方可办理。

（1）使用电话闭塞法行车时，列车占用区间的行车凭证为调度命令。列车调度员办理发车时，应查明区间是否空闲，接车站（线路所）为车站控制或邻台列车调度员控制时，还应取得其承认的电话记录号码（双线正方向首列后发车为取得前次列车到达的电话记录号码）；在发车进路准备妥当后，方可发布作为行车凭证的调度命令。

车站值班员办理发车时，应查明区间是否空闲，并取得接车站（线路所）承认的电话记录号码，但双线正方向首列后发车为取得前次列车到达的电话记录号码（办理发车和接车的车站、线路所为同一车站值班员指挥时不办理电话记录号码），在发车进路准备妥当后，方可向列车调度员报告，请求发布作为行车凭证的调度命令。

（2）办理电话闭塞时，下列各项应发出电话记录号码（办理发车和接车的车站、线路所为同一车站值班员或列车调度员指挥时除外），并做好记录：①承认闭塞；②列车到达；③取消闭塞。

为了便于记录和查看，电话记录号码自每日 0 时起至 24 时止，按日循环编号，具体编号办法由铁路局规定。但在同一区间、同一方向一日内不得使用同一号码，以免发生错误。

二、接发列车

1. 列车出发

动车组列车在车站出发，动车组列车司机在确认行车凭证和开车时间，车门关闭后，即可起动列车。

动车组列车由列车长确认旅客上下完毕后，通知司机关闭车门；列车进站停车时，司机按动车组停车位置标停车，确认列车停稳、对准停车位置后开启车门。按钮不在司机操作台上时，由列车长通知随车机械师关闭车门；列车到站停稳后，由随车机械师开启车门。当自动开关门装置发生故障或特殊情况需单独开关车门时，由司机通知列车工作人员手动开关车门。

动车组列车在车站出发，动车组列车司机确认行车凭证和开车时间，车门关闭后，即可起动列车。动车组以外的其他列车在车站出发，司机确认行车凭证正确，发车条件完备后，直接起动列车；办理客运业务时，车站客运人员确认旅客乘降、上水、行包装卸完毕后，通过无线对讲设备通知司机，司机需得到车站客运人员的报告后，方可起动列车。

2. 接发列车基本要求

接发列车是车站行车工作的基本内容。不间断地接发列车，严格按列车运行图行车，是车站的基本任务之一，也是列车运行安全正点的重要保证。为保证车站接发列车的安全，必须按规定的程序办理。由于参加接发车工作的人员多，作业环节复杂，在接发列车工作中的任何疏忽或差错都可能造成列车晚点或行车事故，所以，所有参加接发车工作的有关人员，都必须认真执行规定的程序和用语，贯彻集中领导、统一指挥、逐级负责的原则，做到安全、迅速、准确、不间断地接发列车，严格按运行图行车。

车站值班员办理接发列车(列车调度员人工办理接发列车)时，应亲自办理闭塞、布置进路(包括听取进路准备妥当的报告)、开闭信号和交接凭证。由于设备或业务量关系，车站值班员除了布置进路(包括听取进路准备妥当的报告)，其他各项工作可指派信号员或其他人员办理；列车调度员人工办理接发列车时，除了办理闭塞、布置进路(包括听取进路准备妥当的报告)，其他各项工作可指派车务应急值守人员或其他人员办理。

3. 准备进路

(1)人工办理进路接车前，必须亲自或通过有关人员确认接车线路空闲、影响进路的调车作业已经停止后，方可准备进路、开放进站信号机，准备接车；人工办理进路发车前，确认影响进路的调车作业已经停止后，方可准备进路、开放出站信号机，交付行车凭证。

(2)下达准备接发车进路命令时，必须简明清楚，正确及时，讲清车次和占用线路(一端有两个及以上列车运行方向或双线反方向行车时，应讲清方向、线别)，并要受令人复诵，核对无误。

（3）人工准备进路时，应严格按照接发列车命令、调车作业计划执行。在扳动道岔、操纵信号时，认真执行"一看、二扳（按）、三确认、四显示（呼唤）"制度；对进路上不该扳动的道岔，也应认真进行确认。其他人员接发列车进路准备完成后，应及时报告车站值班员或列车调度员（能从设备上确认的除外）。

4. 相对方向同时接车和同方向同时发接列车

为保证车站接发列车作业的安全，须根据进站方向的坡度、接车线末端有无隔开设备及列车的性质，确定车站能否办理相对方向同时接车或同方向同时发接列车。

（1）进站信号机外制动距离内，进站方向为超过 6‰ 的下坡道，而接车线末端无隔开设备时，禁止办理相对方向同时接车和同方向同时发接列车（仅运行动车组列车的区段除外），如图 6-4、图 6-5 所示。

隔开设备系指安全线、避难线、平行进路和能起隔开作用的有联锁的防护道岔。

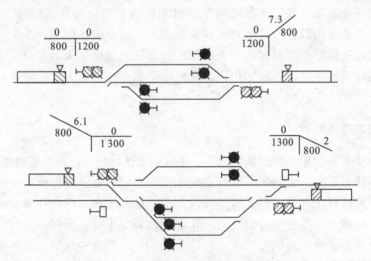

图 6-4　禁止相对方向同时接车示意图

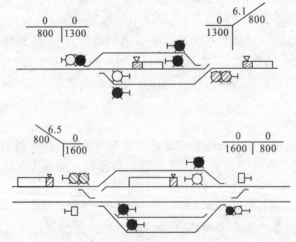

图 6-5　禁止同方向同时发接列车示意图

列车在超过 6‰ 的下坡道上运行时，列车制动的难度加大，如司机不能正确施行制动，一旦越过接车线末端警冲标或冒进出发信号，而该线末端未设隔开设备，就可能与另一端进、出站的列车发生冲突。因此规定进站信号机外制动距离内有超过 6‰ 的换算下坡道，接车线末端又无隔开设备时，禁止办理相对方向同时接车和同方向同时发接列车。但是，高速铁路采用了先进的动车组列车和列控系统，根据有关研究结论，动车组列车在列控车载设备(或列车运行监控装置)、制动系统工作正常的情况下，能保证列车不超速、不冒进，列车进站停车时可安全停在规定的区域内，设备正常时无需延续进路起防护作用，因此仅运行动车组列车的区段可不执行上述规定。同时，对仅运行动车组列车的区段，对进站方向为超过 6‰ 下坡道的接车线末端也不再设置延续进路。

（2）在接发列车的同时，接入列控车载设备和列车运行监控装置均发生故障的动车组列车、制动力部分切除的动车组列车、列车运行监控装置或轨道车运行控制设备发生故障的其他列车，而接车线末端无隔开设备时，禁止办理相对方向同时接车和同方向同时发接列车。

（3）相对方向不能同时接车时，应先接不适于在站外停车的列车、停车后起动困难的列车或后面有续行列车的列车。

（4）当两列车不能同时接发时，原则上应按列车运行计划顺序接发，以尽量维持原列车运行秩序。

5. 开放信号时机及进路取消

（1）严格按规定时机开闭信号机是保证安全正点接发列车的一项重要工作，因此，应在高速铁路《行车组织细则》内明确规定人工办理时信号开放时机。

信号开放后，即锁闭有关进路上的道岔，信号关闭后，有关道岔即解锁，所以信号开放过早，会提前占用咽喉区，影响调车作业及其他工作；开放过晚，会造成列车在信号机外减速或停车，不仅影响正点率，而且威胁安全。因此，信号机开放时机，应是列车正点到达车站或从车站出发前的一个合理时间。

计算进站信号机开放时机时，主要是确定列车运行进站距离所需的时间，如图 6-6 所示。

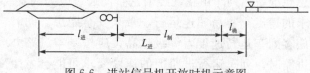

图 6-6　进站信号机开放时机示意图

图 6-6 中，$l_{确}$ 为司机确认进站信号机或预告信号机显示时间内所走行的距离，m；$l_{制}$ 为该站进站信号机前规定的制动距离，m；$l_{进}$ 为进站信号机至接车线末端出站信号机或警冲标的距离，m；$L_{进}$ 为列车通过的进站距离，m。

用分析计算法计算开放进站信号机时机的公式如下：

$$t_{开} = t_{到} - t_{进}$$
$$= t_{到} - 0.06(l_{确} + l_{制} + l_{进})/v_{进}$$
$$= t_{到} - 0.06 L_{进} /v_{进}$$

式中，$t_开$ 为列车到达车站前最晚开放进站信号机的时刻；$t_到$ 为按规定列车到达车站的时刻；$t_进$ 为列车走完进站距离($L_进$)的时间，min；$v_进$ 为列车走完进站距离的平均速度，km/h；0.06 为将 km/h 化成 m/min 的系数。

在一般情况下，考虑列车运行可能早到，应附加一定时间，适当提前开放进站信号的时机。

发车时，列车调度员（车站值班员）开放出站信号，应能保证完成包括确认出站信号机的显示等作业所需的时间，使列车由车站按规定时刻出发，这就是开放出站信号机的时机。

(2)出站信号机已开放或行车凭证已交付，如果需要取消发车进路，列车调度员（车站控制时为车站值班员）应与司机联系，确认列车尚未起动，收回行车凭证后，再取消发车进路。

6. 办理接发列车应遵循的原则

正线或到发线的道岔和线路质量好，信号、联锁设备完善，能保障列车安全地进、出车站。为保证安全和正确地接发列车，便于进行列车技术作业，发列车应在正线或到发线上办理，并应遵守下列原则。

(1)旅客列车应接入规定线路。旅客列车在安全和速度方面要求较高，还要考虑便于进行旅客乘降、行包装卸及客车上水等工作，办理客运业务的旅客列车应接入靠近站台的旅客列车到发线。

(2)动车组列车在车站办理客运业务时，需固定股道、固定站台和固定停车位置的，或动车组列车遇到特殊情况需变更办理客运业务的固定股道时，需经调度所值班主任（值班副主任）准许。

(3)通过列车原则上应在正线办理，原规定为通过的旅客列车由正线变更为到发线接车和动车组列车、特快旅客列车遇到特殊情况必需变更基本进路时，须经列车调度员准许，并预告司机；当来不及预告时，应使列车在站外停车后，开放信号机，再接入站内。

上述规定主要是考虑列车经道岔直向运行时允许速度高，而经侧向运行时允许速度低，如司机没有思想准备，列车由正线经道岔直向通过改为到发线经道岔侧向接车，可能难以降低到要求的速度，容易超速运行，带来安全隐患。同时，动车组列车、特快旅客列车较其他旅客列车运行速度、等级也高，应按基本进路办理，当车站因特殊原因必须变更基本进路时，列车运行进路上的速度要求可能会发生变化，应告知司机提前作好准备。

(4)动车组列车按列控车载设备方式行车时，禁止在未设置列控信息的股道和进路上接发。当股道及进路上未设置列控信息时，会造成列控车载设备收不到控车信息的情况，从而触发制动，危及动车组运行安全。

7. 路用、救援列车开行

在动车组列车运行时段内，特殊情况需开行路用、救援列车（利用动车组、单机担当救援时除外）时，列车调度员口头通知邻线会车范围内运行的动车组列车司机限速

160km/h 运行。这主要是考虑到路用、救援列车(利用动车组、单机担当救援时除外)货物和机具装载加固等方面存在的问题可能影响邻线高速运行的动车组列车的安全,所以要求邻线会车范围内运行的动车组列车限速 160km/h 运行。

8. 站内无空闲线路接车

列车调度员(车站控制时为车站值班员)应保证有不间断接车的空闲线路。在站内无空闲线路的特殊情况下,只准许接入为排除故障、事故救援和疏解车辆等所需要的救援列车、不挂车的单机和重型轨道车。上述列车均应在进站信号机外停车,由列车调度员(车站控制时为车站值班员)指定的胜任人员向司机通知事由后,以调车手信号旗(灯)将列车领入站内。此外,接车前,列车调度员(车站控制时为车站值班员)应派人通知接车线内机车、重型轨道车司机,禁止移动其位置,防止与接入列车发生冲突。

9. 列车进站停车

列车进站后,应停于接车线警冲标内方,以防止侧面冲突及影响邻线接发列车和调车作业。在设有出站(进路)信号机的线路,列车头部不得越过出站(进路)信号机。

如列车尾部停在警冲标外方或压轨道绝缘时,列车调度员(车站控制时为车站值班员)应使用列车无线调度通信设备等通知司机,使列车向前移动。

10. 引导接车

进站、接车进路信号机不能使用时,应使用引导信号。引导信号无法使用时,列车调度员应向司机发布调度命令,司机根据调度命令越过该信号机。高速铁路取消引导手信号接车方式,这是因为高速铁路列车运行速度高,作业人员进入线路作业,劳动安全隐患大,也会影响邻线列车运行速度。

引导接车时,列车以不超过 20km/h(动车组列车为不超过 40km/h)的速度进站,并作好随时停车的准备。

在无联锁的线路上接发列车时,除了严格按接发列车手续办理,还应将进路上无联锁的道岔和邻线上防护道岔加锁。进路上无联锁的分动外锁闭道岔无论对向或顺向,均应对密贴尖轨、斥离尖轨和可动心轨加锁。具体加锁办法,由铁路局根据道岔、加锁工具及劳动组织等具体情况规定。

11. 站内临时停车

列车在站内临时停车,待停车原因消除且继续运行时,应按下列规定办理:

(1)司机主动停车时,自行起动列车;

(2)其他列车乘务人员使用紧急制动装置(紧急制动阀)停车时,由随车机械师(车辆乘务员)通知司机开车;

(3)列车调度员(车站值班员)使列车在站内临时停车时,由列车调度员(车站值班员)通知司机开车;

(4)其他原因的临时停车,列车调度员(车站值班员)应组织司机、随车机械师(车辆乘务员)等查明停车原因,在列车具备运行条件后,由列车调度员(车站值班员)通知司机开车。

上述第(1)、(2)和(4)项列车停车后，司机应立即报告列车调度员(车站值班员)，并说明停车原因。

12. 车站调度集中控制模式转换

在非正常情况下，集控站转为车站控制时，车务应急值守人员应报告站段指派胜任人员赶赴现场，协助做好非正常行车工作。

除了因危及行车安全必须立即转换为非常站控，列车调度员提出转为非常站控时，需经调度所值班主任(值班副主任)准许。

转为非常站控时，车务应急值守人员和列车调度员需在《CTC控制模式转换登记簿》(见《铁路技术管理规程》(高速部分)附件3)内登记，记明转换的原因；车务应急值守人员与列车调度员核对设备状况、站内停留车情况、列车运行计划、邻站(线路所)控制模式和与本站(线路所)有关的调度命令等情况。转为非常站控后，应通知司机车站(线路所)转为非常站控。

转为非常站控的原因消除后，双方在《CTC控制模式转换登记簿》内登记，并及时转回。

13. 动车组列车隔离模式运行组织

动车组列车按隔离模式由车站(线路所)开往区间时，需按站间组织行车，列车按地面信号显示运行(常态灭灯的区段应点灯)，列车运行速度不超过40km/h(在越过接触网分相有困难的特殊情况下，列车调度员可根据司机请求发布调度命令，列车以不超过80km/h的速度越过接触网分相)，待该列车到达前方站(线路所)后方可放行后续列车。

按站间组织行车，是指不改变原行车闭塞法，人工控制按站间间隔放行列车。

三、列车运行

1. 列车区间停车下车作业

列车在区间停车需下车处理时，列车调度员发布邻线列车限速160km/h及以下的调度命令，限速位置按停车列车位置前后各1km确定；司机在接到列车调度员已发布相关调度命令的口头指示后，通知有关作业人员办理。需组织旅客疏散时，必须扣停邻线列车；司机在接到列车调度员已扣停邻线列车的口头指示后，通知有关作业人员办理。

由于旅客疏散控制难度大，如果邻线再运行列车时，势必危及旅客人身安全，所以必须扣停邻线列车。

2. 列车运行限制速度

列车(动车组列车按列控车载设备方式行车时除外)运行限制速度规定见表6-12。

表 6-12　列车运行限制速度表

项目	速度/(km/h)
四显示自动闭塞区段通过显示绿黄色灯光的信号机	在前方第三架信号机前能停车的速度
通过显示黄色灯光的信号机	在次一架信号机前能停车的速度
通过显示一个黄色闪光灯光和一个黄色灯光的信号机	该信号机防护进路上道岔侧向的允许通过速度
通过减速地点标	标明的速度，未标明时为 25
推进	30
退行	15
接入站内尽头线，自进入该线起	30

3. 动车组经过道岔及曲线限制

动车组一般情况下不得通过半径小于 250m 的曲线，通过半径为 250m 的曲线时，限速 15km/h；不得侧向通过小于 9 号的单开道岔和小于 6 号的对称双开道岔。

动车组单节车辆长度在 25~27m，由于受车辆长度和轴距的限制，一般情况下不得通过半径小于 250m 的曲线，在困难条件下，通过曲线半径为 250m 曲线时，应采取限速通过的方式，限速 15km/h；同时，小于 9 号的单开道岔和小于 6 号的对称双开道岔，其导曲线半径小，动车组通过时安全风险大，因此规定不得侧向通过小于 9 号的单开道岔和小于 6 号的对称双开道岔。

虽然 9 号单开道岔和 6 号的对称双开道岔存在导曲线半径小于 250m 的情况，但由于导曲线长度短，动车组单节车辆不会全部停留在导曲线上，所以动车组侧向通过 9 号道岔或 6 号的对称双开道岔时，应按道岔侧向的限速要求运行。

4. 跨线运行

(1) 当未装备 LKJ 的动车组列车在 CTCS-0/1 级区段按机车信号模式运行时，列车按地面信号机显示运行，最高运行速度不超过 80km/h。低于 80km/h 的限速按调度命令执行，线路允许速度低于 80km/h 的区段由司机控制列车运行速度。

(2) 动车组列车在 CTCS-2 级区段与 CTCS-0/1 级区段级间自动转换失败时，司机应立即报告列车调度员(车站值班员)，并按下述规定办理：由 CTCS-2 级区段向 CTCS-0/1 级区段运行时，停车后根据调度命令手动转换；由 CTCS-0/1 级区段向 CTCS-2 级区段运行时，可维持按 LKJ 方式继续运行。

(3) 动车组列车在 CTCS-3 级区段与 CTCS-2 级区段级间自动转换失败时，司机应立即报告列车调度员(车站值班员)，并按下述规定办理：由 CTCS-3 级区段向 CTCS-2 级区段运行时，停车后手动转换；由 CTCS-2 级区段向 CTCS-3 级区段运行时，维持 CTCS-2 级方式继续运行。

(4) 高速铁路车站(线路所)向衔接的其他线路车站(线路所)发出列车时，有关行车凭证按高速铁路规定执行；高速铁路衔接的其他线路车站(线路所)向高速铁路车站(线路所)发出列车时，有关行车凭证按其他线路规定执行。不同线路间接发列车时，总体原则是按发车站确定行车凭证。

5. 动车组回送要求

(1)动车组回送按旅客列车办理,原则上采用自走行方式。无动力回送时可根据回送技术条件加挂回送过渡车,使用客运机车牵引,回送过渡车需挂于机后第一位。8 辆编组的动车组可两列重联回送。未装备 LKJ 的动车组需在 CTCS-0/1 级区段回送时,应采取无动力回送方式。

(2)动车组回送运行时,需安排动车组司机和随车机械师值乘。有动力回送时,非担当区段应指派带道人员。

(3)动车组回送不进行客列检作业。

(4)动车组安装过渡车钩回送时,按规定限速运行,尽可能避免实施紧急制动。发生紧急制动后,本务司机必须通知随车机械师,经随车机械师检查过渡车钩状态良好后方可继续运行。

(5)动车组回送时,相关动车段(所)、造修单位应提出限速、回送方式(有动力、无动力)和可否折角运行等注意事项。

四、限速管理

1. 临时限速管理

1)临时限速基本要求

需临时限速时,应由有关单位(人员)提出限速申请或由自然灾害和异物侵限监测系统报警提示。列车调度员应按规定发布临时限速调度命令,并设置列控限速(针对某一列车的限速除外);来不及时,应立即通知司机限速运行,司机按列车调度员通知的限速要求控制列车运行。

2)限速要求不一致时的处理

在同一处所(地段),当多个单位、自然灾害和异物侵限监测系统提出的限速要求不一致时,列车调度员按最低限速值发布临时限速调度命令。

3)临时限速转为用运行揭示调度命令发布

对于 24h 内不能取消的临时限速,限速登记单位或设备管理单位应提出限速申请,报告主管业务处,由主管业务处审核后提交调度所发布运行揭示调度命令。列车调度员确认在途列车司机已收到该运行揭示调度命令后,方可不再向该列车司机发布临时限速调度命令。

临时限速需向所有相关列车的司机发布临时限速调度命令,如果临时限速时间过长,LKJ 或 GYK 方式控车的列车由司机根据调度命令人工控制列车限速运行,不利于列车运行安全控制,并且会增加列车调度员、车站值班员和列车司机的工作量和劳动强度,也存在漏传、漏交调度命令等安全隐患。因此,规定 24h 内不能取消的临时限速应纳入运行揭示调度命令,写入 IC 卡,采取设备控制手段。

4)运行揭示调度命令限速变更

需变更已纳入运行揭示调度命令管理的限速时,设备管理单位应及时登记,同时向铁路局主管业务处提出新的限速条件或恢复常速申请，调度所根据主管业务处提出的申请，重新发布运行揭示调度命令。

2. 列控限速管理

1) 列控限速

列控限速是由列控系统对某一范围（区段）内采用列控车载设备（ATP）控制运行的动车组列车实施限速控制的手段。

(1)用于列车运行控制系统的限速设置（数据格式）称为列控限速。列控限速由列车调度员通过 CTC 进行设置或取消，并采用双重口令，由列控系统执行。

(2)列控限速数据包括线路号、相关受令车站、限速位置、限速值、限速执行方式、限速开始和结束时间等，侧线列控限速应增加车站号信息。

(3)列控中心控制的每个有源应答器只管辖一定范围内的限速，限速区可以设置在区间、站内正线、站内侧线或区间跨站内正线。

2) 列控限速设置

(1)列控限速按档分为不同的限速等级，最低为 45km/h。

各高速铁路由于建设时间不同，执行的标准有差异，列控限速的档级及设置方式也不相同。区间及站内正线临时限速一般按线路正方向设置，限速值按档设置，最低 45km/h，最长限速区长度为临时限速服务器对应的调度台管界范围。侧线临时限速以上、下行侧线（不含正线）分别按区设置，临时限速值一般设 45km/h 和 80km/h 两档。

(2)设置列控限速时，应按照不高于限速值的原则选择相应限速等级进行设置，但低于 45km/h 的限速按 45km/h 设置。

(3)设置和取消列控限速应按规定流程办理。设置任何列控限速不能影响已存在的临时限速，取消限速命令不能影响其他临时限速。列控限速的设置和取消，一是要按列控限速命令管理的规定流程办理，二是在 CTC 终端操作时须按系统规定的流程办理。

3) 调度命令限速值与列控限速不一致时的处理方法

如调度命令的限速值低于列控车载设备显示的目标速度时，动车组列车司机应按调度命令控制列车运行。当实际限速与运行揭示调度命令（临时限速调度命令）限速相符，而列控限速归档造成列控限速与运行揭示调度命令（临时限速调度命令）限速不符时，列车调度员不再向动车组列车司机发布临时限速调度命令。

4) 低于 45km/h 的限速

对于低于 45km/h 的限速，动车组列车司机按实际限速调度命令的限速值控制列车运行。装备 LKJ 的动车组列车，限速命令已写入 IC 卡时，动车组列车司机应根据调度命令在限速地段前一站停车，改按 LKJ 方式运行，司机按限速调度命令和 LKJ 设置控制列车通过限速地段；未写入 IC 卡时，动车组列车司机应根据限速调度命令人工控制列车通过限速地段。未装备 LKJ 的动车组列车，动车组列车司机应根据限速调度命令人工控制列车通过限速地段。

5) 列控限速设置不成功时的处理方法

为确保动车组列车不超速进入限速地段，列控限速应在动车组列车进入该限速地段前一站前设置完成。

列车调度员设置列控限速不成功时，列控车载设备不会收到和执行限速，存在动车组列车超速的隐患，必须采取如下措施确保动车组列车运行安全。

(1)对装备 LKJ 的动车组列车，列控限速设置不成功时，列车调度员应关闭（车站控制时为通知车站值班员关闭）进入该限速地段前一站的出站信号，发布动车组列车改按 LKJ 方式行车的调度命令。司机在该站停车转换为 LKJ 方式，按以下方式运行。

①动车组列车司机在出乘前已收到该限速的运行揭示调度命令时，列车调度员与司机核对限速的运行揭示调度命令无误后，方可放行列车，司机按运行揭示调度命令和 LKJ 设置控制列车运行速度，通过限速地段。

②动车组列车司机在出乘前未收到该限速的运行揭示调度命令时，列车调度员应向司机发布限速调度命令（最高不超过 40km/h），核对无误后，方可放行列车，司机按限速调度命令人工控制列车通过限速地段。

(2)对未装备 LKJ 的动车组列车，列控限速设置不成功时，列车调度员应关闭（车站控制时为通知车站值班员关闭）进入该限速地段前一站的出站信号，向司机发布限速调度命令（最高不超过 40km/h），核对无误后，方可放行列车。司机按限速调度命令人工控制列车通过限速地段。

第五节　调车工作

一、调车工作

调车工作是铁路运输生产过程中的基本环节，是车站、动车段（所）主要的工作内容之一，高速铁路调车工作主要包括动车组的转线、重联或解编作业，旅客列车车底取送、转线、编组、解体和摘挂作业，以及施工路用列车（机车、自轮运转特种设备及其他施工路用列车）的转线、编组、解体和摘挂等作业。调车工作对及时办理动车组出入段（所）、转线及旅客列车车底取送等作业，按需要调动机车车辆，完成列车技术检查、整备作业，保证按运行图行车、安全正点发车，全面提高服务质量，完成铁路运输的数量与质量指标任务，都有着十分重要的意义。

1. 一般要求

(1)车站、动车段（所）的调车工作，应按列车运行图、车站或动车段（所）的技术作业过程和调车作业计划进行。参加调车作业的有关人员应做到如下几点。

①及时办理动车组出入段（所）、转线和车底取送等作业，保证按列车运行图的规定时刻发车，不影响接车；明确接发车与调车的关系，即调车作业要保证发车、不影响接车。旅客列车始发量较大的车站，应从保证旅客列车正点始发的原则出发，加强联系，做到车辆检修、取送车底与出入库兼顾。检修车辆按需要应实行定点、定时取送，以保证客车检修作业的正常进行。

②充分运用一切技术设备，采用先进工作方法，用最少的时间完成调车任务。一方面要发挥调车人员的积极性，密切配合、协同动作，不断提高劳动生产率；另一方面要

经济合理地运用一切技术设备，采用先进工作方法，尽可能组织平行作业，压缩各种非生产时间，提高调车效率。

③认真执行作业标准，保证调车有关人员的人身安全和行车安全。调车工作是在动态中进行的，作业组织复杂，多工种联合动作，时常面对恶劣的天气和多变的环境，影响因素多，所以调车作业必须认真执行规章制度，落实作业标准，遵章守纪，防止一切可能发生的事故。

(2)调车作业时，应使用机车综合无线通信设备、调度台(车站)FAS终端或注册的GSM-R手持终端进行联系。

使用机车进行调车作业时，应使用无线调车灯显设备(机车摘挂、转线等不进行车辆摘挂的作业除外)，并使用规定频率，其显示方式需符合有关要求。无线调车灯显设备应与列车运行监控装置配合使用，无线调车灯显设备的使用、维修和管理办法由铁路局规定。"机车摘挂、转线等不进行车辆摘挂的作业"，作业过程简单，没有调车指挥人和调车人员参与，若使用无线调车灯显设备反而增加设备和作业环节，因此，对此作业不要求采用无线调车灯显设备。

无线调车灯显设备正常使用时停用手信号，对灯显以外的作业指令采用通话方式；无线调车灯显设备发生故障时，改用手信号作业。

(3)动车段(所)设动车组地勤司机，负责动车组在动车段(所)内调车、试运行等调移动车组的作业。这主要是考虑到在动车段(所)内有大量动车组转线和出入洗刷、检修线及重联以及解编作业，设专职动车组地勤司机负责以上作业很有必要。

(4)禁止溜放调车、手推调车和跟踪出站调车作业。高速铁路坡度大，且多为动车组列车运行和动车组调车作业，站场条件有限、列车运行速度高、安全标准和要求高，为确保安全，所以规定高速铁路禁止办理以上调车作业。

(5)在作业中，调车作业人员需停车上下。

(6)调车作业必须连接全部软管。摘车时，必须将车停妥，按规定采取好防溜措施，方可摘开车钩；挂车时，若没有连挂妥当，不得撤除防溜措施。

(7)调车作业要准确掌握速度和安全距离，并遵守下列规定：

①在空线上牵引运行时，不准超过40km/h；推进运行时，不准超过30km/h；动车组后端操作时，不准超过15km/h。

②调动乘坐旅客车辆时，不准超过15km/h；

③接近被连挂的车辆时，不准超过5km/h。

④在尽头线上调车时，距线路终端应有10m的安全距离；遇到特殊情况，安全距离必须小于10m时，要严格控制速度。

⑤电力机车、动车组在有接触网终点的线路上调车时，应控制速度，距接触网终点标应有10m的安全距离；遇到特殊情况，安全距离必须小于10m时，要严格控制速度。

⑥旅客未上下车完毕时，除了本务机车、补机摘挂作业，不得进行旅客列车(车底)的连挂作业。

⑦遇到天气不良等非正常情况时，应适当降低速度。

(8)调车信号机故障不能开放时，进路准备人员应将相关道岔操纵至所需位置并单独锁闭，在调车进路准备妥当后通知调车指挥人(司机)越过故障的调车信号机。

调车信号机故障不能开放时，调车指挥人（司机）无法从设备上确认进路和取得允许运行的信号，考虑调车作业是按计划进行，作业大多是在车站、动车段（所）的咽喉和线路间进行，发生故障后不宜长时间停留、等待，影响咽喉能力和调车任务，因此，允许进路准备人员通过 CTC 终端（非常站控时为集中联锁设备）将相关道岔操纵至所需位置并实施单独锁闭，确认调车进路准备妥当后通知调车指挥人（司机）准许越过故障的调车信号机，调车指挥人指挥司机或司机接到通知后越过故障的调车信号机，继续进行作业。

2. 领导及指挥

高速铁路调车工作是由动车组司机、随车机械师、列车调度员、车站值班员、车务应急值守人员、信号员、调车作业人员、机车或自轮运转特种设备乘务人员等共同完成的，多工种在不同的条件和环境下联合作业，为了安全、迅速、准确和协调地完成调车作业任务，必须有统一领导。

（1）车站调车作业由列车调度员（由车站负责办理调车进路时为车站值班员或车务应急值守人员）担当调车领导人。分场时的调车工作由负责该场调车进路的列车调度员（车站值班员或车务应急值守人员）领导。

（2）调车作业由调车长单一指挥，遇到特殊情况时，可由经鉴定、考试合格的胜任人员担当指挥工作。动车组自走行调车作业、机车和自轮运转特种设备转线等作业由司机负责，不另设调车指挥人。

高速铁路调车指挥人的确定，按人员配备与作业要求的不同，一般可分为以下几种情况：

①调车组参与的调车作业，由调车长指挥；

②无调车组、未配调车长情况下，根据需要，必须进行调车时，可由经鉴定、考试合格的胜任人员担当调车指挥工作；

③动车组自走行调车作业、机车及自轮运转特种设备转线等作业由司机负责，不另设调车指挥人。

（3）调车长在调车作业前，必须亲自并督促组内人员作好充分准备，认真进行检查。在作业中应做到：

①组织调车人员正确及时地完成调车任务；

②正确及时地显示信号（发出指令），指挥作业；

③负责调车人员的人身安全和行车安全。

（4）司机在调车作业中应做到：

①组织动车组（机车、自轮运转特种设备）乘务人员正确及时地完成调车任务；

②负责操纵动车组（机车、自轮运转特种设备），做好整备，保证机车、自轮运转特种设备质量良好；

③时刻注意确认信号，不间断地进行瞭望，认真执行呼唤应答制，正确及时地执行信号显示（作业指令）和调车速度的要求，没有信号（指令）不准动车，信号（指令）不清立即停车；

④负责调车作业的安全。

（5）动车段（所）调车工作的领导和指挥由铁路局规定。

3. 计划及准备

调车作业计划规定了每批作业的具体任务、内容、方法、顺序、完成时间及注意事项等，是调车作业的依据和具体行动计划。调车领导人通过调车作业计划来实现对调车工作的领导，完成调车工作任务。调车领导人必须根据日计划、列车运行图和车站技术作业过程的任务要求，结合站内或有关区域内客车底、车辆及动车组分布情况，按动车组运用计划、旅客列车编组要求、旅客列车车底使用计划、车辆摘挂作业内容和检修车取送安排、接发列车与调车作业的进展情况等，正确及时地编制、布置调车作业计划。

(1)计划的编制及下达应注意以下几点：

①调车领导人应正确及时地编制、布置调车作业计划。调车领导人应根据列车到发计划、动车组(客车底)运用计划、车底套用情况、动车组(客车底)检修计划和施工、路用列车编组需求等，在保证安全的前提下，充分利用线路，合理安排调车作业顺序，做到周密计划、详细安排、正确无误，最大可能地实现动车组出入段(所)、客车底取送及改编、施工及路用列车编组和检修车摘挂及取送等各项作业均衡衔接，使车辆部门有足够的时间进行检修作业和客运部门进行整备作业，保证旅客列车的正点始发。

②进行有车辆摘挂的调车作业时，应使用有示意图的调车作业通知单(示意图可另附)。考虑目前大量采用计算机系统编制、传输调车作业计划，示意图难以植入系统，一些车站站场较大、线路复杂，调车作业通知单上的示意图受页面大小限制而看不清，因此示意图可在调车作业通知单外另附。

③变更调车作业计划时，调车领导人应通知调车指挥人(无调车指挥人时为司机)停止作业，重新编制调车作业计划并下达，待司机和有关人员清楚无误后，方可继续作业。

④调车指挥人应根据调车作业计划制定具体作业方法，连同注意事项，亲自向司机交递和传达；对其他有关人员，应亲自或指派连结员进行传达。使参加调车作业的人员明确作业方法和注意事项，按照计划统一协调行动。

⑤调车指挥人确认有关人员均已了解调车作业计划后，方可开始作业。

(2)动车组、路用列车及机车、自轮运转特种设备需要转线时，司机根据需要向列车调度员(车站值班员或车务应急值守人员)提出申请。列车调度员(车站值班员或车务应急值守人员)可不编制书面调车计划，但必须将作业办法、内容和注意事项向司机传达，布置清楚并听取复诵无误，在准备好进路后，通知司机开始作业。

(3)提前做好调车作业的准备工作，做好安全预想，才能顺利地进行调车作业，安全迅速地完成调车工作任务。调车作业必须做好下列准备工作。

①提前核对计划和相关调度命令，确认进路。确认进路是确保调车作业安全的重要环节，要确认进路上所有相关调车信号机都处于开放状态，做到钩钩确认。在轨道电路分路不良区段进行调车作业时，调车组人员(司机)还应确认调车车列(机车)到达指定地点后，再通知进路准备人员排列进路，防止因轨道电路分路不良造成道岔中途转换，危及调车安全。

②进行车辆摘挂、转线时，应提前检查线路、道岔(集中联锁区除外)、停留车和车辆防溜等情况。因路途较远或受人员、设备的限制，可在进入有关线路前停车检查，具体办法由铁路局规定。挂车前应先检查停留车是否采取了防溜措施；牵出或推进车列前，

要检查车下有无铁鞋、止轮器，人力制动机是否松开（人力制动机紧固器是否取下），防止因拉鞋、轧止轮器或抱闸造成事故；对摘下需要采取防溜措施的车辆，要检查是否按规定采取了防溜措施，是否牢靠固定，防盗措施是否齐全。

③准备足够的良好防溜器具。为满足调车作业过程中机车车辆停留后防溜需要，作业前，应准备足够良好的铁鞋、止轮器、人力制动机紧固器或选好人力制动机。防溜器具都应有良好状态，使用前必须认真检查，不合格的禁止使用，并应及时更换。

④无线调车灯显设备试验良好。凡使用无线调车灯显设备的调车作业，作业过程中必须时刻保持无线调车灯显设备的良好状态，因此作业开始前必须进行试验。

（4）动车段（所）设备及管理模式不尽相同，调车内容和调车工作计划的编制及下达办法也与车站有所区别，由铁路局具体规定。

4. 动车组调车作业

（1）动车组进行调车作业时，原则上采用自走行方式，凭地面信号机的显示运行。

（2）动车组禁止连挂其他机车车辆（救援机车、附挂回送过渡车和动车组无动力调车时的调车机车、公铁两用牵引车除外）调车。动车组是固定编组、单独运用，一般情况下不具备与其他机车车辆连挂的条件，连挂时需使用过渡车钩。为减少使用过渡车钩影响作业效率，防止作业过程中机车车辆的碰撞、冲击对动车组造成损伤，动车组禁止连挂其他机车车辆调车。但是动车组故障时连挂救援机车，动车组连挂回送过渡车以及动车组无动力调车时的调车机、公铁两用牵引车，是特殊情况下的必要方式，不在此禁止之列。

（3）动车组调车作业时，司机应在运行方向的前端操作，前方进路的确认由司机负责。在不得已的情况下必须在后端操作时，应指派随车机械师或其他胜任人员站在动车组运行方向的前端指挥，发现危及行车或人身安全时，应立即使用紧急停车按钮（紧急制动装置）或通知司机停车。

5. 动车组以外的调车作业

（1）动车组以外的调车作业，凭地面信号机的显示运行。有调车指挥人时，凭调车指挥人的指令和地面信号机的显示运行，若没有看到调车指挥人的起动信号，不准动车。每钩作业动车前，须由调车指挥人确认条件具备，发出起动信号（或指令），司机确认调车指挥人的起动信号（或指令），牵引或单机运行时还要确认地面信号显示正确后，方可动车。

（2）信号显示应注意以下几点

①调车作业时，调车人员必须正确及时地显示信号；机车乘务人员要认真确认信号，并回示。

②推进车辆连挂时，要显示十、五和三车的距离信号，若没有显示十、五和三车的距离信号，不准挂车，没有司机回示，应立即显示停车信号。为避免司机误认，调车指挥人在距停留车十车以内，不再显示减速手信号。调车指挥人显示十、五和三车的距离信号或发出指令后，如发现司机未回示或没有按规定减速时，应立即显示停车信号或发出紧急停车指令。调车作业中往往会出现很多意外情况，调车人员除应认真确认进路、

瞭望信号、注意调车车列及周围情况外，处理好紧急情况也是工作重点。

③推送车辆时，要先试拉，车列前部应有人瞭望，及时显示信号。推送车辆时，要先试拉(牵出后折返推送作业时除外)，以检查车钩连挂状态，防止因车钩没有挂好而导致推进中车辆溜逸发生事故。

④当调车指挥人确认停留车位置有困难时，应派人显示停留车位置信号。

(3)除了机车、自轮运转特种设备转线，调车作业应有足够的调车人员。

①施工路用列车、自轮运转特种设备调车作业时，由施工(使用)单位或所属单位提供调车动力和调车人员，具体办法由铁路局规定。其他调车作业由车站人员担当调车人员或列车调度员指定单位派调车人员。这主要是考虑到高速铁路车站基本不配属调车机车和专门的调车人员，而施工路用列车均自带动力(机车或自轮运转特种设备)进入高速铁路运行和作业，是有计划进行的，施工(使用)单位应根据施工计划和作业需要提前做好调车动力和调车人员的配备工作。施工路用列车、自轮运转特种设备调车作业时，施工(使用)单位或所属单位可以使用本单位的调车动力和调车人员；当施工(使用)单位或所属单位无调车动力和调车人员时，可向就近机务段和车务段(车站)租用调车动力和调车人员，也可向其他单位租用，具体办法由铁路局规定。

②若调车人员不足两人，不准进行调车作业。

(4)调车作业中，机车、自轮运转特种设备运行或牵引车辆运行时，前方进路的确认由司机负责；推进车辆运行时，前方进路的确认由调车指挥人负责，当调车指挥人所在位置确认前方进路有困难时，可指派调车组其他人员确认。

6. 在正线、到发线上的作业

(1)在正线、到发线上调车时，必须经过列车调度员(车站控制时为车站值班员)准许。车站的正线、到发线主要办理列车接发、通过和会让作业。列车调度员(车站控制时为车站值班员)负责掌握正线、到发线的使用，了解列车运行情况，对保证不间断地接发列车负有直接责任。因此，占用或影响正线、到发线的调车，必须经过列车调度员(车站控制时为车站值班员)的准许。

(2)接发列车时，应按高速铁路《行车组织细则》规定的时间，停止影响列车进路的调车作业和对列车运行安全有影响的其他作业。

(3)接发旅客列车时，与接发列车进路没有隔开设备或脱轨器的线路，不准向能进入接发列车进路的方向调车，但本务机车在停留线路内进行摘挂除外。这主要是为防止调车作业中的机车车辆溜逸、冒进信号闯入接发车进路，与正在进出站的旅客列车发生冲突；本务机车在停留线路内摘挂作业，由于机车移动范围小，为了尽可能地压缩非生产等待时间，提高效率，允许与接发旅客列车同时进行，但须严格控制速度，只能在本线路内进行。

(4)同一股道只允许一端调车作业，禁止两端同时向同一股道排列调车进路。

(5)调车作业中，应执行钩钩联系制度：每钩作业前，司机(调车指挥人)应主动向列车调度员(车站负责办理调车进路时为车站值班员或车务应急值守人员)请求进路；进路准备妥当后，列车调度员(车站值班员或车务应急值守人员)方可通知司机(调车指挥人)。

(6)越出站界调车应注意以下几点。

①越出站界调车时，必须区间（自动闭塞区间正方向为第一个闭塞分区）空闲，单线区间闭塞系统必须在发车位置；由列车调度员发布准许越出站界调车的调度命令后，方可进行。

②越出站界调车期间，相邻站（线路所）禁止向该区间放行列车。越出站界调车作业完毕，司机或调车指挥人应报告列车调度员（车站负责办理调车进路时为车站值班员或车务应急值守人员）。车站值班员、车务应急值守人员应及时报告列车调度员，列车调度员通知两端站（线路所）后方可组织行车。

③需在未设调车信号机的线路上调车作业时，根据需要可按越出站界调车作业办理，办理列车进路（进、出站信号机常态为灭灯时，应点灯），由列车调度员发布准许越出站界调车的调度命令，司机根据调度命令和进、出站信号机的显示进行调车作业。

二、机车车辆停留

1. 机车车辆停留

（1）有动车组以外的旅客列车上线运行的高速铁路，在动车组运行时段，除了动车组、旅客列车车底和本务机车，车站正线、到发线不应停留其他机车车辆。受车站线路条件限制及作业需要等特殊情况下需要在到发线停留时，由铁路局制定相应安全措施，并应明确停留期间机车车辆防溜、线路隔开、作业要求、人员机具管理及邻线行车限制等事宜。

（2）仅运行动车组列车的高速铁路，在动车组运行时段，车站正线、到发线不应停留动车组以外的其他机车车辆。受车站线路条件限制及作业需要等特殊情况下需要在到发线停留时，由铁路局制定相应安全措施，并应明确停留期间机车车辆防溜、线路隔开、作业要求、人员机具管理及邻线行车限制等事宜。

（3）临时停留公务车线路上的道岔应开通不能进入该线的位置并加锁。集中联锁的道岔可在控制台上进行单独锁闭。

（4）安全线上禁止停留机车车辆。

2. 机车车辆防溜

我国动车组及其他铁路机车车辆绝大多数为滚动轴承，基本阻力小，在线路上停留时，在重力及风力、震动和冲撞等其他外力作用下，静止的动车组及其他机车车辆有可能溜走，必须采取有效的防溜措施。高速铁路车站基本上都是正线、到发线，即使有其他线路如存车线等，也基本上与正线、到发线相衔接。高速铁路列车运行速度高，且大多运行动车组列车，一旦发生机车车辆溜逸，将造成十分严重的后果，所以机车车辆防溜工作至关重要。

（1）动车组防溜应注意以下几点。

①动车组无动力停留时，有停放制动装置的动车组，由司机负责将动车组处于停放制动状态；动车组无停放制动装置或在坡度为 20‰ 以上的区间无动力停留时，由司机通知随车机械师进行防溜，防溜时应使用止轮器牢靠固定。

②重联动车组在设置止轮器防溜时，仅设置前列。

③当需要在同一股道内停留两列不重联的动车组时，两列动车组间应间隔不小于20m的安全防护距离（动车段、动车所内的股道除外），并分别做好防溜。

④由于动车段（所）设备及管理模式不尽相同，动车段（所）内动车组防溜办法由铁路局规定。

(2)车辆防溜应注意以下几点。

①车辆在车站停留时，应连挂在一起，拧紧两端车辆的人力制动机，并以铁鞋牢靠固定。特殊情况下分组停放时，应分别采取防溜措施。由于高速铁路均为电气化区段，部分车辆不能采用人力制动机发生防溜时，应使用人力制动机紧固器防溜。人力制动机发生故障的车辆或车组不能按规定采取防溜措施时，应与人力制动机作用良好的车辆连挂在一起，禁止单独停留。遇车组最外方车辆人力制动机故障时，可顺延使用下一车辆人力制动机，两端车组外侧仍须采取铁鞋防溜措施。使用人力制动机或人力制动机紧固器防溜时，须拧紧人力制动机或人力制动机紧固器；使用铁鞋、止轮器防溜时，鞋尖（止轮器）应紧贴车轮踏面，并使之牢靠固定。

②一批作业中临时停留的车辆，必须拧紧两端车辆的人力制动机或以铁鞋止轮。

③调车作业实行"谁作业、谁防溜（撤除）"的原则，防溜措施的设置和撤除由调车人员（机车和自轮运转特种设备为司机，其他无调车人员的为设备使用单位人员）负责。

(3)机车和自轮运转特种设备在车站停留时，由司机负责将其保持制动（防溜）状态，并按规定采取止轮措施。

(4)施工路用车辆和自轮运转特种设备需要在车站停留时，使用单位应派人负责看守。其他车辆在车站到发线停留时，由车站人员（车务应急值守人员或其他胜任人员）对其防溜措施进行检查、确认。

3. 防溜器具管理

(1)车站行车室必须配备足够良好的防溜器具，由车站值班员（车务应急值守人员）负责保管和交接。有关作业人员领取、使用和交回时，必须办理登记交接手续，领取（交回）人与保管人共同清点数量、编号无误，确认状态良好后分别签认。防溜器具主要包括人力制动机紧固器、防溜铁鞋等，且必须符合技术标准。发生防溜器具丢失、损坏时，应及时补充、更换，办理备案登记手续。

(2)车站值班员（车务应急值守人员）必须在行车室对停留车及其防溜情况进行揭示。作业人员采取或撤除防溜措施后，应立即告知车站值班员（车务应急值守人员），一批作业结束后双方进行签认。

第六节　施　工　维　修

铁路营业线施工是运输组织的重要组成部分，要坚持运输、施工兼顾的原则，加强施工计划管理，加强施工组织和施工期间的运输组织，按计划、有组织地进行各项施工，积极推广使用技术先进的施工机具和施工方法，提高施工作业效率和质量。

一、施工维修基本要求

（1）凡影响行车的施工、维修作业，都必须纳入天窗，不得利用列车间隔进行作业。线路、桥隧、信号、通信、接触网和其他行车设备的施工，力争开通后不降低行车速度。维修作业开始前不限速，结束后需达到正常放行列车条件。

①铁路营业线施工是指影响营业线设备稳定、使用和行车安全的各种施工作业，按组织方式、影响程度分为施工和维修两类。凡影响行车的施工、维修作业必须纳入天窗，不得利用列车间隔时间进行作业。

②天窗是运力的重要组成部分，为提高天窗利用率，工务、电务、通信和供电等部门必须提前一定时间提出施工、维修作业计划，运输部门应根据列车运行图确定的天窗时间，周密安排施工、维修作业计划，在保证运输生产畅通的情况下，满足行车设备施工维修的需要。各项施工、维修作业要采用平行作业的方式，综合利用天窗，不断提高天窗的利用率。

③天窗为线路、桥梁、隧道、信号、通信、接触网及其他行车设备的施工、维修作业提供了时间上的保障。随着先进设备的采用，机械化程度的提高，施工、维修作业效率和安全有了可靠的保证，因此在施工结束后，应力争做到不降低规定的行车速度，为"天窗"后的列车运行创造条件。各项维修作业，应提前做好准备，保证不影响正常的列车运行，开始前不限速，结束后须达到正常放行列车条件。

（2）列车调度台、车站应设置《行车设备施工登记簿》、《行车设备检查登记簿》。具备条件时，可通过施工维修登、销记信息系统进行行车设备施工、维修和设备故障的登记和销记。

高速铁路运输指挥一般采用调度集中设备（CTC），具备列车/调车进路人工和计划自动选排、分散自律控制和临时限速设置等功能。在列车调度台设有 CTC 调度终端、自然灾害及异物侵限监测系统终端等行车设备，集控站的行车工作由列车调度员直接指挥。在列车调度台需设置《行车设备施工登记簿》、《行车设备检查登记簿》，用于在调度台办理施工维修、设备故障等的登销记工作，也是列车调度员对行车设备情况进行掌握和交接的重要工具。同样，车站也应设置《行车设备施工登记簿》、《行车设备检查登记簿》，用于在车站办理施工维修、设备故障等的登销记工作。

集控站转为车站控制时，列车调度员须以《行车设备施工登记簿》、《行车设备检查登记簿》的登记为依据之一与车站值班员对有关行车设备情况进行交接。车站转回集中控制时，车站值班员应向列车调度员汇报设备状态。

（3）在调度台办理登、销记手续时，铁路局工务、信号、通信、供电、车辆和房建等部门需各指定一名具有协调能力、熟悉作业情况的胜任人员，作为本部门作业单位的驻调度所联络员；在车站办理登、销记手续时，由相关单位在车站安排驻站联络员。驻调度所（驻站）联络员负责向作业单位（配合单位）作业负责人传达有关命令。

驻调度所联络员可以是铁路局部门的管理人员，也可以是本系统基层单位的专业人员，作为本部门作业单位驻调度所联络员，总之应减少驻调度所人员数量，避免对行车组织工作造成干扰。驻调度所（驻站）联络员必须由经过培训合格的的正式员工担任，实习生、临时工和劳务工不能担任驻调度所(驻站)联络员。

(4)各作业单位施工、维修作业完毕后,需及时向驻调度所(驻站)联络员报告。驻调度所(驻站)联络员办理销记手续。

(5)施工作业完毕,但未达到正常放行列车条件时,驻调度所(驻站)联络员应在《行车设备施工登记簿》内登记行车限制条件;在设备达到正常放行列车条件后,及时销记。

施工负责人应积极组织施工作业,按规定时间完成施工任务,减少对运输的影响。因施工作业中出现特殊情况,施工作业完毕后行车设备达不到正常放行列车的条件或达不到施工计划规定的列车运行速度时,施工负责人或设备管理单位负责人应确定开通后的行车限制条件,并通知驻调度所(驻站)联络员,由驻调度所(驻站)联络员在《行车设备施工登记簿》内登记行车限制条件;在设备达到正常放行列车条件后,及时销记。

二、施工路用列车开行

高速铁路施工维修作业机械化水平高,一般开行相应的检查检测或施工作业的自轮运转特种设备或路用列车。

1. 施工路用列车上线

(1)施工路用列车进入高速铁路运行必须装备列车运行监控装置或轨道车运行控制设备、机车综合无线通信设备,未装设或设备故障的禁止进入高速铁路运行。

(2)施工路用列车上线运行应纳入施工、维修日计划,向调度所提供《自轮运转特种设备运行、作业计划表》,注明发站、到站、编组、运行径路、作业地点和转线计划并经主管业务处审核批准。未提供《自轮运转特种设备运行、作业计划表》或内容不全的,禁止进入高速铁路运行。

施工路用列车、轨道车运行速度低,在天窗时间外上线运行时,需纳入计划严格控制。

(3)在 GSM-R 区段,施工路用列车司机和有关人员应配备 GSM-R 手持终端,开车前将联系号码报告列车调度员和相关车站值班员。施工路用列车有关人员间应相互通报联系方式,并进行通话试验。

(4)向封锁区间开行施工路用列车时,列车进入封锁区间的行车凭证为调度命令。该命令中应包括列车车次、停车地点和到达车站的时刻等有关事项。需限速运行时在命令中一并注明。

2. 施工路用列车接发

(1)在常态灭灯的区段,接发施工路用列车时,进站信号机、出站信号机、进路信号机和线路所通过信号机应点灯。

(2)施工路用列车在车站开车前需进行自动制动机简略试验时,由施工负责人指派胜任人员负责。

3. 施工路用列车安全

在天窗内,向封锁区间开行施工路用列车,如有多项施工时,为避免不同施工项目间的干扰，应由施工负责人统一协调指挥，按规定区域和时间开展作业，确保施工路用列车运行及作业安全。

(1)天窗内所有影响施工路用列车运行的施工维修作业必需在施工路用列车通过后方可进行，并须在施工路用列车返回前结束。

(2)施工路用列车进入封锁区间的规定如下。

①施工单位应指派胜任人员携带列车无线调度通信设备值乘，并在区间协助司机作业。路用列车或施工机械进入施工地段时，应在防护人员显示的停车手信号前停车，再根据施工负责人的要求，按调车办法，进入指定地点。

②在区间推进运行时，必须安装简易紧急制动阀，施工单位指定胜任人员登乘列车前端，认真瞭望，及时与司机联系，必要时使用简易紧急制动阀停车或通知司机停车。

③同一封锁区间原则上每端只开行一列路用列车，当超过一列时，其安全措施和运行办法由铁路局规定。有多台作业车进入同一区间时，作业车辆应组成综合作业车列合并运行，共用一个调度命令进入区间、返回车站或到达前方站；作业车和车列由车站开往区间后，由主体作业单位统一组织协调，划分各作业车的作业范围和分界点，各作业单位必须严格按规定分别设置防护。

(3)施工路用列车由封锁区间进站时，司机必须得到列车调度员(车站控制时为车站值班员)的同意，方可进站。

(4)施工作业完毕，驻调度所(驻站)联络员须确认施工作业车全部到达车站后，方可申请办理开通。

三、确认列车开行

1.确认列车组织

(1)高速铁路仅运行动车组列车的区段，天窗结束后开行动车组列车前，应开行确认列车，确认列车开行纳入列车运行图。在其他区段，天窗结束后首趟列车不准为动车组列车；在扰动道床不能预先轧道的线路、道岔施工区段，施工开通后第一趟列车不准为旅客列车。

仅运行动车组列车的区段，确认列车应采用不载旅客的动车组、单机等担当；为保证确认列车开行计划，确认列车开行需纳入列车运行图。在其他区段，天窗结束后首趟列车不准为动车组列车，实际运营过程中遇列车晚点等情况导致动车组列车成为天窗后第一趟列车时，应在该动车组列车前临时加开其他列车担当天窗后首趟列车。

(2)确认列车应由工务、电务和供电部门各指派专业技术人员随车添乘，但有相应地面、车载监测设备的电务、供电部门。根据需要添乘。

(3)为便于确认列车添乘人员上下车的管理，规定动车组担当确认列车时由随车机械师负责开启和关闭操纵端司机室后车厢站台侧门，供添乘人员上下车。随车机械师关闭车门后应及时通知司机。

(4)司机确认行车凭证和开车时间，车门关闭后，即可起动列车。

(5)添乘人员在司机室内观察设备状态时，必须服从司机的管理，不得干扰司机的正常操作。

2. 确认信息反馈

(1)所有参加确认的人员必须按规定的时间、确认事项和内容报告确认情况。

(2)确认信息报告程序和时间规定如下。

①异常情况，影响列车运行的确认信息由添乘人员通过司机随时向列车调度员报告，添乘人员同时还应向铁路局专业调度报告；

②正常情况，添乘人员于添乘到达确认区段终点后及时向铁路局专业调度汇报。

四、设备故障及抢修

(1)列车调度员(车站值班员)发现或接到线路、信号、通信或供电等固定行车设备发生故障的报告后，应立即进行处置，通知设备管理单位，在《行车设备检查登记簿》内登记。

设备管理单位应及时在《行车设备检查登记簿》内签认，尽快组织修复。对暂时不能修复的，应登记停用内容和影响范围，写明行车限制条件。

列车调度员(车站值班员)发现或接到线路、信号、通信或供电等固定行车设备发生故障的报告后，应立即通知设备管理单位相关人员，并在《行车设备检查登记簿》内登记行车设备故障的现象或接到的设备故障报告的内容，如可能危及列车运行安全时，应及时采取措施拦停列车。

(2)设备管理单位人员发现行车设备故障时，应立即通知列车调度员(车站控制时为车站值班员)，报告工长、车间主任或设备管理单位调度，并在《行车设备检查登记簿》内登记，积极设法修复；对暂时不能修复的，应登记停用内容和影响范围，写明行车限制条件。

设备管理单位人员发现行车设备故障时，应判断设备故障的影响范围和有关行车要求，立即通知列车调度员，由列车调度员根据影响范围和行车要求采取限速、拦停列车等行车处置措施。非集控站和转为车站控制的集控站，应通知车站值班员，由车站值班员直接采取措施或汇报列车调度员，由列车调度员采取措施。设备管理单位人员应报告工长、车间主任或设备管理单位调度，以便组织人力、物力尽快赶赴现场采取紧急措施修复故障设备。设备管理单位还应在列车调度台或车站行车室《行车设备检查登记簿》内登记；对暂时不能修复的，应由设备管理单位登记停用内容和影响范围，写明行车限制条件。

(3)铁路职工或其他人员发现设备故障危及行车和人身安全时，应立即通知列车司机停车并报告列车调度员，通知不到时应通知就近车站、工务、电务或供电等人员，有关人员接到通知后应立即报告列车调度员、通知设备管理单位，必要时立即采取应急措施，扣停列车、通知区间运行的列车停车或限速运行。

为了保证列车运行和人民生命财产的安全，铁路职工和其他人员，发现线路塌方、钢轨折断、钢轨变形、线路桥梁遭受自然灾害、信号机柱或电杆倒斜侵入限界、线路有障碍物和接触网异常等危及行车和人身安全的故障时，均有义务通知铁路有关部门，并积极采取保证行车安全的措施和协助做好故障地点的防护工作。通知时应利用一切可利用的通信工具，如无线调度通信设备、移动或固定电话和无线对讲设备等，或前往就近的车站、工区等处所通知。

(4)高速铁路固定设备的临时上道检查、故障抢修作业必须在《行车设备检查登记簿》内登记，并经列车调度员同意后，方可上道作业。对处于使用状态的行车设备，严禁进行维修作业。

为保证高速铁路的运行安全，高速铁路线路实行全封闭、全立交，线路两侧按标准进行封闭。在正常运营时段内，一般不允许进入封闭网内。特殊情况下在天窗时间以外需进入封闭网对固定设备临时上道检查、故障抢修作业时，由设备管理单位提出申请，在列车调度台或车站《行车设备检查登记簿》内登记，提出邻线限速条件，并经列车调度员同意后，方可上道作业。设备管理单位人员在检查、故障抢修作业完毕后，确认人员、机具已全部撤至封闭网外后，在《行车设备检查登记簿》内销记。

(5)高速铁路处理设备故障需临时开行路用列车、轨道车时，由设备管理单位提出申请，调度所值班主任(值班副主任)准许，列车调度员发布调度命令。

(6)遇有暴风雨雪天气或地震，工务、电务和供电等设备管理单位应加强对重点地段和设备的检查。在天窗时间外，检查人员不得进入路肩和桥面范围内，必要时应封锁或限速，并做好防护后再检查。发现影响行车安全时，须及时通知列车调度员限速运行或封锁线路。

(7)上道检查相关程序和要求如下。

①当设备发生故障，需在双线区间的一线上道检查、处理设备故障时，本线应封锁、邻线列车限速160km/h及以下。设备管理单位应在《行车设备检查登记簿》内登记，提出本线封锁、邻线列车限速160km/h及以下的申请，在得到列车调度员(车站值班员)签认后，方可上道作业，本线、邻线可不设置防护信号。司机应加强瞭望。

②抢修作业时，邻线列车接近前，防护人员通知现场作业负责人停止作业。作业机具、材料等不得侵限且严禁摆放在两线间。

③故障处理后需要现场看守时，设备管理单位应在《行车设备检查登记簿》内登记，提出本线和邻线行车限制条件，并按规定设置防护。

第七节　灾害天气行车

一、大风天气行车

高速运行的列车，在大风特别是侧向风环境中，运行稳定性降低，车体侧向偏移量加大不利于行车安全，必须根据不同的风速采取相应的安全措施。

1. 接到自然灾害及异物侵限监测系统风速监测子系统大风报警信息时的处置方法

(1)遇到风速监测子系统提示大风报警信息时，列车调度员根据报警提示向相关列车发布限速运行的调度命令。对于来不及发布调度命令的列车，立即通知司机限速运行。司机接到调度命令或通知后，应立即采取措施。

(2)遇到大风天气,当风速监测子系统发出禁止运行的报警信息时,列车调度员应及时关闭有关信号(车站控制时,为通知车站值班员关闭有关信号)并通知司机停车。司机接到通知后,应立即采取停车措施。

(3)列车运行途中若遇到大风,司机根据情况控制列车运行速度,并报告列车调度员。列车调度员通知后续首列列车司机在该地段注意运行;列车通过该地段后,司机应及时向列车调度员报告,以便列车调度员掌握大风区域和风速情况,组织后续列车安全运行。

(4)遇到大风天气,列车调度员按风速监测子系统报警提示发布限速调度命令,遇到风速不稳或同一地段多处风速报警时,列车调度员可合并设置,按最低限速值发布限速调度命令。

(5)当风速监测子系统限速报警解除后,列车调度员应及时取消前发限速调度命令,恢复正常行车。

2.动车组列车遇大风行车限速的规定

(1)在环境风速不大于 15m/s 时,动车组列车可以正常速度运行;环境风速不大于 20m/s 时,其运行速度不大于 300km/h;环境风速不大于 25m/s 时,其运行速度不大于 200km/h;环境风速不大于 30m/s 时,其运行速度不大于 120km/h;环境风速大于 30m/s 时,严禁动车组列车进入风区。

(2)在线路中心线距站台边缘为 1750mm 的正线、到发线办理动车组列车通过时,在环境风速不大于 15m/s 情况下,动车组列车运行速度不得超过 80km/h;当环境风速超过 15m/s 时,动车组运行速度不得超过 45km/h,并注意运行。

以上是针对动车组列车在大风天气不同风速下无挡风墙时的运行速度要求做出的规定。目前,既有自然灾害及异物侵限系统风速计安装在轨面以上 4m 左右,监测的风速数据为 3 秒滑动平均瞬时风速,未考虑风向等因素,该监测风速数据暂作为环境风速值采用。同时,既有自然灾害及异物侵限系统中大风报警及解除时限暂采用以下阈值:风速值达到报警门限 10s 报警,风速值低于报警门限 10min 解除报警。

动车组高速运行时,受线路平纵面及风力等影响,车体会有一定的侧向偏移。高速铁路均为 1250mm 的高站台,动车组在邻靠站台的线路上运行时,存在与站台接触摩擦危及行车安全的风险,所以必须根据站台限界情况限制列车运行速度。目前高速铁路正线、到发线中心线距站台边缘大多为 1750mm,办理动车组列车通过时,在环境风速不大于 15 m/s 情况下,统一规定速度不得超过 80km/h;当环境风速超过 15 m/s 时,动车组运行速度不得超过 45km/h,并注意运行。对于线路中心线距站台边缘为 1800 mm 的正线、到发线,不受此限制,应按《铁路技术管理规程》(高速铁路部分)第 143 条规定办理。

3.自然灾害及异物侵限监测系统风速监测子系统发生故障时的处置流程

(1)列车调度员发现风速监测子系统发生故障时,应立即通知设备管理单位,并在《行车设备检查登记簿》内登记;设备管理单位发现风速监测子系统发生故障时,应立即报告列车调度员,并在调度所《行车设备检查登记簿》内登记。

（2）在风速监测子系统故障期间，故障区段如果遇到天气预报 7 级及以上大风天气，工务部门应及时向列车调度员提交天气预报信息，列车调度员按照天气预报的最大风级向相关列车发布限速调度命令。相关限速规定如下：当最大风速达 7 级时，运行速度不大于 300km/h；当最大风速达到 8 级、9 级时，运行速度不大于 200km/h；当最大风速达 10 级时，运行速度不大于 120km/h；当最大风速达 11 级及以上时，禁止列车进入风区。限速里程由工务部门根据故障情况和天气预报信息确定后，通知列车调度员。

二、雨天行车

遇强降雨天气时，路基、桥隧、通信信号和供电等铁路基础设施会受到影响，可能危及行车安全，必须根据不同的雨量采取相应的安全措施。

（1）接到自然灾害和异物侵限监测系统雨量监测子系统报警信息时的处置。

遇雨量监测子系统提示雨量监测报警信息时，列车调度员根据报警提示向相关列车发布限速运行的调度命令。对于来不及发布调度命令的列车，立即通知司机限速运行。司机接到调度命令或通知后，应立即采取措施。

（2）列车通过防洪重点地段时，司机要加强瞭望，并随时采取必要的安全措施。

工务部门应根据现场环境、气候特点和设备状况等并结合历年防洪经验，确定并公布防洪重点地段，防洪重点地段多是汛期灾害多发区域，如洪水、泥石流、山体滑坡和塌方落石等，线路、桥隧、路基和道床等稳定性会受到影响。当列车通过防洪重点地段时，司机要加强瞭望，并随时采取必要的安全措施。

在动车组列车运行中，司机发现积水高于轨面时，应立即停车，根据现场情况与随车机械师共同确认行车条件或请求救援，并立即报告列车调度员（车站值班员），或车站值班员报告列车调度员。列车调度员（车站值班员）立即通知已进入区间的后续列车停车（避免停在隧道内），不再向该区间放行列车。

当洪水漫到路肩时，列车应按规定限速运行；遇到落石、倒树等障碍物危及行车安全时，司机应立即停车，排除障碍并确认安全无误后，方可继续运行。

列车遇到线路塌方、道床冲空等危及行车安全的突发情况时，司机应立即采取应急性安全措施，并立刻通知追踪列车、邻线列车和列车调度员（邻近车站）。配备列车防护报警装置的列车应立即使用列车防护报警。

（3）遇到降雨天气，重点防洪地段 1h 降雨量达到 45mm 及以上时，列车限速 120km/h；1h 降雨量达到 60mm 及以上时，列车限速 45km/h。当 1h 降雨量降至 20mm 及以下、且持续 30min 以上时，可逐步解除限速。

列车调度员在得到工务和其他相关专业调度台检查无异常的报告后，应及时取消限速或解除线路封锁。

（4）自然灾害和异物侵限监测系统雨量监测子系统发生故障时的处置流程。

列车调度员发现雨量监测子系统发生故障时，应立即通知设备管理单位，并在《行车设备检查登记簿》内登记；设备管理单位发现雨量监测子系统发生故障时，应立即报告列车调度员，并在调度所《行车设备检查登记簿》内登记。在雨量监测子系统故障期间，由工务部门根据降雨情况在调度所《行车设备检查登记簿》内登记限速或封锁。

三、冰雪天气行车

冰雪天气下，设备因积雪或结冰等会导致稳定性降低，动车组下部积雪或结冰降低了转向架高速运行的性能，脱落时会击打地面设备，地面应答器、接触网受流和车地通信等也会受到影响，动车组高速运行中还可能出现被冰雪击打等情况，影响列车运行和行车安全，因此冰雪天气行车时必须根据不同的情况采取相应的安全措施。

1. 遇冰雪天气时的处置

（1）自然灾害和异物侵限监测系统雪深监测子系统报警雪深值达到警戒值时，列车调度员应根据报警信息和限速提示及时向相关列车发布限速运行的调度命令。对于来不及发布调度命令的列车，应立即通知司机限速运行。

未安装雪深监测子系统的区段或雪深监测子系统故障时，工务、电务部门根据降雪情况和需要，在调度所《行车设备检查登记簿》内登记限速申请，并可根据积雪量的变化情况，提出提速或进一步限速的申请，列车调度员要及时发布调度命令。

（2）安装动车组运行故障动态图像检测系统（TEDS）的区段，TEDS监控中心要加强对动车组转向架结冰、积雪等情况的监测分析，发现动车组转向架结冰需要限速运行时，应立即将车次和限速要求等按规定报告动车调度员。动车调度员通知列车调度员进行处置。

列车运行过程中，随车机械师发现动车组车底异响、动车组被击打等异常情况需要列车限速时，应立即通知司机限速。司机根据随车机械师的限速要求运行，并向列车调度员报告被击打的地点里程，列车调度员不再发布限速调度命令。列车调度员通知动车调度员，提示后续首列列车司机、随车机械师在该被击打地点注意列车运行状态；动车调度员应立即通知前方TEDS监测点进行重点监测。列车通过该被击打地点后，司机、随车机械师应及时上报有关运行情况。

（3）降雪时，应根据线路积雪情况及时启用道岔融雪装置。降雪达到中雪级别及以上，车站道岔转动困难时，为减少道岔扳动，车站可采取固定接发车进路的方式办理接发列车作业，上下行各固定一条接发车进路。始发、终到列车较多的车站执行上述操作有困难时，可选择交叉干扰少、道岔位置改变少的几条线路来办理接发车作业，在较大客运站的列车尽量停靠便于上水、吸污的线路。

（4）需要人工上道除雪时，上、下道应执行登记签认制度。列车调度员应根据相关单位的申请，停止本线接发列车和调车作业，邻线列车限速160km/h及以下。

（5）道床积雪时，在高速运行列车的带动下，可能影响动车组列车车地通信（如应答器和应答器信息接收单元）和电子监测设备的正常使用；接触网结冰会引起动车组或电力机车受电弓取流不畅，产生电流电压不足、瞬间断电或电弧等问题，影响正常受电和牵引运行。列车在运行过程中，司机发现道床积雪、接触网结冰受电弓取流不畅时，司机应先采取减速措施，并及时向列车调度员汇报，列车调度员通知有关专业调度，专业调度及时通知有关设备管理单位，设备管理单位及时查明情况，按规定提出限速申请，列车调度员及时发布限速调度命令。

(6)供电部门应掌握接触网导线的结冰情况,需要列车限速时,应立即登记《行车设备检查登记簿》,向列车调度员提出限速申请。需要接触网除冰时,由供电部门提出除冰申请,列车调度员应及时安排接触网除冰车辆上线运行。

遇到接触网导线覆冰时,可取消天窗停电作业,并在天窗时间内开行动车组、单机,进行热滑融冰。

(7)随车机械师在始发、折返站发现动车组转向架结冰、受电弓无法升起或动车组被击打等异常情况需要处理时,应及时通知司机,由司机报告列车调度员,列车调度员通知动车调度员,动车调度员根据随车机械师反映情况和车辆运用情况提出更换车底或限速申请,并组织入库动车组除雪融冰。

(8)降雪结束后,提出限速的设备管理单位应做好对有关行车条件的检查确认,及时恢复常速运行。在具备提速条件或限速情况消除时,应向列车调度员提出申请,列车调度员及时发布相关调度命令。降雪后恢复常速运行的具体程序和办法由铁路局规定。

(9)列车调度员发现雪深监测子系统发生故障时,应立即通知设备管理单位,并在《行车设备检查登记簿》内登记;设备管理单位发现雪深监测子系统发生故障时,应立即报告列车调度员,并在调度所《行车设备检查登记簿》内登记。

2. 冰雪天气限速要求

(1)当运行区段降中雪或积雪覆盖轨枕板或道砟面时,无砟轨道区段限速250km/h及以下,有砟轨道区段限速200km/h及以下;当运行区段降大雪、暴雪时,无砟轨道区段限速200km/h及以下,有砟轨道区段限速160km/h及以下。中雪、大雪和暴雪的界定,以气象部门公布或观测为准。

当无砟轨道区段轨枕板积雪厚度为100mm以上时,限速200km/h及以下;有砟轨道区段道砟面积雪厚度为50mm以上时,限速160km/h及以下。

(2)接触网导线结冰受电弓取流不畅时,限速160km/h及以下。

(3)动车组转向架结冰需要列车限速时,无砟轨道区段限速250km/h及以下,有砟轨道区段限速200km/h及以下。

四、异物侵限报警

异物侵限子系统通过现场监测设备对上跨铁路的道路桥梁等处所进行实时监测,一旦监测到异物侵入限界时,异物侵限子系统会发出异物侵限灾害报警信息,并联动触发信号系统,使报警地点所在的轨道电路显示红光带。

1. 接到自然灾害及异物侵限监测系统异物侵限子系统灾害报警信息时的处置流程

(1)列车调度员接到异物侵限子系统异物侵限灾害报警信息后,应立即通知区间内已进入报警地点和尚未经过报警地点的列车立即停车,不再向该区间放行列车,同时向调度所值班主任(值班副主任)汇报,值班主任(值班副主任)应立即通知设备管理单位赶赴现场检查处理。

(2)在设备管理单位检查人员到达报警点前,列车调度员通过视频监控系统查看现场情况,有异状或不能确认时,必须经设备管理单位检查处理并具备放行列车条件后,方可组织列车运行。无异状时,按下列规定办理。

①列车调度员确认报警地点次一个闭塞分区空闲后,对区间内已进入报警地点和尚未经过报警地点的列车,口头通知司机逐列恢复运行,以遇到障碍能随时停车的速度(动车组列车最高不超过 40km/h,其他列车最高不超过 20km/h)越过报警点所在闭塞分区,指示后列恢复运行前必须确认前列已完整越过报警点次一个闭塞分区并得到前列无异状的报告。

②司机在报警点所在闭塞分区通过信号机(区间信号标志牌)前停车等候 2min 后,以遇到障碍能随时停车的速度(动车组列车最高不超过 40km/h,其他列车最高不超过 20km/h)越过该闭塞分区,按次一通过信号机显示(列控车载设备显示)运行。司机应加强瞭望,发现异状立即停车,并报告列车调度员;如无异状,司机确认列车完全越过报警点次一个闭塞分区后应及时报告列车调度员。司机在停车等候的同时,必须与列车调度员联系,确认前方闭塞分区内有列车时,不得进入。

③区间空闲后,在报警点所在闭塞分区红光带取消前,按站间组织行车。

(3)经设备管理单位现场检查处理,列车调度员根据设备管理单位在《行车设备检查登记簿》内登记的行车限制条件组织列车运行。具备条件时,列车调度员根据设备管理单位允许取消报警点所在闭塞分区红光带的登记,使用临时行车按钮取消异物侵限灾害报警红光带。

(4)在故障未修复前,设备管理单位必须派人在现场看守,并及时向列车调度员报告现场情况,在报警点所在闭塞分区红光带取消后,列车调度员应下达限速 120km/h 及以下注意运行的调度命令,限速位置为报警点所在闭塞分区,司机应加强瞭望。

(5)故障修复后,列车调度员将自然灾害和异物侵限监测系统中的复原按钮解锁,使系统恢复到正常状态,恢复正常行车组织。

2. 自然灾害和异物侵限监测系统异物侵限子系统一路电网断线报警时的处置方案

当双电网的一路电网断线时,异物侵限子系统发出异物侵限传感器故障报警信息,自然灾害和异物侵限监测系统不向列控系统发送灾害报警信息,这并不影响正常行车。列车调度员接到异物侵限子系统一路电网断线报警信息后,应按正常组织行车,并立即通知设备管理单位检查处理。

自然灾害及异物侵限监测系统异物侵限子系统一路电网断线报警时,属双电网的一路供电中断,根据系统设置,异物侵限子系统会发出异物侵限传感器故障报警信息,自然灾害及异物侵限监测系统不向列控系统发送灾害报警信息,这是由电网断线故障引起的,但并不影响正常行车。

3. 自然灾害和异物侵限监测系统异物侵限子系统发生故障导致系统不能反映现场情况时的处置方案

(1)列车调度员发现异物侵限子系统发生故障导致系统不能反映现场情况时,应立即通知设备管理单位,并在《行车设备检查登记簿》内登记;设备管理单位发现异物侵限子系统故障时,应立即报告列车调度员,并在调度所《行车设备检查登记簿》内登记。

(2)异物侵限子系统故障未修复前,设备管理单位必须派人在现场看守,并及时向列车调度员报告现场情况,列车调度员应下达限速 120km/h 及以下注意运行的调度命令,限速位置为监测点所在闭塞分区,司机应加强瞭望。遇到异物侵限时,看守人员应立即通知列车调度员,由列车调度员呼叫列车停车。

(3)在看守人员未到达异物侵限监测点前,列车调度员应下达限速 120km/h 及以下(异物侵限监测点为隧道口时,限速 40km/h 及以下)注意运行的调度命令,限速位置为监测点所在闭塞分区,司机在该处应注意运行。

异物侵限子系统故障主要是指异物侵限现场采集设备(双电网传感器、现场控制器)、监控单元和相关电缆等设备故障。因为异物侵限子系统对现场的监测主要是通过异物侵限现场采集设备和监控单元来实现的,当有异物侵入使双电网传感器两路电网断线时,监控单元至现场采集设备间(双电网传感器、现场控制器)电路中断,监控单元内继电器落下,联动触发信号系统,相关轨道电路出现红光带,此时在相应列调台上也可看见轨道电路状况。由此,异物侵限现场采集设备(双电网传感器、现场控制器)、监控单元或相关电缆等设备出现故障时,异物侵限子系统不能反映现场情况,对现场情况将无法进行监测。列车调度员发现异物侵限子系统调度监控终端黑屏、灰屏、死机或通信中断等情况时,应立即通知设备管理部门,设备管理部门应立即确认工务终端显示情况并查找原因。

派人在现场看守时,异物侵限信息完全依靠现场看守人员提供,通知列车调度员、司机也需要一定的时间,为确保高速运行列车的安全,规定列车在报警点所在闭塞分区限速 120km/h 及以下并注意运行。在看守人员未到达异物侵限监测点前,由于是否有异物侵限只能由列车司机注意观察确认,所以,为确保列车运行安全,规定列车在报警点所在闭塞分区限速 120km/h 及以下并注意运行;异物侵限监测点为隧道口时,瞭望条件差,所以规定列车限速 40km/h 及以下并注意运行。

五、地震监测报警

地震是危害极大的自然灾害,发生地震时,高速铁路轨道、路基、道床、边坡、挡墙、桥隧、通信及信号设备极可能受到损害,列车运行稳定性降低,直接危及行车安全,必须立即停车,采取应急处置措施。

(1)列车调度员接到地震监测子系统地震监控报警信息或接到现场地震报告后,应立即关闭有关信号(车站控制时,为通知车站值班员关闭有关信号),通知相关列车停车。列车司机组织列车乘务人员根据现场实际情况,采取应急处置措施。

(2)列车调度员立即报告调度所值班主任(值班副主任),通知工务、电务、供电、通信和房建等设备管理单位进行检查。设备管理单位检查处理后,根据设备管理单位登记的行车限制条件组织行车。

六、天气恶劣难以辨认信号行车

1. 接到天气恶劣报告时的处置方法

遇到天气恶劣，信号机显示距离不足 200m 时，司机或车站值班员必须立即报告列车调度员。列车按地面信号显示运行时，列车调度员应及时发布调度命令，改按天气恶劣难以辨认信号的办法行车。

2. 天气恶劣难以辨认信号行车办法

(1)列车按机车信号的显示运行。当接近地面信号机时，司机应确认地面信号，当地面信号与机车信号显示不一致时，应立即采取减速或停车措施。

(2)当无法辨认出站(进路)信号机显示时，在列车具备发车条件后，司机凭机车信号的显示起动列车，在确认出站(进路)信号机显示正确后，再行加速。

(3)天气转好时，应及时报告列车调度员发布调度命令，恢复正常行车。

第八节　设备故障行车

一、列控车载设备不能正常使用

(1)动车组列车运行中遇到列控车载设备发生故障并导致列车停车后，司机应报告列车调度员(车站值班员)，并通知随车机械师，或由车站值班员报告列车调度员。司机转换冗余切换开关(开关不在司机室时，司机通知随车机械师进行转换)起动冗余设备或将列控车载设备断电 30s 后重新起动，设备恢复正常时，报告列车调度员，继续运行。

(2)已在区间内运行的动车组列车列控车载设备发生故障不能恢复正常运行但能提供机车信号时，司机应报告列车调度员(车站值班员)，或由车站值班员报告列车调度员。列车调度员 (车站值班员)根据动车组列车是否装备了 LKJ 以及其运行区间的不同信号设备，采用以下不同的行车办法。

①对于装备 LKJ 的动车组列车，采用 LKJ 设备控车，在信号机常态点灯的 CTCS-2 级区段，动车组列车按地面信号显示运行；在 CTCS-3 级及信号机常态灭灯的 CTCS-2 级区段，由于区间未设地面通过信号机，为保证列车运行安全，列车调度员在确认该列车至前方站(线路所)间空闲后，发布改按 LKJ 方式行车的调度命令，动车组列车改按 LKJ 方式运行(前方车站进站信号机或线路所通过信号机需点灯)，后续按列控车载设备方式控车的动车组列车可以继续追踪运行。

②对于未装备 LKJ 的动车组列车，由于该列车列控车载设备发生故障，只能改按隔离模式运行。动车组列车按隔离模式运行时一般情况下最高运行速度不超过 40km/h，而在高速铁路上列车运行速度高，如动车组列车正常情况下运行速度一般为 200km/h 以上，速度差异过大，所以规定列车调度员(车站值班员)接到报告后不再向该区间放行列车，并通知已进入区间的后续列车立即停车，该区间后方站(线路所)为车站控制时，列

车调度员还应通知车站值班员不再向该区间放行列车。在确认该列车至前方站(线路所)间空闲后,列车调度员发布改按隔离模式运行的调度命令,列车改按隔离模式,按地面信号显示以不超过 40km/h 的速度运行至前方站(线路所)。该列车到达前方站(线路所)后,列车调度员方可通知后续列车恢复运行。

(3)动车组列控车载发生设备故障不能恢复正常运行在车站出发时,装备 LKJ 的动车组列车改按 LKJ 方式运行,未装备 LKJ 的动车组列车改按隔离模式运行。

动车组列车按隔离模式运行时,按前后站间间隔放行列车,运行速度不超过 40km/h,在 CTCS-3 级及信号机常态灭灯的 CTCS-2 级区段,信号机应点灯。

(4)因设备故障,动车组列控车载设备在 CTCS-3 级与 CTCS-2 级间进行转换时,司机应报告列车调度员。

二、LKJ、GYK 和机车信号故障

(1)动车组列车改按 LKJ 方式运行,在自动闭塞区间内遇到机车信号或 LKJ 发生故障时,司机应报告列车调度员(车站值班员),或由车站值班员报告列车调度员。列车调度员(车站值班员)不再向该区间放行列车,并通知已进入区间的后续列车立即停车。列车调度员确认该列车至前方站(线路所)间空闲后通知司机,列车按地面信号显示以不超过 40km/h 的速度运行至前方站(线路所)。该列车到达前方站(线路所)后,列车调度员方可通知后续列车恢复运行。

(2)按 LKJ 方式运行的动车组列车遇到机车信号或 LKJ 发生故障在车站出发时,改按隔离模式运行。

(3)动车组以外的列车,在自动闭塞区间内运行遇到机车信号或 LKJ(GYK)发生故障时,司机应立即报告列车调度员(车站值班员),或由车站值班员报告列车调度员。列车调度员(车站值班员)不再向该区间放行列车,并通知已进入区间的后续列车立即停车。列车调度员确认该列车至前方站(线路所)间空闲后通知司机,列车按地面信号显示以不超过 20km/h 的速度运行至前方站停车处理或更换机车。该列车到达前方站(线路所)后,列车调度员方可通知后续列车恢复运行。

三、CTC 故障

1. 列车车次号错误或丢失

(1)列车调度员发现 CTC 终端列车车次号错误或丢失时,应进行核对确认,重新输入正确的车次号。

(2)车站值班员发现 CTC 终端列车车次号错误或丢失时,应报告列车调度员,与列车调度员核对确认后,重新输入正确的车次号。

正确的车次号是实现 CTC 自动排路、自动采点的必要前提。发现 CTC 终端列车车次号错误或丢失时,应与列车运行计划进行核对确认(车站值班员修改车次号前还要与列车调度员核对确认),确认正确后重新输入正确的车次号,防止因车次号错误而造成的不

能自动排路、不能自动采点等问题。

2. CTC 不能下达列车运行计划

(1)CTC 不能下达列车运行计划时，列车调度员通知电务部门进行检查处理，并在《行车设备检查登记簿》内登记。

(2)通知车站转为非常站控。

(3)采取电话等方式下达列车运行计划。

3. CTC 不能自动触发进路

CTC 不能自动触发进路时，列车调度员(车站控制时为车站值班员)应采取人工触发进路或人工排列进路方式办理，并通知电务部门进行处理，在《行车设备检查登记簿》内登记。

4. CTC 设备登记停用或全站表示信息中断未及时恢复

当 CTC 设备登记停用或全站表示信息中断未及时恢复时，车站应转为非常站控。

5. 调度所和车站 CTC 设备均不能正确显示列车占用状态

(1)调度所和车站 CTC 设备均不能正确显示列车占用状态时，列车调度员应立即通知已进入区间的列车司机立即停车，通知电务部门进行处理。

(2)CTC 设备不能正确显示列车占用状态的故障暂时无法修复，具备放行列车条件时，列车调度员根据电务部门登记的行车限制条件放行列车，通知车站转为非常站控。对已进入区间的列车，列车调度员确认列车至前方站(线路所)间空闲后，通知列车司机逐列恢复运行，指示后列恢复运行前必须确认前列已完整到达前方站(线路所)。司机按信号显示运行，逐列运行至前方站(线路所)。区间空闲后，按站间组织行车。

(3)CTC 设备不能正确显示列车占用状态的故障修复后，列车调度员根据电务部门的销记，通知有关列车司机恢复正常行车。

四、进站(出站、进路)信号机、线路所通过信号机故障或车站(线路所)道岔失去表示、轨道电路非列车占用红光带

进站、出站、进路信号机、线路所通过信号机发生故障或车站(线路所)道岔失去表示、轨道电路非列车占用红光带时，都会造成信号机不能正常开放。列车调度员(车站控制时为车站值班员)应根据信号机是否安装了引导信号确定进路准备方式，能够开放引导信号的开放引导信号办理接发列车，不能开放引导信号的，按规定准备进路。

1. 进站(接车进路)信号机故障或接车进路上道岔失去表示、轨道电路非列车占用红光带

(1)列车调度员(车站控制时为车站值班员)通知设备管理单位进行检查处理，在《行

车设备检查登记簿》内登记。

(2)设备故障修复，列车调度员(车站控制时为车站值班员)根据设备管理单位的销记，开放进站(接车进路)信号办理接车。

(3)设备故障暂时无法修复，具备放行列车条件时，列车调度员(车站控制时为车站值班员)根据设备管理单位登记的行车限制条件组织行车。

①进站(接车进路)信号机引导信号能够开放时，在确认接车进路空闲，进路准备妥当后，开放引导信号办理接车。

②进站(接车进路)信号机引导信号不能开放时，在确认接车进路空闲，进路准备妥当后，列车调度员发布准许越过该信号机的调度命令，司机凭调度命令越过该信号机。动车组列车在进站(接车进路)信号机前停车后，装备 LKJ 的动车组列车将列控车载设备隔离，按 LKJ 方式运行，速度不超过 40km/h；未装备 LKJ 的动车组列车改按隔离模式进站停车。动车组以外的列车按 LKJ(GYK)方式运行，速度不超过 20km/h。

2. 出站(发车进路)信号机故障或发车进路上道岔失去表示、轨道电路非列车占用红光带

(1)列车调度员(车站控制时为车站值班员)通知设备管理单位进行检查处理，在《行车设备检查登记簿》内登记。

(2)设备故障修复，列车调度员(车站控制时为车站值班员)根据设备管理单位的销记，开放出站(发车进路)信号机办理发车。

(3)设备故障暂时无法修复，具备放行列车条件时，列车调度员(车站控制时为车站值班员)根据设备管理单位登记的行车限制条件组织行车。

当出站信号机不能开放时应注意以下两点。

①出站信号机引导信号能够开放时，在确认第一个闭塞分区空闲(CTCS-3 级和信号机常态灭灯的 CTCS-2 级自动闭塞区间对 LKJ 或 GYK 控车的列车和自动站间闭塞区间为确认区间空闲)和发车进路空闲，进路准备妥当后，开放引导信号办理发车。

②出站信号机未设引导信号或引导信号不能开放时，按以下方式办理发车。

在 CTCS-3 级和信号机常态灭灯的 CTCS-2 级自动闭塞区段，信号机应点灯，在确认区间空闲和发车进路空闲，进路准备妥当后，列车调度员发布准许进入区间的调度命令，司机凭调度命令进入区间。装备 LKJ 的动车组列车将列控车载设备隔离，按 LKJ 方式运行至前方站进站信号机(线路所通过信号机)，按其显示的要求执行；未装备 LKJ 的动车组列车改按隔离模式运行至前方站进站信号机(线路所通过信号机)，按其显示的要求执行；动车组以外的列车按 LKJ(GYK)方式运行，运行至前方站进站信号机(线路所通过信号机)，按其显示的要求执行。

在信号机常态点灯的 CTCS-2 级自动闭塞区段，确认第一个闭塞分区空闲(未装备 LKJ 的动车组列车为确认区间空闲)和发车进路空闲，进路准备妥当后，列车调度员发布准许进入区间的调度命令，司机凭调度命令进入区间。装备 LKJ 的动车组列车将列控车载设备隔离，按 LKJ 方式运行，以不超过 40km/h 的速度运行至区间第一架通过信号机，按其显示的要求执行；未装备 LKJ 的动车组列车改按隔离模式运行至前方站进站信号机(线路所通过信号机)，按其显示的要求执行；动车组以外的列车按 LKJ(GYK)方式运行，以不超过 20km/h 的速度运行至区间第一架通过信号机，按其显示的要求执行。

自动站间闭塞区段，在确认区间空闲后，应停止使用基本闭塞法改按电话闭塞法行车，确认发车进路空闲和进路准备妥当后，发布调度命令，司机凭调度命令进入区间。装备 LKJ 的动车组列车(需将列控车载设备隔离)、动车组以外的列车，按 LKJ(GYK)方式运行至前方站进站信号机(线路所通过信号机)，按其显示的要求执行；未装备 LKJ 的动车组列车改按隔离模式运行至前方站进站信号机(线路所通过信号机)，按其显示的要求执行。

当发车进路信号机不能开放时应注意以下几点。

①发车进路信号机能开放引导信号时，在确认发车进路空闲和进路准备妥当后，开放引导信号办理发车。

②列车由车站开往区间，发车进路信号机未设引导信号或引导信号不能开放时，在确认发车进路空闲和进路准备妥当后，列车调度员发布准许越过该信号机的调度命令，司机凭调度命令越过该信号机。装备 LKJ 的动车组列车将列控车载设备隔离，按 LKJ 方式，以不超过 40km/h 的速度运行至次一信号机前停车，转回列控车载方式控车；未装备 LKJ 的动车组列车改按隔离模式运行至次一信号机前停车，转回列控车载方式控车；动车组以外的列车按 LKJ(GYK)方式，以不超过 20km/h 的速度运行至次一信号机，按其显示要求执行。

(4)出站信号机不能开放时，除了按规定交付行车凭证外，对通过列车应预告司机。装有进路表示器或发车线路表示器的出站信号机，当该表示器不良时，由列车调度员(车站控制时为车站值班员)通知司机；司机发现表示器不良时，应及时报告列车调度员(车站值班员)。

3. 线路所通过信号机故障或进路上道岔失去表示、轨道电路非列车占用红光带

(1)列车调度员(车站控制时为车站值班员)通知设备管理单位进行检查处理，在《行车设备检查登记簿》内登记。

(2)设备故障修复后，列车调度员(车站控制时为车站值班员)根据设备管理单位的销记，恢复正常组织行车。

(3)设备故障暂时无法修复，具备放行列车条件时，列车调度员(车站控制时为车站值班员)根据设备管理单位登记的行车限制条件组织行车。

①线路所通过信号机引导信号能够开放时，在确认第一个闭塞分区空闲(CTCS-3 级和信号机常态灭灯的 CTCS-2 级自动闭塞区间对 LKJ 或 GYK 控车的列车和自动站间闭塞区间为确认区间空闲)和进路空闲，且进路准备妥当后，开放引导信号办理行车。

②线路所通过信号机引导信号不能开放，列车开往 CTCS-3 级和信号机常态灭灯的 CTCS-2 级自动闭塞区间时，信号机应点灯，在确认区间空闲和进路空闲，进路准备妥当后，列车调度员发布准许越过该信号机的调度命令，司机凭调度命令越过该信号机。装备 LKJ 的动车组列车将列控车载设备隔离，改按 LKJ 方式运行，运行至前方站进站信号机(线路所通过信号机)时，按其显示的要求执行；未装备 LKJ 的动车组列车改按隔离模式运行，运行至前方站进站信号机(线路所通过信号机)时，按其显示的要求执行；动车组以外的列车按 LKJ(GYK)方式运行，运行至前方站进站信号机(线路所通过信号机)

时，按其显示的要求执行。

线路所通过信号机引导信号不能开放，列车开往信号机常态点灯的 CTCS-2 级自动闭塞区间时，在确认区间第一个闭塞分区空闲（未装备 LKJ 的动车组列车为确认区间空闲）和进路空闲，进路准备妥当后，列车调度员发布准许越过该信号机的调度命令，司机凭调度命令越过该信号机。装备 LKJ 的动车组列车将列控车载设备隔离，按 LKJ 方式运行，以不超过 40km/h 的速度运行至区间第一架通过信号机，按其显示的要求执行；未装备 LKJ 的动车组列车改按隔离模式运行，运行至前方站进站信号机（线路所通过信号机），按其显示的要求执行；动车组以外的列车按 LKJ（GYK）方式运行，以不超过 20km/h 的速度运行至区间第一架通过信号机，按其显示的要求执行。

线路所通过信号机引导信号不能开放，列车开往自动站间闭塞区间时，在确认区间空闲后，应停止使用基本闭塞法改按电话闭塞法行车，确认进路空闲和进路准备妥当后，发布调度命令，司机凭调度命令越过线路所通过信号机。装备 LKJ 的动车组列车（需将列控车载设备隔离）、动车组以外的列车，按 LKJ（GYK）方式运行至前方站进站信号机（线路所通过信号机），按其显示的要求执行；未装备 LKJ 的动车组列车改按隔离模式运行至前方站进站信号机（线路所通过信号机），按其显示的要求执行。

五、区间通过信号机发生故障或闭塞分区轨道电路非列车占用红光带（异物侵限报警红光带除外）

（1）列车调度员（车站值班员）发现和得到区间通过信号机发生故障或闭塞分区非列车占用红光带的信息时，列车调度员（车站值班员）应立即通知区间内已进入故障地点和尚未经过故障地点的列车司机停车，通知设备管理单位进行检查处理，并在《行车设备检查登记簿》内登记。车站值班员应立即报告列车调度员。

设备管理单位未销记确认可以放行列车前，不得再向该区间放行列车。

设备故障修复，列车调度员根据设备管理单位的销记，通知有关列车司机恢复正常行车。

区间内通过信号机故障（包括显示停车信号及显示不明或灯光熄灭）或闭塞分区非列车占用红光带的原因主要有以下几项。

①通过信号机显示红色灯光时，可能是前方闭塞分区内有列车或机车、车辆占用；也可能是由于线路上有障碍物引起轨道电路短路或钢轨折断；还可能是轨道电路发生故障或通过信号机的灯泡断丝而引起的灯光转移等原因所致。

②通过信号机信号显示不明，可能是因天气关系所致，如灯光被飘雪、扬沙所遮盖等；也可能是自动闭塞设备发生故障。

③通过信号机灯光熄灭，可能是灯泡断丝或灯泡松动，也可能是临时断电。

④闭塞分区非列车占用红光带，可能是由于线路上有障碍物引起轨道电路短路，也可能是钢轨折断，还可能是轨道电路故障等原因所致。

由于区间通过信号机故障或闭塞分区轨道电路非列车占用红光带存在行车安全隐患，所以发现及得到区间通过信号机故障或闭塞分区非列车占用红光带的信息时，列车调度员（车站值班员）应立即通知区间内已进入故障地点及尚未经过故障地点的列车司机停车。

(2)区间通过信号机(闭塞分区非列车占用红光带)发生故障暂时无法修复,具备放行列车条件时,应根据设备管理单位登记的行车限制条件组织行车。待故障地点(发生两处及以上故障时,为运行方向第一故障地点)前的列车运行至前方站(线路所)时,对区间内已进入故障地点和尚未经过故障地点的列车,列车调度员确认列车至前方站(线路所)间空闲后,通知列车司机故障闭塞分区起止里程和防护该闭塞分区的通过信号机号码,逐列恢复运行至前方站(线路所),指示后列恢复运行前必须确认前列已完整到达前方站(线路所)。列车恢复运行时,司机在该闭塞分区通过信号机(区间信号标志牌)前停车等候2min后,以遇到障碍能随时停车的速度,最高不超过20km/h(动车组列车不超过40km/h),越过该闭塞分区,按次一通过信号机显示(列控车载设备显示)的要求运行,司机应加强瞭望。司机在停车等候的同时,必须与列车调度员联系,当确认前方闭塞分区内有列车时,不得进入。区间空闲后,按站间组织行车。

区间通过信号机故障、列控车载设备显示停车信号时,列车如果贸然进入前方闭塞分区,有危及行车安全的可能性,因而列车必须在该信号机(区间信号标志牌)前停车。经检查,具备放行列车条件后,列车调度员要通知列车司机故障闭塞分区起止里程及防护该闭塞分区的通过信号机号码,其目的是通知司机故障地点,提醒司机注意。

为了与普速铁路司机遇到相同故障现象的处置方式一致,同时也是为了进一步确认故障闭塞分区故障或占用情况,规定列车恢复运行时,司机在该闭塞分区通过信号机(区间信号标志牌)前停车等候2min后,以遇到障碍能随时停车的速度,最高不超过20km/h(动车组列车不超过40km/h)越过该故障闭塞分区,按故障闭塞分区次一信号机显示(列控车载设备显示)的要求运行,司机应加强瞭望。

司机在停车等候的同时,必须要使用列车无线调度通信设备与列车调度员进行联系,如确认前方闭塞分区内有列车时,不得进入。高铁通信条件好,但司机停车后暂时未与列车调度员联系上时,同样也不得进入,应继续与列车调度员进行联系。

要求列车在发生问题的闭塞分区内以最高不超过20km/h(动车组列车不超过40km/h)的速度运行,在发生问题或遇到危险时,可随时停车,不致发生事故。

在这种情况下,列车限速进入闭塞分区后,必须在整个闭塞分区内限速运行。只有在列车尾部全部越过该闭塞分区后,才能按信号机或列控车载设备显示的要求运行。

列车在故障的通过信号机(区间信号标志牌)前停车等候的同时,司机必须与列车调度员进行联系,确认前方闭塞分区内有无列车占用。列车调度员要查明前次列车已到达前方站,通过CTC/TDCS设备确认该闭塞分区内有无列车,如确认该闭塞分区有列车占用,列车调度员须通知司机不得进入该闭塞分区。

六、站内轨道电路分路不良

轨道电路能显示机车车辆占用情况,是保证联锁条件正确的前提条件之一。由于钢轨轨面生锈、钢轨或机车车辆轮对上粘有异物等情况,会造成轨道电路分路不良,机车车辆压上轨道电路后可能会没有占用表示。在办理经由分路不良区段的接发列车与调车作业进路时,如果不确认进路上有关的分路不良区段空闲,不将进路上的分路不良区段道岔单独锁闭,就有可能造成向占用线路接车、道岔途中转换等问题的发生。由于轨道电路分路不良有很大的危害性，所以必须采取有效的作业安全控制措施。

(1)站内轨道电路出现分路不良时，电务部门检测确认后，由电务部门及时在车站、调度所《行车设备检查登记簿》内登记，并在 CTC 终端上进行标注。

(2)列车调度员(车站控制时为车站值班员)办理经由分路不良区段的进路时，执行以下规定。

①办理进路前，列车调度员(车站值班员)必须亲自或指派其他人员(集控站为车务应急值守人员组织电务、工务人员)确认与进路有关的所有分路不良区段空闲后，方可准备进路，并将分路不良区段的道岔单独锁闭；列车(机车车辆)未全部出清轨道电路分路不良区段前，严禁操纵有关道岔及其防护道岔，不得解除分路不良区段道岔单独锁闭。

②调车作业时，列车调度员询问并得到调车人员或司机汇报机车车辆出清道岔轨道电路分路不良区段后，方可扳动道岔，开放信号。

③在轨道电路分路不良的股道上停放车辆时，必须对股道两端信号进行钮封。

④遇到列车(机车车辆)通过后进路漏解锁、光带不消失时，必须确认列车(机车车辆)已通过该区段后，方可对该区段进行人工解锁。

(3)确认分路不良区段空闲是指确认分路不良区段无机车车辆占用。列车调度员(车站值班员)确认分路不良区段空闲的方式主要有以下三种。

①通过目视确认、利用站场视频设备确认。不能或不便亲自确认时，列车调度员通过车站值班员(车务应急值守人员)，车站值班员(车务应急值守人员)通过组织工务、电务人员进行确认。

②询问司机、调车人员，确认列车已经完整到达、整列出站，确认机车车辆出清道岔轨道电路分路不良区段。

③动车组列车、单机(单机挂车、重联时除外)等运行时，可通过 CTC/TDCS 设备、联锁控制台确认出清轨道电路分路不良区段的下一良好轨道电路区段。

七、列车占用丢失

CTC/TDCS 设备发生列车占用丢失报警(根据报警技术条件等规定能立即判断为误报警时除外)、得到列车占用丢失的报告和通过 CTC/TDCS 设备发现列车占用丢失的情况，均应按照列车占用丢失的要求进行处置。

1. 区间列车占用丢失

(1)区间列车占用丢失报警或列车调度员(车站值班员)发现和得到区间列车占用丢失信息时，列车调度员(车站值班员)应立即通知已进入区间的后续列车停车，再通知占用丢失的列车停车。车站值班员应立即报告列车调度员。

(2)列车调度员(车站值班员)联系占用丢失的列车司机，询问列车位置和现场情况，通知电务部门检查处理，在《行车设备检查登记簿》内登记。

(3)电务部门未销记确认可以放行列车前，不得再向该区间放行列车。

(4)设备故障已修复时，列车调度员根据电务部门的销记，通知有关列车司机恢复正常行车。

(5)设备故障暂时无法修复，占用丢失的列车运行无异常，具备放行列车条件时，根据电务部门登记的行车限制条件组织行车。对已进入区间的占用丢失的列车和后续列车，列车调度员确认列车至前方站(线路所)间空闲后，通知司机逐列恢复运行，指示后列恢复运行前必须确认前列已完整到达前方站(线路所)。司机按信号显示运行，逐列运行至前方站(线路所)。区间空闲后，按站间组织行车。

2. 站内股道列车占用丢失

(1)站内股道列车占用丢失报警或列车调度员(车站控制时为车站值班员)发现和得到站内股道列车占用丢失信息时，应立即停止使用该故障区段。

(2)列车调度员(车站值班员)联系占用丢失的列车司机，询问列车位置和现场情况，通知电务部门检查处理，在《行车设备检查登记簿》内登记。

(3)设备故障已修复时，列车调度员(车站值班员)根据电务部门的销记，恢复正常行车。

(4)设备故障暂时无法修复时，经电务部门检查处理后，根据电务部门登记的行车限制条件组织行车。

3. 取消 CTC 自动触发进路

为了防止后续列车进路自动触发而使列车进入占用丢失列车所在的区间或站内股道，在故障恢复前，对尚未进入区间或站内该地段的列车，应取消 CTC 自动触发进路。

八、列车无线调度通信设备故障

高速铁路使用 GSM-R 通信。GSM-R 从功能上可分为数据传输单元、电路域数据传输和语音通信功能。GSM-R 分组数据传输功能失效时，会影响调度命令无线传送和进路预告信息发送功能；电路域数据传输功能失效时，将会导致装备 CTCS-3 级列控的动车组列车通信连接超时，降级为 CTCS-2 级；GSM-R 智能网功能失效将无法使用车次功能号呼叫。不同的设备故障影响的范围不同，需要根据不同的设备故障现象，明确具体行车安全控制措施。

1. FAS(固定用户接入交换机)故障

1)调度台 FAS 均故障

(1)列车调度员通知通信部门检查处理，在《行车设备检查登记簿》内登记。

(2)列车调度员指示车务应急值守人员转为车站控制办理行车。

(3)设备故障修复后，列车调度员根据通信部门在《行车设备检查登记簿》内的销记，恢复设备正常使用和正常行车组织。

2)车站 FAS 故障

(1)车站值班员(车务应急值守人员)通知通信部门检查处理，在《行车设备检查登记簿》内登记，报告列车调度员。

(2)车站值班员(车务应急值守人员)使用 GSM-R 手持终端或有语音记录装置的自动

电话办理行车通话。

(3)故障修复后，车站值班员(车务应急值守人员)根据通信部门在《行车设备检查登记簿》内的销记，恢复设备正常使用。

2. GSM-R 故障

(1)列车调度员(车站值班员)得到 GSM-R 故障的报告后，应立即通知通信部门检查处理，在《行车设备检查登记簿》内登记。车站值班员接到报告后应及时报告列车调度员，列车调度员报告调度所值班主任(值班副主任)。

(2)根据通信部门在《行车设备检查登记簿》内登记的停用内容、影响范围和行车限制条件，按下列规定办理：

①GSM-R 故障导致 CTCS-3 级降为 CTCS-2 级时，按 CTCS-2 级行车；

②影响调度命令无线传送功能时，向司机发布的调度命令，按规定采用列车无线调度通信设备发布、转达或采用人工书面交递方式；

③遇到无进路预告信息，司机必须报告列车调度员(车站值班员)，列车由正线通过改为侧线接车时，列车调度员(车站控制时为车站值班员)应提前预告司机。

(3)设备故障修复后，列车调度员(车站值班员)根据通信部门在《行车设备检查登记簿》内的销记，设备可正常使用。

3. 机车综合无线通信设备故障

(1)司机报告列车调度员(车站值班员)，车站值班员报告列车调度员。

①影响调度命令无线传送功能时，向司机发布的调度命令，按规定采用列车无线调度通信设备发布、转达或采用人工书面交递方式。

②遇到无进路预告信息，司机必须报告列车调度员(车站值班员)，列车由正线通过改为侧线接车时，列车调度员(车站控制时为车站值班员)应提前预告司机。

③机车综合无线通信设备不能通话时，司机应立即使用 GSM-R 手持终端报告列车调度员(车站值班员)。当 GSM-R 手持终端也不能进行通话时，司机应在前方站停车报告；机车综合无线通信设备或 GSM-R 手持终端修复(更换)后，方可继续运行。

(2)设备故障修复后，设备可正常使用。

4. 列车调度员、车站值班员因无线通信设备故障，均无法与司机取得联系

(1)不得向区间放行列车。

(2)列车调度员(车站值班员)通知通信部门检查处理，在《行车设备检查登记簿》内登记。

(3)通信部门抢修完毕后，列车调度员根据通信部门在《行车设备检查登记簿》内的销记，恢复正常行车组织。

列车调度员、车站值班员因无线通信设备故障均无法与司机取得联系时，一旦有危及安全的紧急情况将无法与司机联系，所以规定在这种情况下不得向区间放行列车。该处无线通信设备系指能保证列车调度员、车站值班员与司机间在站内及区间保持可靠联系的通信联系设备，高速铁路一般为 FAS 和 GSM-R 手持终端。

九、接触网停电

接触网停电后，动车组列车及电力机车失去了牵引动力，为保证列车运行安全，应根据具体情况，采取有效的行车安全控制措施。同时，接触网不明原因跳闸停电后，又重合或送电成功恢复供电，由于检查处理时间可能较长，此时应积极采取兼顾安全与效率的措施，尽快恢复列车运行。

(1)遇到接触网停电时，司机应立即停车并降弓，报告列车调度员(车站值班员)停车原因和停车位置，通知随车机械师(车辆乘务员)、列车长，或由车站值班员报告列车调度员。供电调度员发现接触网停电后，应立即确认停电范围并通知列车调度员。

(2)列车调度员(车站值班员)接到接触网停电的报告后，应立即扣停未进入停电区域的相关列车，对已进入停电区域的列车应通知司机停车。列车调度员立即通知供电调度员确认停电范围，通知供电部门检查处理，在CTC上设置停电标识。

(3)电力机车牵引的旅客列车因接触网停电在区间停车后，司机应采取保压措施，长时间停车风压不足时，司机通知车辆乘务员组织客运乘务组拧紧全列人力制动机。

(4)接触网跳闸重合或送电成功，原因不明时的处置方案如下。

①接触网跳闸重合或送电成功，原因不明时，供电调度员应立即将接触网跳闸情况、故障标定装置指示地点的里程和限速要求通知列车调度员。列车调度员立即向尚未经过该地点的本线和邻线首列列车发布口头指示，限速80km/h注意运行，限速位置原则上按故障标定装置指示地点前后各2km确定。司机应注意观察接触网设备状态，发现影响行车异常情况时应立即停车并向列车调度员报告，列车调度员立即通知尚未经过异常地点的后续列车停车，不得再向该区间放行列车，并立即通知供电部门检查处理，列车调度员按供电部门登记的行车限制条件组织行车；发现无异常时，司机在通过限速地点后立即向列车调度员报告。列车调度员根据本线司机确认本线无异常的报告组织本线后续列车正常运行，根据邻线司机确认邻线无异常的报告组织邻线后续列车正常运行。

接触网跳闸可能由接触网设备故障、动车组(电力机车)设备故障以及外部因素(如异物、结冰等)等原因引起。虽然接触网跳闸后重合或送电成功，但当原因不明时，可能存在接触网设备损坏或故障等情况，影响行车安全，因此需要对相关接触网设备运行状态进行巡视确认。对接触网设备巡视检查有多种方式，为降低对列车运行秩序的影响，在供电人员现场检查或添乘列车检查前，通知故障区段邻线及本线尚未经过故障区域的首列运行司机进行初步观察是一种方便可行的方式。列车运行速度过快时，一方面不利于动车组司机观察接触网状态；另一方面发现接触网设备异常影响行车时，可能来不及采取相应措施，造成故障扩大或影响行车，因此本线及邻线首列速度不宜过快，规定为限速80km/h。司机发现影响本列行车安全的异常情况时，应立即停车。考虑到故障标定装置指示地点可能有一定的误差，所以规定限速位置原则上按故障标定装置指示地点前后各2km确定，如遇前后各2km后限速区域进入到电分相或另一供电臂等情况时，可根据实际适当调整限速区域。

②供电调度员应立即组织供电人员登乘本线或邻线列车巡视检查设备。供电人员根据需要及时向列车调度员提出利用动车组列车运送人员处理故障的申请，列车调度员应

及时安排。这主要是考虑到高铁站间距较大，为了便于供电抢修人员尽快赶到现场检查抢修，允许采取登乘列车的方式赶往现场。

十、接触网上挂有异物

接触网上挂有异物是高速铁路常见的故障现象，但因接触网上挂有异物的具体情况不同，在供电人员到达现场确认前，主要依靠司机根据挂异物的具体情况来掌握行车，根据不同情况采取正常运行、降速运行、降弓运行或停车等处置方式。

(1)司机在运行中发现本线或邻线接触网上挂有异物时，应立即采取措施并向列车调度员(车站值班员)汇报异物情况和故障地点，列车调度员(车站值班员)及时通知供电部门检查处理，在《行车设备检查登记簿》内登记，车站值班员报告列车调度员。列车调度员转报供电调度员。

(2)本线挂有异物时，如果异物情况不影响行车，则司机按正常行车方式通过。本线降弓可以通过时，司机按降弓方式通过该地点，列车调度员向该线后续列车发布限速160km/h并降弓通过故障地点的调度命令(不设置列控限速)，限速降弓位置原则上按司机汇报故障地点前后各2km确定。不能降弓通过时司机应立即停车并报告，列车调度员(车站值班员)应立即通知本线后续列车停车，不得再向该区间放行列车。

(3)邻线挂有异物时，如果司机汇报邻线异物不能降弓通过时，列车调度员(车站值班员)应立即通知邻线尚未经过该地点的列车停车，不得再向邻线该区间放行列车。如果司机汇报邻线异物可降弓通过或异物情况不影响行车时，邻线按上述第(2)点执行。

如果司机汇报不能确定异物是否影响邻线行车，列车调度员应立即向邻线尚未经过该地点的首列列车司机发布口头指示限速80km/h并注意运行，限速位置原则上按司机汇报故障地点前后各2km确定。司机应注意观察接触网设备状态。根据该司机确认情况，后续处理按上述第(2)点规定执行。

(4)供电调度员接到报告后，应立即组织供电人员登乘本线或邻线列车巡视检查设备并处理。供电人员根据需要及时向列车调度员提出利用动车组列车运送人员处理故障的申请，列车调度员应及时安排。

供电部门检查处理后，列车调度员按供电部门登记的行车限制条件组织行车。故障处理完毕后，列车调度员根据供电部门在《行车设备检查登记簿》内的销记，恢复正常行车组织。

十一、受电弓挂有异物

受电弓挂有异物运行时，可能造成受电弓或接触网损坏，危及行车安全，所以，应采取有效的联系、检查和处置等措施，确保列车运行安全。

(1)列车运行途中，司机接到受电弓挂有异物通知时，应立即降弓、停车，并向列车调度员(车站值班员)报告，或由车站值班员报告列车调度员。需下车检查或登顶作业时，司机(动车组列车为随车机械师通过司机)及时向列车调度员提出请求。

(2)列车调度员(车站值班员)得到报告后，应立即通知区间内后续列车停车，不得再向该区间放行列车。列车调度员根据下车检查或登顶作业的请求，发布邻线列车限速 160km/h 及以下调度命令；需登顶作业时，列车调度员还应通知该供电臂内的列车停车并降弓，与供电调度员办理接触网停电手续，得到供电调度员接触网已停电的通知后，发布准许登顶作业的调度命令。

(3)司机在接到邻线列车限速 160km/h 及以下调度命令已发布的口头指示后，下车检查(动车组列车为司机通知随车机械师下车检查)。司机根据准许登顶作业的调度命令和邻线列车限速 160km/h 及以下调度命令已发布的口头指示登顶作业(动车组列车为司机通知随车机械师登顶作业)。

(4)异物处理完毕后，司机应报告列车调度员，列车调度员与供电调度员办理接触网送电手续，通知该停电供电臂内的列车升起受电弓，取消邻线限速，恢复正常行车。需要限速运行时，司机(动车组列车根据随车机械师的通知)限速运行。

(5)司机(动车组列车为随车机械师)现场检查发现受电弓滑板和托架有损伤或接触网有异状时，应及时报告列车调度员，列车调度员扣停后续列车，并通知供电部门对接触网设备进行检查处理，根据供电部门在《行车设备检查登记簿》内登记的行车限制条件组织行车。这主要是考虑到受电弓滑板及托架有损伤或接触网有异状时，说明接触网设备实际或可能已发生损伤，应经供电部门检查处理后，再组织行车。

十二、运行途中自动降弓

接触网设备异常打碰受电弓或受电弓自身状态不良均可能导致动车组(电力机车)自动降弓。发生自动降弓时，在未查明原因前，为防止故障进一步扩大，要求自动降弓的列车立即停车，并按规定进行报告、处置。根据具体情况确定后续列车运行要求。

(1)列车在运行途中，若因不明原因降弓，司机应立即切断主断路器并停车，同时查看降弓地点公里标，向列车调度员(车站值班员)报告，车站值班员报告列车调度员。列车调度员(车站值班员)应立即通知区间内后续列车停车，不再向该区间放行列车，列车调度员将降弓情况转报供电调度员。动车组列车随车机械师应根据故障信息记录，及时向司机反馈故障发生时间等信息，由司机报告列车调度员，列车调度员及时转报供电调度员。

(2)列车调度员根据司机(动车组列车为随车机械师通过司机提出的)提出的下车检查或登顶作业的请求，发布邻线列车限速 160km/h 及以下的调度命令；需登顶作业时，列车调度员还应通知该供电臂内的列车停车并降弓，与供电调度员办理接触网停电手续，得到供电调度员接触网已停电的通知后，发布准许登顶作业的调度命令。

(3)司机在接到邻线列车限速 160km/h 及以下的调度命令已发布的口头指示后，下车检查(动车组列车为司机通知随车机械师下车检查)。司机根据准许登顶作业的调度命令和邻线列车限速 160km/h 及以下调度命令已发布的口头指示登顶作业(动车组列车为司机通知随车机械师登顶作业)。

(4)经检查处理，列车恢复运行后，司机应立即报告列车调度员，列车调度员应立即向本线尚未经过该地点的首列列车发布口头指示限速 80km/h 注意运行，限速位置原则上按司机汇报故障地点前后各 2km 确定。司机应注意观察接触网设备状态，发现影响行车异常情况时应立即停车并向列车调度员报告,列车调度员立即通知尚未经过异常地点的后续列车停车,不再向该区间放行列车,并立即通知供电部门检查处理,列车调度员按供电部门登记的行车限制条件组织行车。无异常时,司机在通过限速地点后立即向列车调度员报告,列车调度员根据司机确认无异常的报告组织后续列车正常运行。

(5)供电调度员接到报告后,应立即组织供电人员登乘本线或邻线列车巡视检查设备。供电人员根据需要及时向列车调度员提出利用动车组列车运送人员处理故障的申请,列车调度员应及时安排。

十三、自动过分相地面设备故障

自动过分相地面设备(应答器、地磁感应器和磁枕等)分属不同设备管理单位。接到司机不能自动过分相的报告时,列车调度员(车站值班员)应通知各设备管理单位分别确认所属设备运行状态。

(1)司机发现不能自动过分相时,应立即报告列车调度员(车站值班员),列车调度员(车站值班员)接到报告后,通知后续列车注意运行,并通知设备管理单位检查处理,在《行车设备检查登记簿》内登记;设备管理单位发现自动过分相地面设备故障时,应立即报告列车调度员(车站值班员),同时在《行车设备检查登记簿》内登记,写明行车限制条件。

在故障修复前,列车调度员(车站值班员)根据设备管理单位的登记,通知司机采用手动过分相。

(2)自动过分相地面设备修复后,列车调度员根据设备管理单位在《行车设备检查登记簿》内的销记,恢复正常行车组织。

十四、动车组列车空调失效

动车组列车在运行过程中,因接触网故障停电、动车组内空调设备发生故障等原因,会造成空调不能工作。由于动车组列车车厢封闭严密,空调发生故障后,空气流通不畅,特别是在夏季,车厢内温度会逐渐升高,旅客会感觉身体不适,严重时还可能会引发旅客群体情绪波动,造成更大影响。为了更好服务旅客和保证旅客安全,空调失效超过20min 不能恢复时,动车组列车由列车长视情况在停车状态下安装防护网、打开车门进行通风换气后,按规定限速运行。

(1)空调失效超过 20min 不能恢复但列车能够正常运行时,列车长可视情况通知司机向列车调度员提出在前方最近的客运站停车的请求,列车调度员安排列车在前方最近的客运站停车。列车在停车站安装好防护网、打开部分车门后,列车调度员根据司机的报告,向司机(救援时还包括救援司机)和沿途各站发布打开车门限速 60km/h(通过邻靠高站台的线路时限速 40km/h)运行的调度命令。这主要是考虑此时车门处于开放状态,并且外开式车门及动车组车门的脚踏板距高站台边缘的安全空间较正常车门关闭状态下小,为保证旅客人身和列车运行的安全,应进行相应的限速。

(2)列车因故停车不能维持运行且空调失效超过 20min 不能恢复时,列车长应及时与司机、随车机械师沟通，视情况做出打开车门的决定，并通知司机转报列车调度员。

(3)安装防护网、打开车门由列车长组织列车乘务员进行，司机、随车机械师配合。防护网的安装需要在列车停车状态下进行，安装位置为运行方向左侧(非会车侧)车门处。防护网安装完毕，打开车门后，由列车长组织列车工作人员值守，直到车门关闭。列车长确认防护网安装牢固、看护到位后报告司机。

(4)需要组织旅客下车或换乘其他列车时，应在车站站台进行。必须在站内不邻靠站台的线路或区间组织旅客下车或换乘时，需经过铁路局主管运输副局长(总调度长)批准。

十五、列车运行途中车辆故障

在动车组控制系统起动状态下，监控系统对动车组设备有监控功能，监控系统检测到设备发生问题时，会在司机室车载信息监控装置上显示设备故障信息，并对司机和随车机械师作业进行提示，司机和随车机械师应按提示及时处置。

同时，列车在运行中，发生车轮抱死不缓解、制动失效和车体下沉等故障时，将危及行车安全，必须及时处置；空气弹簧故障、动车组车窗玻璃破损等，将导致动车组运行平稳性降低、车厢密封失效，高速运行时影响动车组运行安全，也需要及时采取降速运行等措施。

1. 动车组列车运行途中发生车辆故障应急处理

(1)若动车组列车运行中出现故障，司机应按车载信息监控装置的提示，按规定及时处理；需要由随车机械师处理时，司机应通知随车机械师。经处置确认无法正常运行时，司机应按车载信息监控装置的提示和随车机械师的要求，选择维持运行或停车等方式，并报告列车调度员(车站值班员)，或由车站值班员报告列车调度员。

(2)司机发现或得到基础制动装置故障致使车轮抱死不缓解的报告时，应立即停车，报告列车调度员(车站值班员)停车原因和停车位置，或由车站值班员报告列车调度员。列车调度员(车站值班员)应立即通知区间内后续列车停车，不再向该区间放行列车。司机在接到列车调度员已发布邻线列车限速160km/h及以下调度命令的口头指示后，通知随车机械师下车检查处理。当动车组列车制动系统故障必须切除单车制动力时，随车机械师应将切除制动力的情况和限速要求通知司机，司机报告列车调度员(车站值班员)后，按限速要求运行；车站值班员接到报告后，应及时报告列车调度员，列车调度员及时通知本调度区段相关车站值班员，跨调度区段运行时还应通知邻台列车调度员。

全列车制动不缓解，司机、随车机械师按故障应急手册或车载信息系统的提示处理；若全列常用制动不施加，司机应立即将制动手柄拉到紧急制动位或按压紧急停车按钮，使动车组紧急停车。动车组停车后，司机复位紧急制动，由随车机械师进行故障处理。司机在开车前必须进行一次完整的制动试验，确认制动系统功能正常。动车组发生制动系统失效情况时，由司机请求救援。

(3)动车组车窗玻璃破损导致车厢密封失效时，列车长或随车机械师应通知司机，司机控制动车组列车限速160km/h运行并报告列车调度员(车站值班员)，或由车站值班员报告列车调度员。

(4)动车组空气弹簧故障时，随车机械师应通知司机限速要求(CRH2/CRH380A/AL型限速120km/h，其余车型限速160km/h)，司机控制动车组列车限速运行并报告列车调度员(车站值班员)，或由车站值班员报告列车调度员。

(5)当车载信息监控装置提示轴承温度超过报警温度时，司机应立即停车，报告列车调度员(车站值班员)停车原因和停车位置，通知随车机械师处理，或由车站值班员报告列车调度员。列车调度员(车站值班员)应立即通知区间内后续列车停车，并不得再向该区间放行列车。随车机械师检查后，需要限速运行时，通知司机限速要求，司机报告列车调度员(车站值班员)后，按限速要求运行。不能继续运行时，及时请求救援。

(6)发现或接到转向架监测故障、车辆下部异音和异状的通知时，司机(列车工作人员)应立即采取紧急停车措施，司机向列车调度员(车站值班员)报告，或由车站值班员报告列车调度员。列车调度员(车站值班员)应立即通知区间内后续列车停车，不再向该区间放行列车。司机在接到列车调度员已发布邻线列车限速160km/h及以下调度命令的口头指示后，通知随车机械师下车检查处理。随车机械师检查后，需要限速运行时，通知司机限速要求，司机报告列车调度员(车站值班员)后，按限速要求运行。不能继续运行时，及时请求救援。

2. 动车组以外的旅客列车运行途中发生车辆故障应急处理

(1)发现客车车辆轮轴故障、车体下沉(倾斜)和车辆剧烈振动等危及行车安全的情况时，必须立即采取停车措施，并报告列车调度员(车站值班员)，或由车站值班员报告列车调度员。列车调度员(车站值班员)应立即通知区间内后续列车停车，不再向该区间放行列车。司机在接到列车调度员已发布邻线列车限速160km/h及以下调度命令的口头指示后，通知车辆乘务员下车检查。对抱闸车辆应关闭截断塞门，排除副风缸中的余风，确认安全无误后，方可继续运行；当车轮踏面损坏超过限度或车辆故障不能继续运行时，应甩车处理。

(2)列车调度员接到热轴报告后，应按热轴预报等级要求果断处理。必要时，立即安排停车检查(司机应采用常用制动，列车停车后由车辆乘务员负责检查，无车辆乘务员的由司机确认能否继续安全运行)或就近站甩车处理。

(3)当客车安全监控系统报警或其他故障需要列车限速运行时，车辆乘务员应通知司机限速要求，司机按限速要求运行并报告列车调度员(车站值班员)，或由车站值班员及时报告列车调度员。

(4)空气弹簧故障时，列车运行速度不得超过120km/h。

(5)采用密接式车钩的旅客列车，在运行途中因故障更换15号过渡车钩后，运行速度不得超过140km/h。

(6)双管供风旅客列车运行途中发生双管供风设备故障或用单管供风机车救援接续牵引需改为单管供风时，双管改单管作业应在站内进行。旅客列车在区间发生故障需双管改单管供风时，由车辆乘务员通知司机向列车调度员(车站值班员)提出在前方站停车处理的请求，并通知司机以不超过120km/h的速度运行至前方站，列车调度员发布双管改单管供风的调度命令，车辆乘务员根据调度命令在站内将客车风管路改为单管供风状态。旅客列车改为单管供风跨局运行时，由铁路总公司发布调度命令通知有关铁路局，按单管供风办理，直至终到站。这主要是考虑恢复双管供风需要时间较长，为了不致长时间影响该列车运行，所以规定改为单管供风的列车维持单管供风直至终到站。

第九节　非正常行车组织

一、双线区间反方向行车

我国铁路规定在双线区间按左侧单方向行车，这个运行方向称为正方向，相应的闭塞设备、列车信号机(区间信号标志牌)等行车设备也按此设置，在行车安全上有着可靠的保证；同时根据我国铁路成对行车的特点，列车在各自的线路上运行时，互不干扰，能够保证最大的通过能力，发挥最大的效益。

双线区间列车反方向运行时，改变了线路正常运行方向，对运输安全、效率都有不利影响。所以规定只限于整理列车运行时才准采用。同时，为保证旅客列车运行安全，对旅客列车反方向运行更应严加限制。

(1)在双线区间，列车应按左侧单方向运行。仅限于整理列车运行时，方可使列车反方向运行。但旅客列车仅在正方向区间的线路封锁、发生自然灾害、因事故中断行车和正方向设备发生故障严重影响列车运行秩序时，在反方向自动站间闭塞设备良好等特殊情况下，经调度所值班主任(值班副主任)准许，方可反方向运行。

(2)列车反方向运行时，列车调度员应发布调度命令。列车调度员(车站控制时为车站值班员)确认反方向区间空闲。当需要在双线区间反方向行车时，为使司机和有关人员掌握行车方式发生变化，严格办理程序，所以规定要发布调度命令，使有关人员按规定作业，确保行车安全。列车反方向运行时按站间间隔运行，所以在发车前必须确认反方向运行的线路上无迎面列车运行，区间空闲。

(3)动车组列车反方向运行时，在CTCS-3级区段，CTCS-3级列控系统最高允许速度为300km/h，CTCS-2级列控系统最高允许速度为250km/h；在CTCS-2级区段，在250km/h线路上最高允许速度为200km/h，在200km/h线路上最高允许速度为160km/h。

二、列车被迫停车后的处理

列车在区间被迫停车是指列车在区间因自然灾害、事故、线路中断、接触网停电、动车组(电力机车)停在分相无电区、制动失效和其他机车车辆故障等，导致列车不能按信号显示(行车凭证)继续向前运行的情况。列车在区间因作业需要、信号(包括地面信号和车载信号)显示停车信号或显示不明、接到停车的通知而停车，以及发现线路上有行人或障碍物等而临时停车，不属于列车在区间被迫停车。

(1)列车在区间被迫停车不能继续运行时，司机应立即使用列车无线调度通信设备通知列车调度员(两端站)和随车机械师(车辆乘务员)，报告停车原因和停车位置，根据需要迅速请求救援。

①随车机械师(车辆乘务员)、客运乘务组均应听从司机指挥,处理有关行车、列车防护和事故救援等事宜。

②列车调度员(车站值班员)接到司机通知后,应将区间内列车的运行情况通知司机,并立即使用列车无线调度通信设备通知区间内后续列车停车,在停车原因消除前不得再向区间内放行列车。

③对已请求救援的列车,不得再行移动,并按规定对列车进行防护。

④列车在区间被迫停车后,应保证就地制动,防止列车溜逸。如果遇自动制动机发生故障,动车组以外的旅客列车(动车组除外)司机应通知车辆乘务员立即组织列车乘务人员拧紧全列人力制动机;其他列车司机应立即采取安全措施,并向列车调度员报告。

⑤需要防护时,列车前方由司机负责,列车后方由车辆乘务员(随车机械师)负责,配备列车防护报警装置的列车应首先使用列车防护报警装置进行防护。单班单司机值乘的列车防护作业办法由铁路局规定。

(2)列车在区间发生脱轨、颠覆等事故或其他原因被迫停车时,司机及随车机械师(车辆乘务员)应认真观察,注意是否妨碍邻线。

列车被迫停车可能妨碍邻线时,司机应立即使用列车无线调度通信设备通知邻线上运行的列车和列车调度员(两端站),与随车机械师(车辆乘务员)分别在列车头部或尾部附近对邻线来车方向短路轨道电路,配备列车防护报警装置的列车应首先使用列车防护报警装置进行防护。司机应亲自或指派人员沿邻线一侧对列车进行检查,发现妨碍邻线时,应立即报告列车调度员(两端站)。当发现邻线有列车开来时,应鸣示紧急停车信号。列车调度员(车站值班员)接到列车被迫停车可能妨碍邻线的通知后,应立即通知邻线有关列车停车,在原因消除前不得向邻线放行列车。

单班单司机值乘方式不具有全路普遍性,列车防护作业办法由铁路局根据本局具体情况规定。

(3)列车在区间被迫停车后,根据下列规定防护:①已请求救援时,从救援列车开来方向(不明时,从列车前后两方向),距离列车不少于300m处放置响墩防护;在仅运行动车组列车的线路上,列车在区间被迫停车后已请求救援时,由随车机械师在救援列车开来方向,距离列车不少于300m处人工进行防护,不再放置响墩防护;②列车分部运行,机车进入区间挂取遗留车辆时,应从车列前方距离不少于300m处放置响墩防护;③防护人员设置的响墩在停车原因消除后,由防护人员撤除。

使用响墩设置防护时的设置方法如下:每组为三枚,其中两枚扣在来车方向的左侧钢轨上,一枚扣在右侧钢轨上,彼此间隔20m。当机车压上响墩后,司机一侧可先听到响墩爆炸声,便于司机采取停车措施。每个响墩放置间隔20m,是为了使其爆炸声分清三响,不致与其他爆炸声相混淆。

在不同情况下放置响墩的要求如下。

①已请求救援的列车,应在救援列车开来方向(不明时,从列车前后两方面)距停留车列不小于300m处放置响墩(在仅运行动车组列车的线路除外),如图6-7所示。

规定距离不小于300m,是因为已请求救援,列车调度员已在命令中指明了被迫停车列车的所在位置,所以救援列车司机心中有数,可以提前减速,能在300m内停车。

在仅运行动车组列车的线路上,列车在区间被迫停车后已请求救援时,由随车机械师在救援列车开来方向，距离列车不小于 300m 处人工进行防护，不再放置响墩防护。

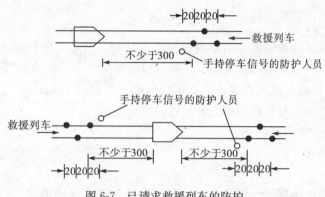

图 6-7 已请求救援列车的防护

②列车分部运行，机车进入区间挂取遗留车辆时，因其已知停留车地点，能提前减速及停车，故在车列前方不小于 300m 处放置响墩防护，如图 6-8 所示。

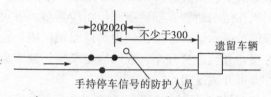

图 6-8 分部运行时机车挂取遗留车辆的防护

由于动车组轴重轻、运行速度高，响墩防护对动车组列车运行存在安全隐患，因此规定仅运行动车组列车的线路上，不放置响墩防护；对于其他线路设置响墩防护时，在停车原因消除后，由防护人员撤除响墩防护。

三、列车在区间退行、返回

列车在区间运行时，应按正向牵引运行。但在区间因自然灾害、发生事故或其他原因不能继续前行时，需要退回（返回）后方站或退行一段距离后再继续前行，此时，由于是非正常的行车组织方式，必须采取特殊的安全控制措施，确保列车运行安全。

1. 列车在区间退行

（1）列车在不得已的情况下必须在区间退行时，列车调度员必须扣停后续列车，并确认退行距离内的闭塞分区空闲后通知司机允许退行。随车机械师（车辆乘务员）或指派的胜任人员应站在列车尾部注视运行前方，发现危及行车或人身安全时，应立即使用紧急制动装置（紧急制动阀）或通知司机，使列车停车。列车退行速度不得超过 15km/h。

（2）列车若需要退行至站内，列车调度员还应确认列车至后方站间已空闲。列车调度员（车站控制时为车站值班员）根据线路占用情况，可开放进站信号机或按引导办法将列车接入站内。动车组列车若需要退行至站内，列车调度员应发布调度命令。

（3）动车组列车退行时，司机选择隔离模式退行。

（4）在降雾、暴风雨雪和其他不良条件下，难以辨认信号时，列车不准退行。

2. 动车组列车由区间返回

动车组列车在区间被迫停车后必须返回后方站时，列车调度员必须确认动车组列车至后方站间已空闲，方可发布调度命令。司机根据调度命令，在动车组列车运行方向（折返）前端操作，列车改按隔离模式返回，运行速度不得超过 40km/h，进站时，在设备正常的情况下，凭进站信号机显示的允许运行的信号进站。

四、列车分部运行

列车在区间内发生断钩、制动主管破裂、脱轨和坡停等被迫停车时，根据需要可采取分部运行的办法。

（1）在不得已的情况下，列车必须分部运行时，司机应报告列车调度员（车站控制时为车站值班员，车站值班员接到司机的报告后应报告列车调度员），并组织做好遗留车辆的防溜和防护工作。司机在记明遗留车辆辆数和停留位置后，方可牵引前部车辆运行至前方站，在运行中仍按信号显示运行。列车调度员应封锁区间，根据遗留车辆情况和列车运行情况确定救援方案，开行救援列车，取回遗留车辆。列车调度员确认遗留车辆全部取回、区间空闲后，方可开通区间。

（2）列车分部运行时，司机必须检查试验列车制动主管的贯通状态，确认具备开车条件后，方可起动列车。

（3）下列情况列车不准分部运行：①采取措施后可整列运行时；②对遗留车辆未采取防护、防溜措施时；③遗留车辆无人看守时；④司机与列车调度员及车站值班员均联系不上时；⑤遗留车辆停留在超过 6‰坡度的线路上时。

五、列车冒进信号机

列车冒进信号机后，为了防止挤岔后移动造成脱轨或与其他作业产生冲突等情况，冒进后不得擅自动车，应在详细了解现场情况后，再组织对冒进列车进行处置。

（1）列车冒进信号机后，司机应立即停车报告列车调度员（车站控制时为车站值班员），或由车站值班员报告列车调度员，并不得擅自动车。列车调度员（车站值班员）接到司机冒进进站（接车进路）信号机报告后，立即通知已进入区间的后续列车停车，并不得向该区间放行列车。

（2）列车冒进进站（接车进路）、出站（发车进路）信号机时，列车调度员（车站控制时为车站值班员）得到报告后，在确认列车具备动车条件时，按以下规定处理。

①列车冒进进站（接车进路）信号机时，列车调度员（车站控制时为车站值班员）在确认接车进路准备妥当和列车运行条件具备后，使用列车无线调度通信设备通知司机进站。

②列车冒进出站（发车进路）信号机时，列车调度员（车站控制时为车站值班员）应在具备条件后，布置列车后退。列车调度员（车站控制时为车站值班员）根据实际情况，可在确认发车进路准备妥当、第一个闭塞分区空闲（自动站间闭塞区段为区间空闲）、列车

具备运行条件后，使用列车无线调度通信设备通知司机继续运行。

六、列车运行晃车

当列车运行时发生晃车，有可能是线路设备、环境出现对行车安全影响较大的不利情况，为确保后续列车运行安全，应及时采取一定的行车安全控制措施。

(1)运行途中列车司机发现晃车时，应立即减速运行并向列车调度员(车站控制时为车站值班员)报告晃车地点和晃车时列车的运行速度，待本列无异常状况后恢复常速运行。车站值班员接到司机有关晃车的报告之后应立即报告列车调度员。

(2)晃车时列车的运行速度为160km/h以下时，列车调度员(车站值班员)立即通知已进入区间的后续列车停车，同时不再向该区间放行列车，并通知工务部门。列车调度员根据工务部门上道检查的申请，及时发布本线封锁、邻线限速160km/h及以下的调度命令后，准许上道检查。工务检查设备后，根据现场具体情况，确定列车放行条件。

(3)晃车时列车的运行速度为160km/h及以上时，列车调度员应向后续首列列车发布限速120km/h的调度命令，限速位置按司机汇报的晃车地点前后各1km确定。列车通过晃车地点后，司机应立即向列车调度员报告运行情况具体如下。

①若仍然晃车，列车调度员立即通知已进入区间的后续列车停车，不再向该区间放行列车，并通知工务部门，根据工务部门上道检查的申请，及时发布本线封锁、邻线限速160km/h及以下的调度命令后，准许上道检查；工务检查设备后，根据现场具体情况，确定列车放行条件。

②若不再晃车，则按160km/h、250km/h和常速逐级逐列提速；在逐级逐列提速的过程中，再次发生晃车时，列车调度员应立即通知已进入区间的后续列车停车，并不再向该区间放行列车，并通知工务部门，根据工务部门上道检查的申请，及时发布本线封锁、邻线限速160km/h及以下的调度命令后，准许上道检查。工务检查设备后，根据现场具体情况，确定列车放行条件。在逐级逐列提速过程中，如列车运行速度达不到逐列提速的速度等级时，应依次后推(经工务部门检查、处理时除外)，直至达到相应的速度等级方可提速或恢复常速。

七、列车停在接触网分相无电区

(1)电力机车牵引的列车和动车组列车停在接触网分相无电区不能继续运行时，司机应立即降弓，并报告列车调度员(车站控制时为车站值班员，车站值班员报告列车调度员)。列车调度员(车站值班员)立即通知已进入区间的后续列车停车，不再向该区间放行列车，以方便列车做运行调整和后续救援工作。

(2)具备采用换弓、退行闯分相等方式自救时，司机应准确报告电力机车(动车组)的停车位置，由列车调度员、供电调度员和机车调度员(动车司机调度员)共同根据电力机车(动车组)的类型、停车位置和牵引供电设备状况等确定自救方案，并组织自救。

(3)不具备自救条件时，按以下规定处理：①如果具备向中性区远动送电条件，可在该分相后方接触网供电臂办理停电后，由列车调度员向供电调度员办理向中性区远动送电手续，通知停在该分相的列车升弓，待该列车驶出分相区后，再通知供电调度员恢复原供电方式并向后方接触网供电臂送电，恢复后续列车正常运行；②如果不具备向中性区远动送电条件，则只能利用机车或动车组进行救援，列车调度员发布邻线限速160km/h及以下的调度命令，司机组织相关人员按规定对列车进行防护，并确认列车前、后方接触网无电区长度，向列车调度员报告，列车调度员根据司机有关前、后方接触网无电区长度的报告，确定救援方案，并组织救援。

八、列车碰撞异物

（1）列车运行中因碰撞异物影响行车安全时，司机应立即采取停车措施，并向列车调度员（车站值班员）报告碰撞异物地点、碰撞异物情况和停车地点，动车组列车司机还应通知随车机械师，或由车站值班员报告列车调度员。列车调度员（车站值班员）立即通知本线已进入区间的后续列车停车，不再向该区间放行列车。需要下车检查时，列车调度员根据司机的请求及时发布邻线限速160km/h及以下的调度命令，司机在接到列车调度员已发布相关调度命令的口头指示后，下车检查（动车组列车为通知随车机械师下车检查）。

①经检查确认列车能够继续运行时，恢复运行（动车组列车按随车机械师的要求运行），司机向列车调度员报告检查情况。如果检查未发现异常情况，列车调度员向本线后续首列发布口头指示限速160km/h运行，限速位置按碰撞异物地点前后各2km确定，列车司机应加强瞭望，确认线路和接触网有无异常状态，在通过限速地点后立即向列车调度员报告，列车调度员在得到司机无异常的报告后，组织本线后续列车恢复正常运行；有影响行车异常情况时，列车调度员根据司机的报告，扣停后续列车或组织后续列车限速运行，及时通知有关部门按规定上道检查处理。

②经检查确认列车不能继续运行时，应及时请求救援，并按规定进行防护。

（2）碰撞异物侵入邻线影响邻线行车安全时，为防止邻线列车运行发生意外，列车调度员（车站值班员）接到报告后，应立即通知邻线尚未经过该地点的列车停车，不再向邻线该区间放行列车，并通知有关部门按规定上道检查处理。

（3）碰撞异物情况不明、不能确定是否影响邻线时，列车调度员接到报告后，应立即向邻线尚未经过该地点的首列列车发布口头指示限速160km/h运行，限速位置按碰撞异物地点前后各2km确定。

邻线首列列车司机应加强瞭望，确认线路和接触网有无异常状态，在通过限速地点后立即向列车调度员报告，列车调度员在得到司机无异常的报告后，组织邻线后续列车正常运行。有影响行车的异常情况时，列车调度员根据司机的报告，扣停后续列车或组织后续列车限速运行，及时通知有关部门按规定上道检查处理。

（4）为防止碰撞异物后对固定行车设备的正常使用带来影响，工务、供电和电务部门应利用天窗时间对碰撞异物地点前后2km范围内的设备进行重点检查。

九、列车发生火灾、爆炸

(1)司机发现列车发生火灾、爆炸或接到列车发生火灾、爆炸的通知和报警时，必须立即停车(停车地点应尽量避开长大隧道等，选择便于旅客疏散的地点)，并报告列车调度员(车站值班员)，或由车站值班员报告列车调度员。列车调度员(车站值班员)接到报告后，立即通知邻线相关列车及本线后续列车停车，不再向该区间放行列车。现场需要停电时，列车调度员通知供电调度员停电。需要组织旅客疏散时，司机得到邻线列车已扣停的通知后，转告列车长组织列车乘务人员将旅客疏散到安全地带。

(2)重联动车组列车需要解编时，由随车机械师负责引导，司机确认并拉开安全距离。解编后，动车组应分别按规定采取防溜措施。

(3)当发生火灾、爆炸，动车组以外的列车需要分隔甩车时，应根据风向等情况而定。一般先甩下列车后部的未着火车辆，再甩下着火车辆，然后将机后未着火车辆拉至安全地段。对甩下的车辆，在车站由车站人员负责采取防溜措施；在区间由司机、车辆乘务员负责采取防溜措施。

第十节　救　　援

当列车在区间发生冲突、脱轨和颠覆等事故和机车车辆等发生故障不能继续运行时，应按规定组织救援。需救援时，列车乘务人员要按《铁路技术管理规程》(高速铁路部分)第412、413和414条的规定及时报告列车调度员并申请救援，需要防护时按规定采取防护措施。

一、使用机车、救援列车救援

(1)列车调度员接到救援申请，按《铁路技术管理规程》(高速铁路部分)第269条和《调规》的规定发布调度命令封锁区间并报告值班主任(值班副主任)。值班主任(值班副主任)根据情况，按照规定通知相关部门，并向有关领导报告。达到起动应急预案的标准时，铁路局要及时起动相关应急预案。

(2)列车调度员根据情况确定使用内燃(电力)机车或救援列车担当救援，并将救援方案通知车站值班员和请求救援列车司机。在电气化区段，如救援地点有分相区时，宜使用内燃机车救援，无内燃机车时，可使用电力机车附挂车辆救援；接触网停电时须使用内燃机车救援。由于司机日常是按固定区段担当值乘，如担当救援的列车需要跨区段担当救援任务，司机不熟悉该区段线路、信号和分相等设备情况，为了防止发生次生事故，保证救援安全、迅速，列车调度员须通知机车调度员(动车司机调度员)指派带道人员。

(3)列车调度员及时发布有关调度命令。担当救援任务的司机接到救援命令后，必须认真确认。命令不清、停车位置不明确时，不准动车。

(4)向封锁区间发出救援列车时，不办理行车闭塞手续，以列车调度员的命令，进入封锁区间。

(5)救援列车的出发或返回，均应通知列车调度员及对方站(与本站为同一人办理时除外)。如事故现场设有临时线路所时，列车调度员(车站控制时为车站值班员)应于发车前，获得线路所车站值班员的同意，以便线路所及时做好接车前的准备工作。

(6)发生事故时，在事故调查组人员到达前，站长(副站长)应随乘发往事故地点的第一列救援列车(分部运行时挂取遗留车辆的机车除外)到达事故现场，负责指挥列车有关工作。列车分部运行时，机车开往区间挂取遗留的车辆，由于处理比较简单，车站站长(副站长)不必前往，由司机(随车机械师)进行处理。

(7)救援列车进入封锁区间后，在接近被救援列车或车列 2km 时，要严格控制速度，同时，使用列车无线调度通信设备与请求救援的列车司机进行联系，或以在瞭望距离内能够随时停车的速度运行(最高不得超过 20km/h)，在防护人员处或压上响墩后停车，联系确认，并按要求进行作业。

(8)使用机车救援动车组时应注意以下几点：①在机车和动车组间要加装过渡车钩和专用软管，并进行制动试验，确保制动主管贯通。动车组日常运行时，制动主管压力采用 600kPa，因此在制动试验和继续运行时，列车制动主管压力采用 600kPa。②具备升弓供电条件时，允许动车组升弓供电。当使用电力机车担当救援机车，如动车组升弓，由动车组司机通知救援机车司机，救援机车司机在通过分相区前通知动车组司机断电并降弓。③连挂前，司机须与列车调度员联系，在得到列车调度员已发布邻线限速 160km/h及以下的调度命令(妨碍邻线及组织旅客疏散时为已扣停邻线列车)的口头指示后，方可开始作业。④救援机车司机在救援作业过程中，要严格遵守有关限速规定，与动车组司机保持联系。救援运行中尽可能避免实施紧急制动。

(9)动车组由机车牵引继续运行时，列车调度员根据随车机械师提出的限速要求，向救援机车司机发布限速运行的调度命令。

(10)使用机车救援动车组时，动车组列控车载设备转入或退出隔离模式不发布调度命令，由动车组司机自行转换。

(11)当故障动车组处理后可继续运行时，列车调度员应根据司机请求，取消前发救援调度命令，组织列车恢复运行，但申请救援的动车组司机在未得到列车调度员的准许前，不得动车。

二、动车组救援动车组

(1)列车调度员接到救援申请时，按规定发布调度命令封锁区间，并报告值班主任(值班副主任)。值班主任(值班副主任)根据情况，按照规定通知相关部门，并向有关领导报告。达到起动应急预案的标准时，铁路局要及时起动相关应急预案。

(2)列车调度员接到救援申请，根据热备动车组、备用动车组及区段内动车组列车运行等情况，确定救援动车组。列车调度员将救援方案通知车站值班员和请求救援的动车组司机，以便列车乘务人员采取防护措施，车站值班员做好相关准备工作。由于司机日常是按固定区段担当值乘，如担当救援的动车组需要跨区段担当救援任务，司机不熟悉该区段线路、信号和分相等设备情况，为了防止发生次生事故，保证救援安全且迅速，列车调度员须通知机车调度员(动车司机调度员)指派带道人员。

（3）列车调度员及时发布有关调度命令。担当救援的动车组司机接到救援命令后，必须认真确认。命令不清、停车位置不明确时，不准动车。

（4）向封锁区间发出救援动车组时，不办理行车闭塞手续，以列车调度员的命令进入封锁区间。

（5）救援列车的出发或返回，均应通知列车调度员和对方站（与本站为同一人办理时除外）。如果事故现场设有临时线路所，列车调度员（车站控制时为车站值班员）应于发车前，获得线路所车站值班员的同意，以便线路所及时做好接车前的准备工作。

（6）发生事故时，在事故调查组人员到达前，站长（副站长）应随乘发往事故地点的第一列救援列车到事故现场，负责指挥列车有关工作。

（7）在故障动车组前部救援时，担当救援的动车组按隔离模式进入区间，在接近被救援列车 2km 时，以在瞭望距离内能够随时停车的速度运行，最高不超过 20km/h，在距被救援列车不少于 300m 处停车，与被救援列车联系确认后进行作业；在故障动车组尾部救援时，开放出站信号，担当救援的动车组按完全监控模式进入区间，在行车许可终点停车，与被救援列车联系确认后，按目视行车模式进入前方闭塞分区，以在瞭望距离内能够随时停车的速度运行，最高不超过 20km/h，在距被救援列车不少于 300m 处停车（行车许可终点距被救援列车不足 300m 时除外），与被救援列车联系确认后进行作业。

连挂作业前，为保证人身安全，作业人员要根据现场情况申请邻线列车限速160km/h及以下，如妨碍邻线或需组织旅客疏散，需申请扣停邻线列车。连挂前，司机必须与列车调度员联系，在接到列车调度员已发布邻线限速 160km/h 及以下的调度命令（妨碍邻线及组织旅客疏散时为已扣停邻线列车）的口头指示后，方可开始作业。

（8）被救援动车组转入或退出隔离模式时不发布调度命令，由动车组司机自行转换。

（9）当故障动车组处理后可继续运行时，列车调度员应根据司机的请求，取消前发救援调度命令，组织列车恢复运行，但申请救援的动车组司机在未得到列车调度员的准许前，不得动车。

三、启用热备动车组

为给动车组旅客提供更好的服务，避免或减少动车组晚点，动车组故障需及时启用热备动车组。

（1）动车组故障无法及时修复时，应及时启用热备动车组。热备动车组定员少于故障动车组实际人数时，优先使用定员能满足需要的其他动车组组织旅客换乘。

（2）跨局出动热备动车组时（如故障动车组距本局热备动车组停放地点距离较远而距其他铁路局热备动车组停放地点较近时），由铁路总公司调度向铁路局发布调度命令。

（3）热备动车组上的司机、随车机械师和列车员等人员在接到调度命令后，应迅速完成热备动车组出动前的各项准备工作，具备条件后及时发车。

（4）对担当换乘救援的动车组列车应优先放行，确保及时到位，以减少列车晚点时间。热备动车组完成任务后也要优先放行，及时返回归位。

（5）在站内组织旅客换乘时，应尽量安排在同一站台的两个站台面进行。

（6）在区间组织旅客换乘时，列车调度员组织担当救援任务的动车组列车进入邻线指定位置停车。司机停车位置应尽量使热备动车组车门与故障动车组车门对齐，以便安装紧急用渡板，组织旅客换乘。担当救援任务的列车到达邻线指定位置停妥后，司机向列车调度员报告。列车调度员通过申请换乘的列车司机通知列车长组织旅客换乘。担当救援任务的列车长确认旅客换乘完毕后通知司机，司机得到列车长通知，确认车门关闭，具备开车条件后起动列车，并向列车调度员报告。

本 章 要 点

  本章根据《铁路技术管理规程》高速部分关于行车组织的规定编写，主要包括基本要求、列车编组、调度指挥、列车运行、调车工作、施工维修、灾害天气、设备故障、非正常行车和救援等十个方面内容。对应本章所学的内容，本书第三篇选编了部分较为典型行车组织实例，并进行了有针对性的点评，以便读者进一步理解本章的知识要点。由于高速铁路行车组织仍在不断发展与完善之中，若本章内容与实际执行的规章不完全相同，必须以相关规章为准。

思 考 题

6-1 分散自律调度集中设备有哪两种控制模式？分别在什么情况下使用？

6-2 动车组制动试验是如何规定的？

6-3 高速铁路发布施工、维修作业调度命令是如何规定的？

6-4 高速铁路采用电话闭塞时列车占用区间的行车凭证是什么？

6-5 什么是列控限速？如何设置列控限速？

6-6 调车作业速度和安全距离是如何规定的？

6-7 确认列车开行有何要求？

6-8 动车组列车遇到大风时行车限速有哪些规定？

6-9 闭塞分区轨道电路非列车占用红光带故障下如何组织行车？

6-10 列车停在接触网分相无电区时应如何处置？

6-11 动车组救援动车组时有何要求？

6-12 启用热备动车组时有何要求？

第三篇　动车组运用及行车组织实例

第七章 动车组运用实例

第一节 动车组类型调整实例

1. 有计划调整动车组类型

1) 运营实例

2013年1月4日，铁道部调度指挥中心动车调度台向相关铁路局调度所下达了第2029号动车组车底变更调度命令，命令内容涵盖了1月25日~3月6日春运期间××高铁跨局动车组列车由单组变更为重联和相关动车组车型变化、定员的相应调整。

某局调度所在收到第2029号部令后，由于内部传递过程疏漏，未按照规定将该部令一并传递给路局客运处、客票管理所；一直到1月16日，该局客运处客票管理所在办理相关列车提前售票票额时，核对发现自己掌握的车次与动车组车型和票额均与邻局不一致，立即与调度所取得联系，才发现第2029号部令被漏传达至客运部门的问题。

通过对原始记录的核查，该部令自收到后，在调度所内部均按规定及时转达，并且转发至相关站段单位，漏传路局客运处、客票管理所，造成售票票额没有及时调整。

本次调整动车组车底类型，目的是满足春运扩能的需要，所有涉及调整的列车均由单组变更为重联，或由小定员动车组变更为大定员动车组。所以，仅造成了相关票额未及时投放的问题。

由于发现及时，所涉及列车的车票均未开始售出，该局客票管理所依据第2029号部令的要求对相关列车票额进行了调整并核对。

2) 点评

动车组不同车型间一等座、二等座、商务座等席别的分布和定员配置各不相同，在有计划地调整动车组车底类型时，必须首先详细了解车型、定员，根据运输需要合理调整动车组类型，使不同型号的动车组既符合所经线路设备的要求，又符合客运需求。这里说到的符合所经线路设备的要求，指的是动车组类型应符合其担当交路范围内的运行需要。目前，我国铁路动车组装备的列控车载设备分为300~350km/h(含380km/h)和200~250km/h速度级两种，300~350km/h(含380km/h)速度级的基本列控车载设备为CTCS-3列控(ATP)，后备控车设备为CTCS-2列控(ATP)；200~250km/h速度级的基本列控车载设备为CTCS-2列控(ATP)，后备控车设备为CTCS-0/1列控(LKJ)。

在计划形成后，要及时、全面地组织落实。在阶段性运行图或运输方案调整时，能够尽可能提前公布，以确保各专业部门和基层单位围绕调整要求做好相关准备工作。在有计划地调整动车组类型时，涉及车辆部门对动车组的运用计划调整和车辆人员乘务计划调整、客运部门对售票票额计划调整和客运人员乘务计划调整，以及机车乘务和车站组织等方面的调整。因为特殊需要，不能提前公布动车组调整计划时，相关调度命令发布、传递必须全面，漏发、漏传调度命令可能造成极大的被动，甚至造成耽误列车定性为铁路交通事故。

在本实例中，由于某局调度所在传递上级调度命令时漏传了路局客运处、客票管理所，造成售票票额没有及时放出，其中由于动车组类型与实际不符，如果将车票售出，将可能造成旅客所购车票与实际座席不符等问题。例如，售票按照原计划使用的车型，而当日实际动车组车底类型是其他型号的动车组，可能造成票面显示的座位是一等座，而实际却是二等座，甚至可能出现根本就没有对应座位的可能；票额没有及时放出，会人为地造成客运资源的浪费，在春运运能紧张的情况下浪费客运能力。假设这次调整计划是将动车组重联变更为单组或者将长编组变更为短编组，则会造成更加严重的后果，实际有8辆车却按16辆车的数量售票，已售票旅客放行进站后持票不能登车则极可能造成耽误列车的事故。

在有计划地调整动车组类型时，要重点掌握计划公布、传达、落实等关键环节，确保相关调整计划有效实施。

2. 临时调整动车组类型

1）运营实例

2010年4月5日15时19分，××高铁G1040次（CRH3C重联动车组）终到甲站10道，晚点12min；计划15时30分折返始发G1051次。

15时35分，G1051次接班司机报告：制动试验未通过，需要重新进行制动试验。

15时40分，列车调度员组织取消G1051次出站信号，先开其他正点列车。

16时00分，G1051次经过多次制动试验仍未通过；路局调度所决定更换车底。当时，甲站站内有两组动车组，一组为16时12分到达9道的G1044次（CRH2C重联动车组），计划折返始发G1055次，旅客已放行；另一组为停放在2道的热备动车组（CRH2C单组动车组）计划18时18分始发G1063次，且由于G1051次售票达1056张，即使启用热备动车组也解决不了问题。

16时20分，决定利用16时39分到达的G1046次（CRH2C重联动车组）转乘G1051次旅客；同时，铁路局调度所按规定通知该局客运处和铁路公安局立即按照处置预案做好相关工作。

16时39分，G1046次终到甲站。在组织G1051次旅客转乘过程中，因晚点时间较长，旅客情绪波动较大，又因席别差异造成个别持有CRH3CVIP坐席票的旅客不满，经过解释和采取相关处置、善后措施，直至17时26分G1051次才从甲站开车，始发晚点1小时56分。

2）点评

由于各型动车组在定员、席别配置等方面均存在差异，且由于各次列车的售票和检票情况不尽相同。在临时组织动车组类型调整时，必须准确掌握并充分考虑动车组定员、席别的实际情况，调度在决策之前要对现场情况进行详尽了解；其中，计划调度应与客服调度、动车调度加强信息沟通，客服调度要对相关列车售、检票情况进行掌握，动车调度对运用动车组、热备动车组和检修动车组的车型和状态进行掌握。

　　动车组列车一般开行密度较大，相同方向列车间隔较小，沿途停站只要能够满足旅客的需要，旅客可能在检票时不按所买车票的车次而提前进站乘车，或者因旅客未赶上车造成已售票的席位空闲；这样，就会造成售票与检票的情况不一致的结果。如果调度所仅依靠客票系统反映出来的售票情况进行相关应急处置决策，极可能因为旅客人数掌握不准确，造成动车组类型调整后的旅客转乘困难。

　　在组织旅客转乘或在始发站更换车底时，应尽可能采用同型动车组。这样，相应席别的旅客能够在对应坐席安排，一般不会出现因没有对应席别造成旅客不能得到妥善安置的问题。当然，由于检票情况与售票情况往往存在差异，对于所持车票不是本列的旅客虽在转乘人数方面进行考虑，但在转乘过程中，还是应优先安排本列旅客。不得已必须使用不同类型的动车组时，调度应提前与现场沟通该调整方案，征求意见并验证方案的可行性，对于因定员差异造成旅客超员、因席别差异造成部分旅客不能按对应坐席乘车等问题，要提前考虑解决办法，不能解决时要采取对应的措施，保证客运服务质量和行车安全。

　　在本实例中，由于甲站热备动车组是单组短编组动车组，不能满足对重联动车组的转乘需要，且故障动车组的类型为 CRH3C 重联动车组，当时的条件只能组织 CRH2C 重联动车组进行旅客转乘；这样，就出现了因 G1051 次故障，已登车的旅客看到相邻线路同方向列车均能够按点始发，在情绪方面产生不满。另外，CRH3C 型动车组较 CRH2C 型动车组多了 VIP 席位，购买该类车票的旅客在坐席标准不能满足的情况下，既不同意退差价，又不同意安排乘坐其他列车，进行相关安抚工作造成转乘时间延长，这些都与临时调整动车组类型的处置细节掌握有极为密切的关系。

　　在临时调整动车组类型时，关键是调整的合理性，充分考虑现场作业和旅客服务等方面存在的困难，并提前加以解决，确保临时调整工作的顺利开展。

第二节　动车组编组调整实例

1.重联动车组调整编组

1)运营实例

2012 年 7 月 3 日，××高铁 C1018 次（CRH3C 重联动车组）14 时 35 分正点终到乙站，计划 15 时 15 分折返始发 C1025 次。

14 时 50 分，司机向列车调度员汇报 C1025 次发车端动车组 ATP 故障经过多次重启仍然不能恢复。列车调度员立即与动车调度员取得联系，动车调度员向随车机械师详细了解了相关故障情况。14 时 55 分，C1025 次向调度请求救援。

　　当时在乙站 5 道停有一组 CRH3C 热备动车组，乙站站内和与乙站连接的乙动车运用所内也无其他动车组可以利用，调度所决定启用热备动车组，将 C1025 次重联动车组解编，热备动车组与原列中状态良好的动车组进行重联，组成的新编组列车担当 C1025 次的开行。按照这一救援方式，且当时由于司机及时汇报，乙站尚未放行 C1025 次的旅客，车底调移较方便，这样就有两种应急处置方案。

　　处置方案一：热备动车组在乙站站内对故障的重联动车组进行救援，热备动车组、故障动车组需要转线进行重新重联作业，势必由于乙站股道运用紧张、下行接车设有延续进路等原因影响其他动车组列车的接发。

处置方案二：C1025 次重联动车组车底调移至乙动车运用所内 D7 道，进行解编作业后，原列中状态良好的动车组转线至 D5 道，热备动车组调移至乙动车运用所内 D5 道，待原列中状态良好的动车组转线进入 D5 道进行重联作业，完毕后，新编组的重联动车组办理出库进路返回站内。

比较两种应急处置方案，方案二的影响范围较小，决定实施第二套方案，热备动车组于 15 时 30 分完成重新编组返回站内，15 时 36 分完成旅客乘降后开车，始发晚点 21min。

2）点评

动车组采用固定编组，对于每一组动车组，在运用状态下是不能进行解编的。重联动车组中一组发生故障需要解编摘下故障动车组时，可就近启用热备动车组进行替换；特殊情况下，重联动车组还可以采用换端重联方式和动车组解编为单组运行等方式进行处置。

在本实例中，由于重联动车组之一组在始发站发生故障，不能正常发车。这时，在该站热备动车组应首先考虑启用热备动车组进行救援。如果热备动车组为重联动车组，则直接采用更换车底的方法即可解决；如果热备车为单组动车组时，就要考虑摘下故障动车组。在实例中采取的两种应急处置方案，主要考虑运输组织方面对列车运行的干扰，选择第二方案进行动车组编组调整，最大限度地减少了相关调车作业对车站接发列车的影响。

2. 重联动车组解编为单组运行

1）运营实例

2010 年 8 月 15 日，××高铁 G702 次（CRH3C 重联动车组）司机向列车调度员汇报：随车机械师要求对后组动车组进行检查，需要从站台下到股道内对车轮情况进行确认。9 时 06 分，G702 次到甲站 4 道停车办理客运业务，图定停车 1min；列车调度员确认该站无列车接发，且距下一列上行列车到达该站尚有 20min 左右，所以同意随车机械师下车检查。

9 时 10 分，G702 次司机向列车调度员汇报：经检查，后组动车组第 3 位轴承故障不能继续运行。当时 G702 次前组车乘有旅客 320 人，后组车仅有乘务人员和 10 余名持有公免的通勤职工，且该列车沿途售票很少，即将在管内乙站终到。调度所决定将故障动车组在甲站摘下，G702 次减编单组运行至乙站，到达乙站后启用乙站热备动车组（CRH3C 单组动车组）加挂于原列，恢复重联编组后折返始发 G711 次。

9 时 32 分，G702 次在甲站完成摘解后开车，故障车组留在甲站 4 道，对后续上行在甲站办理客运业务的列车均发布调度命令，变更接、发车股道。

10 时 28 分，G702 次终到乙站 9 道，晚点 25min；10 时 30 分，停于乙站 3 道的热备动车组调移至 9 道与原列连挂；11 时 05 分，G711 次正点由乙站始发。

故障车组经处理后，于当日 23 时 50 分由动车段派出的救援动车组牵引返回乙动车运用所。

2）点评

现行铁路规章规定：动车组列车摘解后，列车调度员可以对分解后的两列车分别组织同方向发车或背向发车。那么，在正常情况下，即可以将一列重联动车组在车站站内分解后，对分解后的两列车分别组织同方向发车或背向发车；目前，图定列车在站分解后再分别发车的情况基本没有，但特殊情况下，由于重联动车组之一组故障，被迫在车站摘解后单组运行时，即可采取此方法对动车组编组进行调整。

组织重联动车组调整为单组运行，首先应摸清现场情况，该列车的旅客人数和沿途售票情况必须满足单组运行的条件，即采取单组运行后不会因超员影响本列后续的客运组织；经客运主管部门批准才能临时欠编运行。在运行到折返站后，应组织及时恢复重联编组，当因条件限制，需要继续欠编运行时，仍需要提前经客运主管部门批准方可组织实施。

在本实例中，G702次重联动车组因为后组车故障，在短时间内不可能修复；整列旅客不足400人，完全满足单组运行的条件。所以，及时摘下故障动车组，利用状态良好的动车组单组运行至终到站，到后与该站热备动车组连挂恢复原编组。而且，由于是后组动车组故障，所以在实际处置中还省去了转线的麻烦。应该说本实例是在此种非正常情况下较为成功的一次应急处置，即及时对动车组故障进行了处置，又将该次设备故障对高铁运输秩序和旅客服务的影响降低到了最小程度。

第三节　动车组运用计划调整实例

1.调整单列动车组运用计划

1）运营实例

2011年9月26日，××高铁D2201次（CRH3C型单组动车组）图定甲站20时25分始发，20时24分，D2201次司机向列车调度员报告不能充风缓解且停放制动缓解不了。

20时28分，列车调度员向D2201次司机询问是否处理好，在司机汇报尚未修复，并确认其未起动列车后，列车调度员通知司机取消出站信号，随即取消D2201次发车信号。

20时33分，列车调度员再次向D2201次司机确认是否处理好，司机汇报："随车机械师还没有处理好。"鉴于当日，D2201次仅售票90余张，为避免造成社会影响，决定采取本列停运、旅客转乘的措施。

20时35分，客服（计划）调度员向相关单位进行电话通知，布置D2201次停运并组织旅客转乘、改签等事宜，并要求相关单位准备签收书面命令。

20时38分，D2201次司机向列车调度员汇报："机械师处理好了，可以开车了。"鉴于主要的相关单位已接到通知并开始应急处置，旅客已开始转乘、沿途各站已通知旅客改签，为避免反复变化造成更大的混乱和社会影响，且D2201次、D2203次沿途停站一致，旅客改签至D2203次也不满员，调度决定仍执行已原方案。

D2201次旅客组织转乘至D2203次列车后，D2203次于20时58分在甲站开车。

2）点评

动车组运用计划一旦形成，就应维护其严肃性。日计划编制下达后，相关单位必须严格按照计划组织动车组运行、整备和检修等相关工作，不得随意变更正在执行中的动车组运用计划，否则会引起动车组运用安排的混乱，甚至造成列车晚点等问题的发生。在特殊情况下，由于动车组故障，列车不能维持继续运行，为完成旅客输送任务，要组织旅客转乘和相关车站旅客办理改签，并对动车组运用计划进行调整。对于调整单列动车组运用计划，要重点考虑接续车次的开行问题；本列停运、旅客转乘至其他列车时，要确认办理客运站是否相符，并及时对需要增加停站及时发布相关调度命令，并组织实施，在实际组织中最容易忽视的是对沿途车站旅客的组织，因为终到站不同，可能造成个别车站旅客需要特别进行组织，相关各站客运人员应积极协调旅客改签工作。

在本实例中，由于担当 D2201 次任务的动车组交路计划为终到后入库，当日再没有后续交路，所以在调整动车组运用计划时不必考虑后续垫车底的问题；D2201 次、D2203 次沿途停站一致，所以不必考虑相关增加办理停站的问题，只需要相关办理客运业务车站组织 D2201 次旅客改签、乘坐 D2203 次。但是，调度命令下达后，相关应急处置已经开始进行时，故障动车组司机才汇报可以继续开行，这时就没有必要将已经修改的动车组运用计划再恢复回来。其原因有三：一是要评估将计划再次恢复的必要性，如果调整对计划带来较大的影响，对运输秩序、企业利益、客服质量方面损失较大时，动车组修复后则应权衡利弊，克服困难，力求对运输秩序和旅客服务的影响最小化，本实例中的情况显然不符合；二是要考虑现场困难，各单位和各相关车站已经在组织旅客的转乘和改签工作，如果再次变更，可能造成现场组织的混乱；三是要维护计划的严肃性，既然以调度命令进行调整了，就不应朝令夕改，且再次更改调整计划后如果该动车组再次故障，则得不偿失。

2. 调整多列动车组运用计划

1）运营实例

2012 年 5 月 10 日 14 时 51 分，××高铁 G1130 次（CRH3C 型单组动车组）运行至乙站~丙站间上行线 1340km000m 处 8 号车转向架故障报警，司机根据随车机械师的要求限速运行，并将情况向列车调度员进行了汇报；14 时 57 分，ATP 输出常用制动停于该区间 1323km280m 处。

15 时 06 分，列车调度员根据司机转报随车机械师需下车确认检查的请求，对乙站~丙站间下行线 1322km280m 至 1324km280m 设置 160km/h 列控限速，并相继对下行 G1149 次、G1005 次、G1151 次列车发布了书面调度命令；通知 G1130 次随车机械师下车检查，经随车机械师下车检查确认，G1130 次可以维持运行至前方站（乙站），但到乙站后不能继续运行。

15 时 14 分，调度所根据请求确定了处置方案，客服调度员发布调度命令指定 G1130 次在乙站停运，将 G1130 次旅客转乘到 G1132 次上，G1132 次在乙站临时增加客运业务；乙站做好旅客转乘准备工作。

15 时 27 分，G1130 次在区间开车，限速 200km/h 维持运行，于 15 时 40 分到达乙站 6 道；G1132 次于 15 点 54 分到达乙站 4 道，G1130 次列车上 183 名旅客转乘至 G1132 次，G1132 次乙站 15 时 57 分开。

由于 G1130 次在乙站停运，影响到后续的 G1132、G1134、G1016、G1138、G1140

次不同程度地发生晚点，在终到甲站后，造成车底接续计划不能兑现；调度所对自局担当的相关动车组运用计划采取了交路提前的方法，但由于上行终到列车临时停运一列、有两列晚点较多，在启用热备动车组之后，仍然造成甲站始发的 G1155 次、G1157 次被迫停运。

2）点评

在处置动车组故障时，应提前考虑终到站车底交路计划兑现的问题，也就是要提前确认动车组运用计划是否受到非正常情况的影响，在确认动车组交路接续方面存在问题的情况下，要及时采取"垫热备"、"提交路"或临时停运等措施，并采取相应的旅客客票改签、增加相关列车办理客运业务停站等配合措施，确保旅客服务工作不出现失误或问题。

本实例中，充分采用了"垫热备"、"提交路"等措施，在迫不得已的情况下仅造成了两列列车临时停运，应该说相关处置是及时的，但这不是最好的效果。实际在当日的车底接续方面应该还有余地，但在目前高铁组织中，由于各交路动车组配属局、客运乘务组所属局与车底匹配、垫外局交路产生的本局动车组回送等一系列实际问题，在实际处置时，一个铁路局调度所对不同铁路局配属、值乘的动车组运用计划的调整就显得缺乏权威性、灵活性，所以，为了及时、高效、可靠地处置本次非正常情况，该局调度所选择了仅对自局动车组交路进行调整，尽可能不影响外局交路的方法，致使最后因交路接续不上被迫临时停运列车。

第四节　动车组乘务组织实例

1. 组织便乘动车组司机

1）运营实例

2012 年 8 月 26 日 9 时 12 分，××高铁 G1021 次（CRH3C 型单组动车组）司机向列车调度员汇报，因 ATP 故障紧急停车，现停于甲站至乙站间下行线 1305km420m 处；列车调度员立即拦停、扣停下行后续列车，并组织开展相关救援。上行列车运行正常。

10 时 20 分，机务段向路局调度所报告，由于下行没有车到，上行接班的司机已在 B 省会站接近用完，请求将积压在 A 省会站的 7 班司机随一列下行列车便乘至 B 省会站，解决上行司机接班问题。调度所立即组织 G1033 次列车带便乘司机 7 班由 A 省会站开车，并在甲站至乙站间经上行线反方向运行，于 11 时 35 分将便乘司机及时送到 B 省会站，解决了上行列车司机接班问题。

11 时 38 分，甲站至乙站间下行线救援完毕，下行列车恢复正常运行。

2）点评

目前动车组列车的乘务由"三乘一体"变为"六乘一体"。"三乘一体"是指既有线旅客列车上客运、车辆、公安三个单位（系统）的人员相对固定地，在客运列车长的统一组织下，协同完成客车乘务任务的一种体制；"六乘一体"是动车组列车由客运、车辆、机务、公安、餐饮、保洁等六大工种（部分动车组列车不安排乘警随车出乘）组成的联系相对紧密、协作相对顺畅的一种新的乘务体制。

但是"六乘一体"并不能做到人员相对固定，其原因在于目前机车乘务组（机务司机，一般是双班单司机值乘）普遍采取的是固定区段的轮乘制乘务制度，而客运乘务组（客运、餐饮、保洁，动车组列车上的餐饮、保洁服务由专业公司承担，受客运车长领导）普遍采取的是固定区段和交路的包乘制乘务制度，车辆乘务（随车机械师）一般随本段配属动车组车底值乘。所以，在日常组织过程中要分别考虑各类人员的使用情况，避免出现错漏。

本实例中，在双线之一线因动车组故障救援产生暂时中断行车的情况下，单方向（上行）列车正常运行。由于该区段（A省会站至B省会站）司机固定在区段内轮乘，在此期间，只有上行列车到达A省会站，没有下行列车到达B省会站，列车运行的不均衡，造成A省会站司机积压、B省会站司机短缺。这时必须采取措施组织调整机班，使换乘站司机的班数能够满足列车到发需要。

本 章 要 点

本章针对动车组类型调整、编组调整、运用计划调整和乘务组织等四方面，对应第一篇所学的内容，选用了我国高铁投入运营以来的实例，分别列举了有计划和临时调整动车组类型、重联动车组编组调整、调整单列和多列动车组运用计划、调整动车组乘务组织等典型运营实例，并进行了有针对性的点评。从该类组织方式的一般情况、应对重点和容易发生的问题入手，讲解实际处置方法；通过总结处置经验和教训，使读者进一步理解第一篇的知识要点；重点结合实例，对比前述处置方法，比较处置结果，认识关键环节，为动车组运用管理积累经验、教训。

思 考 题

7-1 调整动车组类型有哪两种情况？分别应注意哪些？

7-2 重联动车组之一组发生故障后一般有哪些调整方法？其重点分别是什么？

7-3 调整单列动车组运用计划和调整多列动车组运用计划有哪些异同点？

7-4 "三乘一体"与"六乘一体"乘务体制的区别有哪些？动车组"六乘一体"乘务有哪些特点？

第八章　高速铁路行车组织实例

第一节　调度指挥实例

1. 调度对日计划进行临时调整

1)运营实例

2010 年 4 月 14 日 9 时 13 分，××高铁 G1030 次(CRH3 型单组动车组)司机报告：在 A 站始发后，运行至 A 站至 B 站间上行 K2287+400 处，5 号车防滑速度传感器故障，9 时 27 分该列车到达 B 站(图定在 B 站停车办理客运业务)，经随车机械师检查处理，9 时 33 分通过司机向列车调度员汇报可以限速 200km/h 维持运行。

此时，A 站热备动车组刚刚在两个小时前顶替临时故障动车组，暂无替换的动车组；当时该区段列车最高运营速度为 350km/h，该列车若按照 200km/h 的时速运行至终到站 W 站，计划列车将晚点近 2h，不仅对乘坐 G1030 次出行的旅客影响较大，还将造成 W 站下行始发的 G1041 次无车底接续。为避免造成更大的影响，调度所决定启用 S 站热备动车组，在 S 站~W 站间临时加开 G1076 次(图外车次)，组织 S 站~W 站间持有 G1030 次车票的旅客乘坐 G1076 次，按 G1030 次 S 站图定开点始发。G1030 次晚点 1 小时 30 分到达 S 站后停运，组织 G1030 次列车上持有 S 站以远车票的旅客转乘 G1038 次继续旅行至目的地。此应急方案确定后，由于 G1030 次是跨局旅客列车，高铁值班副主任、客服(计划)调度员分别向铁道部调度处对口岗位调度汇报，得到铁道部批准后，客服(计划)调度员向有关单位下达变更高铁日计划内容的调度命令：准许 G1030 次运行至 S 站停运，由 S 站热备动车组加开 G1076 次按 G1030 次图定运行线运行至 W 站，并担当其当日后续交路；指定 S 站组织 G1030 次剩余旅客改签后续 G1038 次列车(G1038 次在 S 站~W 站间按 G1030 次图定站点增加办理客运业务)。

2)点评

在动车组开行长交路列车的情况下，各种设备故障及其发生的时间、地点和情况都存在着较大的差异，事先制定的各类应急预案和处置措施都是对单一场景的规范性描述，希望将应急预案做到面面俱到、适应各种场景，实际上是不可能的。这时，就要发挥人的主观能动性，调度灵活机动地进行调整，既合理运用了热备动车组，又可以将设备故障造成的影响减轻到最低的程度。

在本实例中，调度根据动车组故障后对后续列车运行计划的影响，对日计划内容进行临时调整，统筹考虑，遵循就近动用、最大限度确保按图行车的原则，对热备动车组启用后的后续交路也进行了统筹安排，兼顾因车型、办理业务站不一致所需的调整，并减少对旅客出行的影响；此应急方案保证了 S 站~W 站间原计划乘坐 G1030 次出行的旅客按计划出行，有效减少了因故障限速运行给旅客出行带来的影响，最大限度地减少了不良的社会影响。

另外，需要重点说明的：一是当时因为高铁调度信息系统尚在整合过程中，铁道部动车台的调度命令还没有实现对该铁路局经系统传输；二是由于该铁路局高铁里程不长、高铁列车对数不多，在高铁调度岗位专门设置一名计划调度、一名客服调度会造成工作量不饱和，该调度所将这两个岗位合并设置为一名客服（计划）调度，这也是大多数高铁铁路局刚刚起步阶段在调度岗位设置方面的一个特点，而且由于计划调度与客服调度在业务方面联系紧密，由一人完成，会大大提高工作效率，有效减少调度作业的结合部和无谓的联系脱节；但由于这两个岗位的主要工作（搜集计划资料、编制日计划、下达计划等）相对集中在一个相同的时段内，待管辖里程增加、列车对数加密后，应及时分设岗位，确保相关调度指挥工作流程的顺畅。所以在本实例中采取的是经铁道部发令批准，由铁路局调度所客服（计划）调度员向相关单位下达调度命令的方式。

通过本实例的实践，长交路列车运行途中出现设备故障，影响本列运行时，可以考虑采取分段启用热备动车组的方案进行处理，尽可能缩小设备故障的影响范围。

2. 漏发作为行车凭证的调度命令

1）运营实例

2010 年 6 月 22 日 9 时 30 分，××高铁 G7005 次（CRH380BL 长编组动车组）在甲站 3 道停车办理客运业务，司机 9 时 32 分报告：ATP 显示安全软件故障，主机与 DMI 通信中断。司机重启后，报告 ATP 显示红黄码，询问如何处理。列车调度员在确认 3 道出站信号开放、进路正确后，指示司机转目视行车模式越过出站信号机。09 时 33 分，G7005 次越过甲站出站信号机。

2）点评

调度员向相关作业人员发布的作业指令分为两种：需要记录的为调度命令，不需要记录的为口头指示。为了规范行车指挥行为，铁路部门对调度命令发布进行严格的规定，包括必须发布调度命令的情况、指定的受令人、命令交付时机和各种类型常用调度命令用语标准等。对列车调度员发布调度命令不断进行规范，是铁路行车安全的需要，同时也是铁路运输效率的需要；这其中，最为关键的就是——作为行车凭证的调度命令，列车调度员长期以来在"调度—车站—司机"三级指挥的模式下，即使是在 TDCS 台（普速区段）值台多年的列车调度员，如果没有车站值班员的工作经历，一般对于作为行车凭证的调度命令也没有特别的概念；换言之，在非 CTC 设备的列车调度台，仅有一类命令属于作为行车凭证的调度命令，即向封锁区间开行救援、路用列车，而且在交付时机的把握方面，车站值班员在确认相关进路准备妥当后才会指示将该命令交付给相关司机。

当发车信号已开放而列控车载设备无开口速度且机车信号显示红黄码时，列车调度员应向司机确认列控车载设备是否正常，列控车载设备故障时，该列车不能正常使用 ATP 控车，本实例中 CRH380BL 动车组没有装备 LKJ 设备，即使在 CTCS-2 区段，也需要转为隔离模式开车；如果列控车载设备正常，发布准许发车的调度命令（作为列车由车站进入闭塞分区的行车凭证），并通知设备管理单位检查处理。

在本实例中，列车调度员对列车在站内遇发车信号已开放而列控车载设备无开口速度且机车信号显示红黄码时处理的规定不清楚，仍按列车在区间列控车载设备显示停车信号的规定办理，混淆了行车规章中对于列车由车站进入闭塞分区、由闭塞分区进入次一闭塞分区的根本区别。既未确认列控车载设备正常，又未发布准许发车的调度命令，而直接指示司机转目视行车模式越过出站信号机，实质上这样组织行车不但违反基本规章的规定，而且已经构成了铁路交通事故。

第二节　接发列车实例

1. 模式转换不规范导致事故

1) 运营实例

2010 年 8 月 30 日 1 时 16 分，××铁路局工务部门在××城际铁路乙线路所登记申请 2 时 55 分至 5 时 25 分进行天窗修作业。

2 时 10 分，列车调度员通知乙线路所、丙站（城际场）应急值守人员转非常站控模式。

2 时 14 分，K524 次甲站通过后，乙线路所应急值守人员在未预告丙站（城际场）的情况下直接开放了 K524 次通过进路。

2 时 28 分，K524 次通过乙线路所。丙站（城际场）应急值守人员发现 K524 次开过来后，在未与丁站预告的情况下直接开放了 Ⅱ 道通过去丁站的列车进路。

2 时 32 分，丙站（城际场）应急值守人员在与丁站车站值班员联系时，才发现 K524 次列车本应由乙线路所开往戊站，进入丙站（城际场）是严重的错误，立即呼叫 K524 次司机停车。

2 时 36 分，K524 次停于丙站（城际场）Ⅱ 道。构成铁路交通一般 C9 类未办闭塞发出列车事故。

2) 点评

车务作业人员在办理接发列车时，必须严格执行接发列车标准，按规定办理列车预告、核对计划，确认列车开行方向。

在本实例中，车务作业人员主观臆测行车，盲目开放信号；在非常站控模式下，未认真阅读调度日计划、三四小时运行调整计划，未与列车调度员联系加强车次和开行方向的确认。

列车调度员违反有关规定，在还没到天窗施工时间、还有大量旅客列车运行（K524、K122、K754、K1138 次等），并且在乙线路所把关人员未到岗的情况下，就布置车务应急值守人员转非常站控。

天窗修管理混乱，设备管理单位违反规定，在申报周计划时未注明需要转换为非常站控，但在日计划中擅自增加需转换为非常站控；车务段违反天窗修计划管理的规定，当日维修天窗日计划未传达给乙线路所。

当日车站转非常站控时，车站值班员未通知把关人员，把关人员未及时到岗把关。调度所值班主任虽到岗把关，但对车站盯控人员未到岗就布置车站转非常站控等违章作业未及时纠正。且防错办卡控措施落实不到位。车务段没有在行车监控室揭示次要方向旅客列车车次。

2. 设备故障迫使临时变更接车进路

1) 运营实例

2010 年 4 月 23 日 14 时 53 分，××高铁列车调度员在监视甲站 G1044 次进路触发情况时，发现甲站 Ⅱ 道通过进路因 5 号道岔定位无表示，只触发了接车进路，发车进路未触发。列车调度立即指示助理调度对 5 号道岔进行了单操，但 5 号道岔定位仍无表示，如图 8-1 所示，该图在后期出版前需加描光带、处理站名）。14 时 54 分，助理调度按规定登记运统-46，并通知工务、电务人员签认。

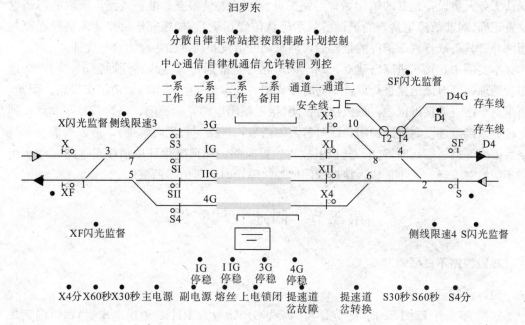

图 8-1　甲站示意图

因不能确定故障恢复时间，为避免列车进入 Ⅱ 道停车，14 时 55 分，列车调度呼叫 G1044 次司机：因道岔故障，准备取消甲站 Ⅱ 道接车进路，要求 G1044 次甲站机外停车。14 时 57 分，列车调度通过设备监控发现 G1044 次列车运行速度仍为 300km/h(该区段线路允许速度为 350km/h)，为给处理故障争取时间，列车调度员立即呼叫 G1044 次司机将速度控制到 160km/h 以下。

14 时 59 分，工务、电务人员在运统-46 登记：5 号道岔定位无法恢复，但反位能正常使用。列车调度确定处置方案为：G1044 次机外停车后取消原 Ⅱ 道接车进路，办理经 4 道侧线通过进路。当时 G1044 次列车运行速度为 150km/h，列车调度呼叫 G1044 次司机立即停车。

15 时 02 分，在确认 G1044 次列车停车后，列车调度布置取消 Ⅱ 道接车进路。15 时 03 分调度员发布第 80112 号调度命令：准许 G1044 次列车甲站变更进入 4 道。经 4min 延时解锁，15 时 06 分，甲站 Ⅱ 道接车进路取消，办理了 4 道通过进路。15 时 13 分，G1044 次通过甲站，16 时 26 分终到晚点 13min。

2）点评

发现或接到道岔失去表示的报告后，列车调度员应及时扣停相关列车、登记《行车设备检查登记簿》（运统-46），通知工务、电务人员对故障进行检查处理，并根据申请，在办理本线封锁、邻线限速后，才同意检查人员上道作业。

道岔失去表示，列车已到达站内时，调度员应及时通知相关人员到现场确认道岔位置正确并加锁后，发布调度命令，动车组列车以调度命令作为行车凭证，按目视行车模式进出车站。因高铁线路上采用的道岔号数较大，现场人工加锁需要的时间较长，处理道岔失去表示的故障时，列车调度应首先通知工务、电务等设备单位上道检查处理，尽量在短时间内处理完毕、恢复道岔的正常使用。当故障暂时不能修复而必须接发列车时，确认工务人员设备正常的销记后，组织工务、电务人员检查、准备进路，听取故障道岔位置正确（对非故障道岔，通过设备显示确认位置正确）、加锁完毕、作业人员已撤至封闭网外、具备放行列车条件的报告后，列车调度员发布调度命令作为行车凭证。

本实例中，接车进路已建立、列车未进站，且能通过其他线路迂回行车，列车调度布置助理调度对该道岔进行单操，同时呼叫相关动车组机外停车，取消接车进路。但是，由于列车已进入接近区段，形成接近锁闭（接近锁闭也称完全锁闭，是指信号开放后，列车已进入接近区段时进路锁闭，此时若关闭信号，进路实行延时解锁），造成取消接车进路后需要等待进路延时解锁，延长了故障处置时间，如何既保证取消接车进路时动车组列车的绝对安全，又不造成因接近锁闭增加故障延时，是值得商榷的。

第三节　限速管理实例

1. 因线路不良限速

1）运营实例

2010 年 7 月 12 日 10 时 45 分，××高铁 G1043 次（CRH2C 单组动车组）司机向列车调度员报告：甲站至乙站间下行线 1349km500m 处（后经核实为 1349km600m 处隧道口）运行左侧防护网外山体边坡有滑坡现象，部分防护网已向线路内侧方向倾斜。

10 时 48 分，调度所高铁值班副主任接到列车调度员的汇报后立即通知工务部门，工务答复：现场已有人看守，不影响正常行车。

11 时 38 分，××桥工段驻调度所联络员在列调台《行车设备检查登记簿》（运统-46）上登记：因网外边坡山体滑坡，甲站至乙站间下行线 1349km000m 至 1350km000m 限速 120km/h；上行线 1349km000m 至 1350km000m 限速 160km/h。列车调度员立即按规定设置列控限速并对相关列车发布书面调度命令（11 时 47 分发布第 80126 号调度命令下行限速，11 时 50 分发布第 80127 号调度命令上行限速）。

12 时 44 分，××桥工段驻调度所联络员在列调台《行车设备检查登记簿》（运统-46）上登记取消该处上行线限速，列车调度员于 12 时 45 分发布第 80136 号调度命令取消限速，并取消了上行线列控限速；下行线仍限速 120km/h。15 时 32 分，××桥工段驻调度所联络员重新登记上行线该处限速 160km/h，列车调度员于 15 时 34 分立即按规定设置列控限速并对相关列车发布第 80141 号调度命令该处限速；16 时 20 分，××桥工段驻调度所联络员登记上行线该处限速取消，列车调度员于16时20分发布第80145号调度命令取消限速，并再次取消了上行线列控限速。

在7月12日影响上行6列（G1034次、G1036次、G1040次、G1062次、G1064次、G1066次），下行26列（自G1053次起和后续列车）列车正常运行，但均未发生晚点。

当日夜间天窗时间，工务部门组织对该处线路不良进行了处置，并进行了线路状态的准确评估；天窗结束后（7月13日4时25分），工务部门登记取消该处下行线原120km/h的限速，同时登记1349km200m至1349km700m处上行限速250km/h（该区段当时允许速度为350km/h）、下行限速80km/h。列车调度员于4时26分发布第80116号调度命令取消下行线原限速，并取消对应地点列控限速；对1349km200m至1349km700m地段上、下行线分别按照登记条件设置列控限速。并对相关列车发布书面调度命令（4时29分发布第80119号调度命令下行线限速80km/h，4时32分发布第80121号调度命令上行线限速250km/h）。

7月13日8时10分，高铁值班副主任将该处临时限速情况以通知书形式通知施工调度室，施工调度按照通知内容与××桥工段核对落实，预计在短时间内不能恢复。××桥工段经路局工务处审核后向路局施工调度提报了限速请求，10时05分，施工调度发布第89001号运行揭示调度命令。列车调度员接到该运行揭示调度命令后，即与在途列车核对运行揭示调度命令传达情况，对出乘时未接到运行揭示调度命令的列车，发布书面的限速调度命令（利用无线传送系统发至动车组）。

7月15日15时30分，××桥工段向路局施工调度提报了自7月16日4时00分天窗结束后取消限速的请求，施工调度发布了第89005号运行揭示调度命令。

2）点评

高速铁路建设标准较高，其设备质量一般较稳定，但由于一些不可预知的情况，可能造成线路或接触网设备受到影响，需要使列车限速；也就是说，限速不仅可能是线路设备的原因，还有可能是供电设备原因的影响。

对于线路设备原因的限速，有通过设备监控发现的，如自然灾害监测系统报警等；有通过人工巡视、监视发现的，如工务人员网外巡视、防汛重点地段不间断监视等；有通过司乘人员报告的，如司机汇报晃车、随车机械师汇报异响等。

对于供电设备原因的限速，有通过设备反应发现的，如接触网跳闸、受电弓受损等；有通过人工巡视发现的，如供电人员网外巡视、添乘巡视发现设备外观异常等；有通过司机汇报发现的等。

这些情况发生或发现后，经过判别、辨识、确认，设备管理单位按照规定向调度提出临时限速的请求，调度部门根据请求办理限速，即设置列控限速并向相关列车司机发布限速调度命令，实现对列车速度的控制。

按照铁路规章规定，对于24h内不能取消的临时限速，限速登记单位应提出限速申请，报告主管业务处，由主管业务处审核后提交调度所发布运行揭示调度命令。列车调度员确认在途列车司机已收到该运行揭示调度命令后，方可不再向该列车司机发布临时限速调度命令。需要变更已纳入运行揭示调度命令管理的限速时（这里所指的"变更"包括限速条件的变化或取消），设备管理部门应及时登记，同时向铁路局主管业务处提出新的限速条件（或恢复常速）申请，调度所根据主管业务处提出的申请，重新发布运行揭示调度命令。列车调度员确认在途列车司机仍持有原运行揭示调度命令后，应及时向在途列车司机发布取消原运行揭示调度命令、按新的限速条件(或恢复常速)运行的调度命令。

　　本实例中，该处线路为半路堑式线路，在下行线的防护网外有一处山体，因降雨造成边坡滑坡，滑坡体将一段近20m的防护网冲垮，可能影响高铁线路安全，甚至可能危及动车组列车的运行安全。工务人员在雨天进行网外巡视时已经发现了该险情，并安排人员在现场进行监视，并作好随时采取的准备；但是，工务部门没有向上级业务部门报告，也没有向调度部门汇报。G1043次司机汇报了该情况后，引起了相关部门的关注，受动车组运营时段内不能入网抢修的限制，只能监控情况的演进和发展；设备管理单位在第一天登记了临时限速，调度及时依据登记办理了限速，通过当日天窗时间的抢修，缩小了影响范围，没有彻底修复，第二天仍然登记临时限速，且确定在24h内不能恢复。所以，应按照相关规定将临时限速纳入运行揭示调度命令管理。

第四节　调车工作实例

1. 动车组转线调车挤坏道岔

1) 运营实例

　.2014年3月1日，××局乙动车所内动车组进行一级修转线调车作业时，由于甲站某动车所行车室的信号员错误排列调车进路，车站值班员没有确认调车进路开放状态，在进路开放错误的情况下盲目与司机执行调车联控。担负动车组转线任务的地勤司机在动车组调车作业过程中，未按规定认真执行瞭望制度，在调车防护系统控制设备触发制动紧急停车后，也没有判断制动紧急停车原因，盲目动车继续运行，造成动车组挤坏道岔，构成铁路交通一般D类事故。

2) 点评

　　按照铁路规章规定，动车组自走行调车作业、机车和自轮运转特种设备转线等作业由司机负责，不另设调车指挥人；调车作业中，机车、自轮运转特种设备运行或牵引车辆运行时，前方进路的确认由司机负责。

　　调车作业中，应执行钩钩联系制度：每钩作业前，司机(调车指挥人)应主动向列车调度员(车站负责办理调车进路时为车站值班员或车务应急值守人员)请求进路；进路准备妥当后，列车调度员(车站值班员或车务应急值守人员)方可通知司机(调车指挥人)。

　　司机在调车作业中应做到：时刻注意确认信号，不间断地进行瞭望，认真执行呼唤应答制，正确及时地执行信号显示(作业指令)的要求，没有信号(指令)不准动车，信号(指令)不清立即停车。

　　本实例中，车站信号员未执行作业标准，错误排列调车进路，是造成事故的根本原因；车站值班员简化作业程序未确认进路开放状态，在进路错误的情况下盲目与司机执行调车联控；机车乘务员更是对事故的发生负有不可推卸的责任，动车前仅凭联控未确认进路，在调车防护系统触发制动紧急停车后仍未确认原因，盲目蛮干，继续起动动车组运行，造成挤坏道岔。

第五节　施工维修实例

1. 施工影响范围被扩大

1）运营实例

2011 年 1 月 7 日 13 时至 16 时，××供电段在甲站(大型客站，分为高速场、普速场、城际场，其中高速场联接动车段)高速场至动车段走行线进行接触网施工，施工计划和现场登记的施工影响范围包括甲站高速场 201、213 号道岔封锁。

13 时 00 分，该项施工根据列车调度员的准许施工调度命令开始进行。

13 时 01 分，甲站高速场值班员在高速场东咽喉区已禁止作业，且相关道岔均已单独锁闭的情况下，擅自按下"岔封"按钮，对 201、213 号道岔进行单独封闭。由于高速场 201 号道岔与普速场 311 号道岔、高速场 213 号道岔与城际场 111 号道岔存在联锁关系，该值班员按下"岔封"按钮的操作致使普速场 311 号道岔、城际场 111 号道岔相关进路不能排列。后普速场发现及时，对 201 号道岔进行"岔封"解除，未影响作业，而城际场 7 道因进站进路信号 CTC 未触发，进路无法排出，造成进站的 C2274 次在进路信号机外停车。13 时 10 分，车站值班员发现后才将 213 号道岔"岔封"解除，导致 C2274 次终到晚点 5min。构成铁路交通一般 D15 类错误操纵、使用设备耽误列车事故。

2）点评

施工维修作业中，施工单位必须对影响设备正常使用的范围进行登记，行车人员依据施工单位的登记，对相关设备进行控制。施工安全的大忌就是扩大范围，对于施工单位，擅自将施工范围扩大，超过调度命令准许的范围，是绝对禁止的，属于铁路交通事故范畴；对于行车组织人员，擅自扩大施工影响范围耽误列车也会构成铁路交通事故；两者间的性质和危害性是相同的。

本实例中，甲站高速场车站值班员对"岔封"按钮功能不清楚，道岔相关联锁关系不熟悉，错误理解施工调度命令中的"道岔封锁"的涵义，在相关区域已禁止作业(这里所指的作业不是指施工维修作业，是指接发列车和调车作业)，且相关道岔均已单独锁闭，达到了道岔封锁目的的情况下，在控制台操作界面对 201、213 号道岔进行"岔封"操纵，致使与 213 号道岔有联锁关系的城际场 SLN 信号不能正常开放，是造成耽误列车事故发生的主要原因。

本不该影响的范围受到了影响，造成城际场 7 道接车进路不能自动触发；另外，在这起事故中，还暴露出一个 CTC 进路监控的问题，对于 CTC 设备进路自动触发的执行情况，需要办理接发列车的人员实时进行监控。一个进站端口，就有一个进路序列窗口，每一条进路序列在准备执行和执行的阶段，都有明确的显示；办理接发列车的人员对相关进路序列没有执行的情况没有及时发现，而是待列车在进路信号机外停车后再处置，显然已经晚了，造成既成事实。所以，施工中的行车组织不同于正常情况下，必须加强控制。

第六节　灾害天气实例

1. 风速超标报警设置列控不及时

1) 运营实例

2010 年 7 月 3 日 11 时 19 分，××城际铁路(线路允许速度 350km/h 区段)乙站至丁站间自然灾害和异物侵限监测系统 K57+078 风速监测点报警，依据规定和系统预置，该系统提示 K45+153 至 K62+387 处限速 300km/h；列车调度员立即在调度终端提示界面上确认报警地点，呼叫已进入该限速地段的 G7271、G7146、G7139、G7016 次列车司机将速度降至 300km/h。

11 时 25 分，向相关司机发布第 9258 号限速调度命令；11 时 26 分，列车调度和助理调度"两人确认"，分别设置该地段上、下行列控限速。

12 时 31 分，甲站至丙站间自然灾害和异物侵限监测系统 K45+153 风速监测点报警，系统提示 K36+006 至 K57+078 处限速 300km/h；列车调度员立即确认报警地点，呼叫已进入该限速地段的 G7139、G7148、G7202 次列车司机将速度降至 300km/h；于 12 时 33 分向相关司机发布第 9261 号限速调度命令。

12 时 35 分，在设置该地段上、下行列控限速时，因系统提示的限速范围里程与前次系统报警后设置的列控限速里程有重叠部分(K45+153 至 K57+078 处)，列控限速无法设置。

直至 12 时 38 分，乙站至丁站间 K57+078 风速监测点报警解除后，列车调度员分别取消 K45+153 至 K62+387 处上、下行列控限速；并于 12 时 41 分、12 时 42 分经列车调度和助理调度两人确认，分别设置甲站至丙站间 K36+006 至 K57+078 处上、下行列控限速。

2) 点评

自然灾害和异物侵限监测系统中，风速监测子系统和雨量监测子系统报警后需要限速的里程，为报警监测点的相邻两端监测点之间的区段；如果终端监测点报警，限速里程则为相邻端监测点至终端监测点前移 10km 的区段；报警终端应自动给出限速值、限速范围供调度员参考。遇到某一时段风速不稳或某一地段多处风速报警，需要频繁发布限速调度命令和设置、取消列控限速时，经高铁值班(副)主任批准，列车调度员在某一时段或地段按最低限速值发布限速调度命令，并及时设置列控限速。

列车调度员发现报警信息后，要沉着、冷静，按规定程序操作，并根据报警信息立即向列车发布限速调度命令。对来不及发布调度命令的列车，立即通知列车司机限速运行，列车司机按相应的限速要求运行。当系统发出禁止运行 报警信息时，列车调度员应立即通知报警区段内或接近报警区段的列车停车。这时，通知相关列车停车或限速时，应首先运用设备手段(对未进入关系区间的列车取消发车进路自动触发)，同时充分发挥列调台上配备的两台 FAS 机的作用，列车调度应明确布置助理调度负责呼叫的列车车次，按照"先通知报警区段内列车，后通知接近报警区段列车"的原则，采取两人分别呼叫的办法，以达到及时使相关列车停车或降速的目的。

需要设置两处列控限速时，如果限速里程有重叠部分，则第二次下达的列控限速无法设置。在本案例中，K45+153 至 K57+078 属重叠部分的里程，且系统两次报警提示的限速值均为限速 300km/h，则应在 K36+006 至 K45+153 及时设置限速 300km/h 的列控限速，以实现对动车组列车的速度控制。由于乙站至丁站间风速报警恰在此时解除，列车调度员方才设置第二次报警的列控限速，实际造成 K36+006 至 K45+153 处应实施限速 300km/h 的地段，在长达 10min 的时间(12 时 31 分至 12 时 41 分)内仅凭列车调度员的口头通知，以司机人工控速，未设置列控限速实现对动车组列车速度的"机控"。

2. 因雾霾天气造成动车组"雾闪"

1)运营实例

2013 年 1 月 10 日 21 时 22 分，××高铁 D2031 次(CRH380AL 长编组动车组)到达丙站 3 道时，接车进路和其延续进路(3 道及南北头岔区)产生红光带，从 CTC 调监设备上显示红光带。情况如图 8-2 所示。

21 时 23 分，D2031 次随车机械师在站台上检查确认 13 车 2 位受电弓有火花，随即要求司机降弓并切除 5 车、13 车 2 位受电弓；21 时 24 分，升 5 车、13 车 1 位受电弓，仍存在火花，再次降弓。列车调度立即通知司机不要再升弓，等待调度通知。

列车调度与供电调度确认接触网供电情况为丙站下行线接触网(××供电段 518 单元)在 21 时 22 分跳闸并自动重合成功；助理调度登记运统-46，通知供电、电务、工务驻调度所联络员，并通知高铁值班副主任上台盯控；值班主任立即向有关领导、处室通报情况。

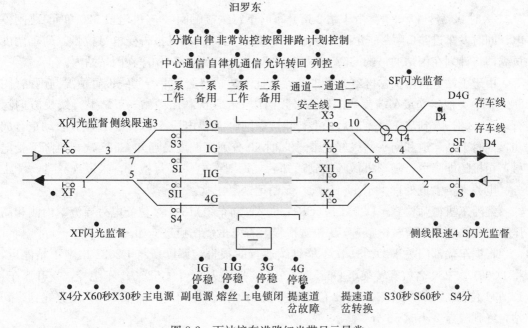

图 8-2　丙站接车进路红光带显示异常

为防止接触网发生断线，调度所按照铁路局关于防止雾天接触网断线的安全措施，于 21 时 42 分通知 D2031 次司机逐个升起 13 车 1 位、5 车 1 位受电弓，并保持 5 车、13 车 2 位受电弓处于切除状态；经随车机械师检查，受电弓无异常。22 时 00 分，工务、电务人员登记上道处理故障，22 时 36 分，工务、电务销记设备恢复正常。

D2031 次于 22 时 43 分在丙站开车，于 23 时 00 到达丁站 5 道。根据现场反映，当地为大雾天气（图 8-3 为随车机械师在丁站拍摄的情况），能见度约 30m。

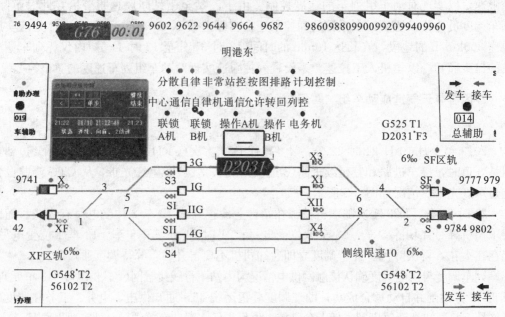

图 8-3　丁站雾霾造成能见度低

23 时 02 分，D2031 次由丁站 5 道开车时下行线接触网（××供电段 520 单元）跳闸停电，同时发车进路（丁站 5 道和南头岔区）产生红光带，司机报告受电弓拉弧。列车调度员立即将计划在丙站通过的 G525 次（CRH380A 单组动车组）扣停在丙站站内。

由于丁站下行南头岔区红光带未消除，且丁站站型上、下行渡线设置情况与丙站（图 8-2 所示）类似，受接车端渡线限制，必须组织 G525 次利用丙站~丁站上行线反方向运行，于 23 时 46 到达丁站 4 道后，上行线接触网（××供电段 519 单元）跳闸并自动重合成功，同时丁站 4 道和南头岔区红光带；23 时 50 分列车调度员通知 G525 次司机降下受电弓，司机随即降弓，随车机械师接到通知后立即对受电弓进行检查，未发现异常。经工务、电务人员上道处理，于 11 日 0 时 35 销记恢复正常。

经随车机械师检查，D2031 次（CRH380AL 动车组）13 车 2 位受电弓导流罩内侧和高压隔离开关底座上有放电痕迹，1 位碳滑板上有电击烧伤痕迹，如图 8-4 所示。

根据车辆部门关于 D2031 次不能继续运行的报告，调度所将 D2031 次在丁站停运，将 D2031 次 230 名旅客转乘至 G525 次（车上有 321 人）上，G525（01 车主控，换升 5 车、13 车 1 位弓，切除 5 车、13 车 2 位受电弓）在丁站于 0 时 32 分开车，1 时 37 分终到终到站，终到晚点 2 小时 56 分。

时隔 4 天，2013 年 1 月 14 日，G642 次于 20 时 06 分、D2031 次于 21 时 30 分、G525 次于 21 时 32 分相继在甲站、丁站造成接触网跳闸停电、线路和岔区红光带，故障现象和 1 月 10 日的情况如出一辙。再次导致动车组运行晚点（G642 次终到晚点 1 小时 07 分，D2031 次终到晚点 14min，G525 次终到晚点 58min）。

图 8-4　动车组车顶设备电击烧伤情况

2)点评

近年来，我国大部分地区均不同程度地出现过雾霾天气，且逐渐呈频发性、全国性发展趋势；特别是华北地区雾霾天气经常性出现。雾霾天气的空气质量差，极易造成因爬电距离不足造成瞬间拉弧击穿绝缘子，导致接触网接地跳闸，形成"雾闪"；且接地电流经钢轨传导对信号设备造成烧损，形成了接触网跳闸停电、线路和岔区红光带同时出现，故障叠加的现象。

在处置"雾闪"的过程中，要严格按照防止雾天接触网跳闸和断线的安全措施组织故障处置，列车调度员与供电调度员紧密配合，防止了接触网断线。

由于事发地区(丁站所在地级市)未建立 PM2.5 环境空气质量指数监测系统，通过查询当地 1 月 10 日天气预报显示：6 时 45 分，丁市气象台发布大雾黄色预警信息，丁市内能见度不足 30min，市郊能见度不足 10min，1 月 10 日 21 时 25 分，丁市气象台再次发布大雾黄色预警信息。

查阅 D2031 次沿途经过车站城市 1 月 10 日环境空气质量指数情况：该列车始发站所在城市环境空气质量指数显示，当日该地区空气质量在"重度污染"以上，PM2.5 达到了 $300\mu g/cm^3$；该列车途经的两个省会城市环境空气质量指数显示，当日空气质量均在"严重污染"以上，PM2.5 均超过了 $500\mu g/cm^3$。超过国家标准数倍(国家标准为不超过 $80\mu g/cm^3$)，反映出当日该列车所经各地区均处在极为严重的环境污染情况下。

本实例中，列车调度及时调整列车运行，合理运用反方向运行的组织方法，确保了后续转乘方案的实现。助理调度严格按照规定进行运统-46 登记，并组织相关设备部门严格按规定处置红光带故障和设备确认。客服调度及时了解车上旅客情况，并做好旅客转乘和后续组织，防止不良反映。动车调度与动车段、随车机械师保持联系，及时沟通，确保现场情况及时、准确传递，为应急决策提供保障。

第七节　设备故障实例

1. 列车车次号丢失（遗留）

1）运营实例

2009 年 12 月 27 日 15 时 24 分，××高速铁路 G1048 次（CRH2 C 型重联动车组）计划在某站 4 道停车办理客运业务，列车调度员在通过调度台调监设备监控列车运行情况时发现，该次列车越过该站进站信号机后，车次号遗留，调监显示情况如图 8-5 所示；其现象为列车占用红光带已进入该站 4 道股道内方，而其车次窗遗留在该站进站信号机处。

G1048 次列车图定在该站停车 2min，列车在 4 道停车后，发车进路没有自动触发。

列车调度与 G1048 次司机联系确认该列车已在 4 道停妥后，立即指示补加车次，删除遗留的车次窗，并重新下达计划，但列车进路仍未能自动触发；后指示助理调度人工触发其发车进路，这时，G1048 次在该站 4 道发车信号方才开放，未影响列车正点开车。

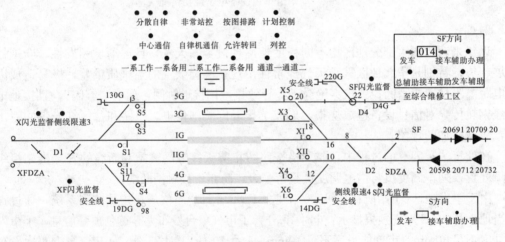

图 8-5　车次窗错误遗留在进站口处

2）点评

高速铁路采用 CTC 调度集中系统，系统在触发进路时是通过比对进路序列与实际车次号实现的。调度台调监设备的显示，正常情况下，列车在区间运行时，车次窗随列车占用红光带同步移动；列车进站时，当列车头部压上进站信号时，车次窗直接跳入接车进路终端的股道内方，待列车占用红光带渐次移入该股道后与车次窗同步，站内停车时经过预设参数延时，后车次窗尾部还会显示停稳标记；列车出站时，当列车头部压上出站信号时，车次窗直接跳到发车进路终端的第一离去轨道区段，待列车占用红光带渐次移动进入区间后与车次窗同步。

在本实例中，G1048 次列车的车次号遗留在进站口处，所以在该站的发车进路序列比对不到对应的车次，造成发车进路不能自动触发；列车调度员发现 G1048 次车次窗遗留，是基于其对 CTC 调监显示方式的熟悉。CTC 系统由列车调度员（含列车调度、助理调度岗位）直接办理行车，实际作业环节中，列车调度、助理调度通过不间断地监控列车的运行情况、进路排列情况，及时发现异常情况，果断处置。

但是，需要重点指出的是，调度员在处置时还是存在一些不足的，因为没有在补加车次号的同时补加停稳标志，造成即使已经重新下达计划，列车进路仍不能自动触发，需要人工触发进路。

2. 设备故障误判造成处置不当

1）运营实例

2013 年 1 月 31 日，××线沿线天气小雪且局部地区有雾。5 时 51 分，甲站（不含）至丁站（不含）间上行接触网跳闸停电。D312 次在丙站至丁站区间停车后，在没有确认接触网供电状态的情况下，仅凭动车组设备反映的无流无压现象，即向调度报告动车组故障，且正式请求救援。其实，当时接触网已恢复供电，D312 次升弓取流即可正常运行。

调度在接到现场的救援请求后，没有进一步了解原因，即立即组织救援。由于 D312 次刚刚驶离丙站，调度封锁上行线区间后，利用丙站调车机车进入封锁区间救援 D312 次返回丙站；同时，安排上行后续 D322 次在丙站临时停车，组织 D312 次旅客 447 人全部转乘到 D322 次车上。D322 次终到戊站晚点 3 小时 43 分，事故影响后续 16 趟客车大面积晚点。

2）点评

设备故障的正确处置，建立在准确、完整、及时地汇报故障现象的基础上；现场的行车工作人员应该具备对故障准确判断的能力。对于接触网跳闸的故障，其反映动车组、机车上最为直接的现象，即"无流无压"，这时，司机和随车机械师应该由外而内地逐一排查故障原因，再采取适当的措施，正确处置故障；换言之，司机在向列车调度员汇报的同时应一并询问接触网是否停电，在得到外部没有停电或未发生过跳闸的回复后，再检查、判断动车组自身存在的故障。

本实例中，实际是因雾霾天气造成供电设备绝缘闪络放电，导致接触网瞬间跳闸停电，引起动车组失去牵引动力停车。但是，由于现场作业人员对跳闸停电后的应急处置流程不熟，造成了不该发生的误会：一是车站在向调度员汇报时，对重点事项汇报不清；二是调度所内部工种间配合有失误，电调在接触网跳闸后进行了停电、送电操作，列车调度员没有提示现场接触网是否有电，使现场对故障产生误判；三是随车机械师、司机在检查设备、排查故障上经验不足，在接触网无电状态下，误判动车组故障需要请求救援；四是车辆（动车）段、机务段提高随车机械师和司机使用监控屏获取动车组运用状态和使用"供电分类"情况的能力。

由于误判故障，造成不该发生的救援，累及 D322 次终到戊站晚点 3 小时 43 分，而转乘到 D322 次上的原 D312 次旅客实际终到晚点 4 小时 14 分，实属遗憾。

第八节　非正常行车实例

1. 动车组列车碰撞异物的处置

1) 运营实例

2012 年 8 月 13 日 20 时 08 分，××高速铁路 D5727 次（CRH5A 单组动车组）列车司机报告，在甲线路所至乙线路所间下行线 834km000m 处发生异响，停于 834km865m 处。

20 时 10 分，列车调度员对邻线（上行线）K835＋865 至 K833＋865 设置限速 160km/h 列控限速后，同意随车机械师下车检查。经随车机械师下车检查，发现扫石器胶皮变形，但固定牢固，不影响正常运行。20 时 23 分，列车调度员确认 D5727 次随车机械师已返回车上后，取消了原列控限速设置。

随后，对上行线 836km000m 至 832km000m 设置限速 160km/h 列控限速；20 时 27 分对 Z4 次司机发布第 80704 号调度命令：因邻线 D5727 次撞异物，Z4 次列车在乙线路所至甲线路所间上行线 836km000m 至 832km000m 处限速 160km/h 运行，并注意线路状态。

20 时 37 分，D5727 次列车在区间开车，根据随车机械师的要求限速 80km/h 运行，21 时 05 分到达丙站 5 道，随车机械师再次下车检查确认可以正常运行，21 时 59 分丙站开车。

20 时 39 分列车调度员对后续 T251 次列车司机发布第 80707 号调度命令：因前行 D5727 次撞异物，T251 次列车在甲线路所至乙线路所间下行线 832km000m 至 836km000m 处限速 20km/h 运行，并注意线路状态。T251 次列车通过限速地段后司机报告未发现异常。

20 时 44 分列车调度员对上行后续 D5826 次列车司机发布第 80708 号调度命令：因邻线 D5727 次撞异物，D5826 次列车在乙线路所至甲线路所间上行线 836km000m 至 832km000m 处限速 160km/h 运行，并注意线路状态。

上行 Z4 次、D5826 次通过限速地点后司机均报告未见异常。

22 时 20 分，调度所高铁值班副主任发布调度命令，组织工务、电务、供电、公安部门利用天窗点对甲站至甲线路所至乙线路所至丙站间进行设备排查。动车调度通知某动车段对到达庚站的 D5727 次及其前行 D3007 次入库后进行仔细检查。本次处置动车组碰撞异物影响本列和 T251 次、D5826 次晚点，D5727 次、D3007 次入库后未检出其他异状和原因。

2) 点评

动车组碰撞异物后应立即停车，检查未发现异常情况时，后续和邻线首列，撞异物位置前后各加 2km 限速 160km/h，得到司机无异常的报告后，后续列车恢复正常运行。工务、供电、电务部门应利用天窗时间对该区域设备进行重点检查。

本实例中，列车调度员先对邻线（上行线）K835＋865 至 K833＋865 设置限速 160km/h 列控限速，是组织 D5727 次随车机械师下车检查的需要；其后，对上行线 836km000m 至 832km000m 设置限速 160km/h 列控限速，是组织邻线列车对其运行线路和附近情况进行确认的需要。对 Z4 次列车发布限速 160km/h 的命令,是因为 LKJ 最高运行速度为165km/h。

第九节　动车组救援实例

1. 组织动车组旅客转乘

1)运营实例

2014 年 1 月 23 日 13 时 53 分,××高铁 G511 次(CRH380AL 长编组动车组)司机向列车调度员汇报:因 ATP 故障(ATP 显示制动旁路故障、安全软件故障)在甲站至乙站间下行线 945km000m 处停车。列车调度员立即向高铁值班副主任汇报,并通报动车调度员、客服调度员。客服调度员向 G511 次列车长了解,该列乘有 973 名旅客,一旦救援,必须启用热备动车组转乘旅客;由于 G511 次尚未提出救援请求,调度所先口头通知丙站热备动车组作好出动准备;14 时 27 分,G511 次经过对 ATP 重启 3 次、大复位 1 次后,故障恢复并开车。

14 时 36 分,G511 次因同样的原因在甲站至乙站间下行线 961km000m 处再次停车;14 时 42 分,司机汇报不能继续运行,请求救援。14 时 43 分,调度所发布调度命令启用丙站热备动车组(CRH380AL 长编组动车组)开行 022 次,于 14 时 45 分开车。

因乙站下行进站受北端渡线道岔限制,下行列车仅能接入 3 道办理客运业务,后续已进入区间的 G831 次列车在乙站图定办理客运业务;即便将 G511 次接入该站 3 道停车转乘旅客,热备动车组在该站靠站台进入 4 道后,同样受南端渡线道岔限制,不能开入下行线;只能采取 G511 次 I 道停车的方案。14 时 47 分,列车调度员发布调度命令,准许 G511 次转入隔离模式运行至乙站;14 时 52 分,G511 次转入隔离模式后在区间开车;15 时 15 分,G511 次到达乙站 I 道。同时,通过布置 G511 次司机换端确认,该列后端设备正常;调度所确定将 G511 次换端开回甲站进行转乘;这样,既能组织旅客通过站台转乘,确保转乘安全、迅速,又能够将故障动车组驶离甲站 I 道,恢复甲站下行方向畅通,确保后续列车安全、正点。15 时 51 分,55206 次到达甲站 6 道;16 时 12 分,热备动车组 022 次到达甲站 4 道。组织 G511 次旅客同站台面转乘,16 时 16 分,转乘完毕;16 时 21 分,热备动车组担当 G511 次在驻马店西站开车。

本次动车组故障影响 G511 次晚点 2 小时 43 分和 G513、G821、G65、G831、G545、G621、G75 次等其他 7 列客车晚点。

2)点评

在处置动车组在区间内故障的情况时,要以疏通区间为首要目的,减少对其他列车和整体运行秩序的影响。在确保旅客人身安全的前提下,压缩故障影响。

本实例中,在确定旅客转乘方案时,如果组织热备动车组在甲站进行旅客转乘,因 I、3 道间无站台,只能采取搭设应急渡板和利用应急梯两种方式。利用应急梯的方式,973 名旅客直接下到股道间,组织难度大,且按规定上行线需要扣停,对运输影响大且旅客人身安全无法保证,所以不考虑;搭设应急渡板的方式,两列动车组一共仅有 8 副(每列配有 4 副),且受工作人员人数的限制,搭设时间较长、旅客通过渡板较慢,势必造成甲站下行长时间不能接发列车，严重影响后续下行列车的运行秩序。

本 章 要 点

本章针对动车组调度指挥、接发列车、限速隔离、调车工作、施工维修、灾害天气、设备故障、非正常行车和动车组救援等九方面，对应第二篇所学的内容，选用了行车组织较为典型的运营实例，分别列举了调度对日计划进行临时调整、漏发作为行车凭证的调度命令、模式转换不规范导致事故、设备故障迫使临时变更接车进路、因线路不良限速、动车组转线调车挤坏道岔、施工影响范围被扩大、风速超标报警设置列控不及时、因雾霾天气造成动车组"雾闪"、列车车次号丢失（遗留）、设备故障误判造成处置不当、动车组列车碰撞异物的处置、组织动车组旅客转乘等运营实例，并进行了有针对性的点评。

从该类组织方式的一般情况、应对重点和容易发生的问题入手，讲解实际处置方法；通过总结处置经验和教训，使读者进一步理解第二篇的知识要点；重点结合实例，对比前述处置方法，比较处置结果，认识关键环节，为动车组运用管理积累经验、教训。

思 考 题

8-1 为什么待管辖里程增加、列车对数加密后，应及时将客服（计划）调度分设为一名计划调度、一名客服调度？

8-2 调度员向相关作业人员发布的作业指令分为哪两种？

8-3 未交付行车凭证向区间发出列车，会构成哪一类铁路交通事故？

8-4 什么是接近锁闭？

8-5 调车作业中的钩钩联系制度是什么？

8-6 施工维修中扩大范围会造成哪些事故？

8-7 "雾闪"是怎样形成的？还可能造成怎样的故障叠加现象？

8-8 请简述 CTC 调监设备"车次窗"的正确显示方式（区间、进站、出站）。

8-9 请简述动车组在区间碰撞异物的处置要点。

8-10 组织动车组旅客转乘时如果无站台，一般有哪两种方法？

参 考 文 献

高速铁路突发事件应急预案(试行)(铁运〔2012〕33号).

国务院法制办. 2013. 铁路安全管理条例〔M〕. 北京：中国铁道出版社.

胡德臣. 2000. 技规导读. 北京：中国铁道出版社.

《技规》条文说明编写组. 2014. 铁路技术管理规程(高速铁路部分)条文说明(上册)〔M〕. 北京：中国铁道出版社.

《技规》条文说明编写组. 2014. 铁路技术管理规程(高速铁路部分)条文说明(中册)〔M〕. 北京：中国铁道出版社.

《技规》条文说明编写组. 2014. 铁路技术管理规程(高速铁路部分)条文说明(下册)〔M〕. 北京：中国铁道出版社.

《技规》条文说明编写组. 2014. 铁路技术管理规程(普速铁路部分)条文说明(上册)〔M〕. 北京：中国铁道出版社.

《技规》条文说明编写组. 2014. 铁路技术管理规程(普速铁路部分)条文说明(中册)〔M〕. 北京：中国铁道出版社.

《技规》条文说明编写组. 2014. 铁路技术管理规程(普速铁路部分)条文说明(下册)〔M〕. 北京：中国铁道出版社.

《技规》条文说明编写组. 2009. 铁路技术管理规程条文说明(上册). 北京：中国铁道出版社.

《技规》条文说明编写组. 2009. 铁路技术管理规程条文说明(中册). 北京：中国铁道出版社.

《技规》条文说明编写组. 2009. 铁路技术管理规程条文说明(下册). 北京：中国铁道出版社.

上海铁路局. 2014. 上海铁路局动车组司机一次乘务作业标准〔M〕. 北京：中国铁道出版社.

铁道部. 2000. 铁路行车事故处理规则. 北京：中国铁道出版社.

铁道部. 2006. 铁路技术管理规程. 10版. 北京：中国铁道出版社.

铁道部. 2007. 铁路200~250km/h既有线技术管理办法(铁科技〔2007〕222号). 北京：中国铁道出版社.

铁道部. 2008. 列车运行图编制管理规则. 北京：中国铁道出版社.

铁道部. 2009. 铁路客运专线技术管理办法(暂行)(200~250km/h部分)(铁科技〔2009〕116号). 北京：中国铁道出版社.

铁道部. 2009. 铁路客运专线技术管理办法(暂行)(300~350km/h部分)(铁科技〔2009〕212号). 北京：中国铁道出版社.

铁道部人才服务中心. 2013. 动车组机械师〔M〕. 北京：中国铁道出版社.

铁路客运专线技术管理办法(试行)修订、补充规定(铁科技〔2012〕4号).

铁路客运专线技术管理办法(试行)修改补充内容(铁运〔2011〕47号).

杨涛，王越. 2014. 动车组客运岗位培训适用性教材〔M〕. 北京：中国铁道出版社.

中国铁路总公司. 2014. 铁路技术管理规程(高速部分)〔M〕. 北京：中国铁道出版社.

中国铁路总公司. 2014. 铁路技术管理规程(普速部分)〔M〕. 北京：中国铁道出版社.

中国铁路总公司运输局. 2013. 铁路动车组运用维修规程〔M〕. 北京：中国铁道出版社.

缩 写 词 表

序号	缩写字母	英文名称	中文名称	主要功能
1	CRH	China railway high-speed	中国高速动车组	实现安全、高速、舒适、环保的旅客运输，缓解既有线接近饱和的运输状态
2	CTC	centralized traffic control	调度集中（调度集中设备）	对某一区段内的信号设备进行集中控制，对列车运行直接指挥、管理
3	CTCS	Chinese train control system	中国列车运行控制系统（列控系统）	实现列车运行计划、行车日志自动生成、调整，信号调度命令自动传送，车次号校核，信号故障报警、提示，对调度作业等重要信息记录功能等
4	FAS	fixed users access switching	数字调度交换机（调度前台）	调度员通过操作台上的各按键进行各种调度操作，如应答来话、转移或保持来话、单呼组呼用户、召集会议等
5	GSM-R	global system for mobile communications-railway	铁路数字移动通信系统	提供无线列调、编组调车通信、区段养护维修作业通信、应急通信、隧道通信等语音通信功能，可为列车自动控制与检测信息提供数据传输通道，并可提供列车自动寻址和旅客服务
6	HMI	human machine interface	动车组信息监控人机界面	实现控制命令的输入，查看列车状态，包括牵引界面，制动界面，门界面，空调界面、内部照明界面等，查看列车诊断信息
7	LEU	lineside electronic unit	地面电子单元	将列车控制中心发送的控车指令处理后经过可变信息应答器及时地传给车载设备，实现对高速列车的自动控制
8	HMI	human machine Interface	动车组信息监控人机界面（原称呼）	实现控制命令的输入，查看列车状态，包括牵引界面、制动界面、门界面、空调界面、内部照明界面等，查看列车诊断信息
9	RBC	radio block center	无线闭塞中心	列车识别与定位、列车空车模式监控、有受控的列车发出行车指令
10	SCADA	supervisory control and data acquisition	监控及数据采集系统	监视牵引供电系统、电力系统、高低压系统设备运行状态和故障时迅速恢复供电，保证电气化铁路的安全可靠供电
11	TCC	train control center	列控中心	接收轨道电路的信息，并通过联锁系统传送给无线闭塞中心；同时，列控中心具有轨道电路编码、应答器报文储存和调用、站间安全信息传输、临时限速功能，满足后备系统需要

序号	缩写字母	英文名称	中文名称	主要功能
12	TDCS	train operation dispatching command system	列车调度指挥系统	实时采集列车运行和现场信号设备状态信息并传送到各级中心，完成列车运行实时追踪、无线车次号校核、自动报点、正晚点统计分析、交接车自动统计、列车实际运行图自动绘制、阶段计划人工和自动调整、调度命令及行车计划下达、站间透明和行车日志自动生成等功能，实现各级运输调度的集中管理、统一指挥和实时监督
13	UPS	uninterruptible power system	不间断电源	将市电变成纯净、标准的交流电源供给负载设备，同时还通过逆变对下接的直流蓄电池进行浮充电，用以保证在市电突然断电或者出现故障的时候，UPS不间断电源能够通过电池保持负载的正常供电，保证市电或者铁路的变电所突然停电或出现故障的时候，铁路指挥信号和铁路信息指挥中心的安全